Wolfgang Engler • Jana Hensel

Wer wir sind

Wolfgang Engler
Jana Hensel

WER WIR SIND

Die Erfahrung, ostdeutsch zu sein

Ch.Links VERLAG

Moderation und Bearbeitung des Gesprächs
Maike Nedo

MIX
Papier | Fördert gute Waldnutzung
FSC® C083411

Auch als ebook erhältlich

Die Deutsche Nationalbibliothek verzeichnet diese Publikation in der Deutschen Nationalbibliografie; detaillierte bibliografische Angaben sind im Internet über www.dnb.de abrufbar.

Ch. Links Verlag ist eine Marke der Aufbau Verlage GmbH & Co. KG
1. erweiterte Ausgabe 2024

Die Originalausgabe erschien 2018 im Aufbau Verlag.
www.aufbau-verlage.de/ch-links-verlag
Prinzenstraße 85, 10969 Berlin

Umschlaggestaltung: zero-media.net, München,
unter Verwendung eines Motivs von FinePic®, München
Satz: LVD GmbH, Berlin
Druck und Bindung: cpi books GmbH, Leck, Germany

ISBN 978-3-96289-227-2

Inhalt

Vorwort

Gut möglich, dass auch das Jahr 2024 eine Zäsur in der Geschichte Ostdeutschlands bedeuten wird. Ganz ähnlich also wie das Jahr 2015. Denn erinnern wir uns, die Zäsur des Jahres 2015 war ja jene, die Wolfgang Engler und mich für dieses Buch einst zusammengebracht hat.

Wir trafen uns damals zwar mit einer gewissen Verzögerung erst wenige Monate nach der Bundestagswahl 2017, aber zu besprechen waren die Wut und der Protest der ostdeutschen Gesellschaft über die sogenannte Flüchtlingspolitik der Bundeskanzlerin Angela Merkel, die sich dann bei der Bundestagswahl wie materialisierte. Da nämlich zog mit der AfD zum ersten Mal in der Geschichte der Bundesrepublik eine teilweise rechtsextreme Partei in den Bundestag ein – und das gelang nur mit beträchtlichen Stimmen aus dem Osten. Ich kann mich an den Schock damals noch gut erinnern, seither jedoch folgten Schocks dieser Art in regelmäßigen Abständen. Haben wir uns an sie gewöhnt?

Es handelte sich damals um einen Teil der ostdeutschen Stimmen, wohl gemerkt, der aber zu diesem Zeitpunkt schon keine kleine Minderheit mehr war. Und dieses Votum machte unmissverständlich klar, dass der berühmte Merkel-Satz »Wir schaffen das« für den Osten keine allgemeine Gültigkeit besaß, sondern allenfalls eine deutsche Teilrealität beschrieb. Irgendwo. Andererseits wurde auch der Osten wieder mehr zu einer deutschen Teilrealität, eine Entwicklung, die bis heute anhält.

Nach der Krise um die Geflüchteten und der Entscheidung der Bundesregierung, die Grenzen in Anbetracht all der Kommenden nicht herzlos und unbarmherzig zu schließen, brachen sich in Dresden und anderswo in den Jahren nach 2015 eine Vielzahl von ebenso verständlichen Emotionen wie abstoßenden Haltungen Bahn, die nur dem oberflächlichen Betrachter bis dahin verborgen geblieben sein konnten. Sie gründeten sich, darin waren Wolfgang Engler und ich uns auch dann einig, wenn wir verschiedene Meinungen vertraten, in all dem, was wir »die ostdeutsche Erfahrung« nannten – und sie gingen dennoch nicht gänzlich darin auf.

Mit der »ostdeutschen Erfahrung« meinten wir eine Vielzahl von mehr oder weniger typischen, zumindest aber spezifischen Nachwendeerfahrungen, die sich wie lange Linien bis in die Gegenwart ziehen ließen. Deindustrialisierung, Abwanderung, Elitenaustausch, Marginalisierung. So könnte man sie ganz grob umreißen. Die Bestandsaufnahme, die wir vor nunmehr sechs Jahren für dieses Buch unternahmen, sie wurde von der Zeit nicht eingeholt. Im Gegenteil: Sie fand viel mehr ihre Bestätigung. Und sie wurde von der Wirklichkeit seither weitergeschrieben. Denn all die Effekte dieser ostdeutschen Erfahrung haben sich entweder manifestiert oder verstärkt. Keiner davon wurde politisch gelöst oder auch nur ansatzweise korrigiert. Mitunter erfuhren sie eine Verstärkung durch die bloße Tatsache ihrer Verstetigung.

Denn was ist in den vergangenen Jahren passiert? In den großen gesellschaftlichen Krisen der letzten Dekade und den sie begleitenden politischen Debatten – nach der Krise um die Geflüchteten waren es die Corona-Pandemie und der russische Angriffskrieg auf die Ukraine – hat sich immer wieder gezeigt, dass mal ein größerer, mal ein kleinerer Teil der Ostdeutschen anders auf die Lage schaute als die jeweils amtierende Bundesregierung. Gegenüber Merkels Flüchtlingspolitik blieb man, wie gesagt, skeptischer, die Corona-Einschränkungen fand man häufig zu restriktiv, im Ukraine-Krieg wünscht man sich heute von der Ampelregierung mehr diplomatische Bemühungen gegenüber Russland – oder vielleicht auch nur eine andere Tonlage – und mit den als sehr westdeutsch empfundenen Grünen und ihrem Generationenprojekt der ökologischen Transformation fremdelt man auch.

All diese handfesten Meinungsunterschiede, die das jeweilige Regierungshandeln eher zu verfestigen schienen, als dass sie es beeinflussen konnten, haben sich mit der Zeit summiert, wurden von der AfD eins ums andere Mal populistisch gekapert und türmen sich heute zu weitaus größeren politischen Gegensätze zwischen Ost und West auf als in den Jahren nach der Wiedervereinigung.

Anders gesagt: Man ist sich während der vergangenen zehn Jahre wieder fremder geworden.

Zugespitzt gesagt: Die in allen Nachwendejahrzehnten existierenden ökonomischen Unterschiede zwischen Ost und West werden heute von diesen gesellschaftspolitischen Konflikten wenn nicht dominiert, so doch längst wie überwölbt. Auf jeden Fall übertönt. Teilweise sind sie Ausdruck eines höheren ökonomischen Drucks, teilweise rühren sie schlicht aus anderen historischen Erfahrungen. Im Ergebnis führen sie zu Institutionen- und Parteienskepsis, zu Medien- und Demokratieverachtung, zu Rassismus und als bitteres Kontinuum nicht selten zu Gewalt. Und damit eben zu Wahlerfolgen der AfD – die für all diese Probleme bekanntermaßen auch keine Lösungen anbietet, aber den Frust bis auf Weiteres einsammelt.

Sollten wir von heute aus betrachtet also neidvoll auf jene Anfangsjahre des ostdeutschen Protests schauen? Nun, wo die AfD in allen ostdeutschen Bundesländern längst die Umfragen anführt. Nun, wo es sehr wahrscheinlich ist, dass die in Teilen als verfassungsfeindlich eingestufte rechtsextreme AfD bei den Landtagswahlen im Spätsommer und Herbst stärkste politische Kraft werden wird. Und das in so schönen, selbstbewussten und auch prosperierenden Bundesländern wie Sachsen, Thüringen und Brandenburg. Mithin jüngst eine Entwicklung eingetreten ist, die sich wohl kaum jemand so gewünscht hat und die von den Allerwenigsten in dieser Drastik vorausgesehen wurde. Nicht wenige hielten die Partei, mit ihren zwischenzeitlich rund 20 Prozent, für weitgehend ausmobilisiert. Nun aber liegt sie im dritten Regierungsjahr der Ampelregierung bestürzend selbstverständlich bei rund 30 Prozent. Wie gesagt, eine gesellschaftliche Minderheit ist das nicht mehr. Die AfD ist im Osten vielmehr Volkspartei geworden. Keine andere ist gerade in den ländlichen Räumen so sichtbar und präsent wie sie.

Heute jedenfalls, rund zehn Jahre und viele Krisen später, sehen wir noch klarer, dass das Jahr 2015 lediglich eine Blaupause war, dort eine neue Wegbewegung von einem demokratischen Grundkonsens allenfalls begann. Sie ist heute längst auch in Westdeutschland angekommen und in anderen europäischen Ländern und den USA ebenfalls. Auf eine unschöne Art hat der Osten sich in seinem Rechtsruck also geweitet und internationalisiert. Die ostdeutsche Erfahrung als Erklärung für den Rechtsruck kommt hier an ihre Grenzen. Vielmehr ist Deutschland politisch heute ebenso gespalten wie die USA, wie Polen oder beispielsweise Italien. Und der Osten ist es in sich selbst noch einmal zwischen Stadt und Land, zwischen demographisch und ökonomisch gesünderen und, sagen wir, stärker prekären Gegenden.

Das Verblüffende daran ist, dass im Osten selbst diese Entwicklung allgemein mit einem gewissen Stoizismus ertragen wird – auch wenn die Demonstrationen gegen den Rechtsextremismus zu Beginn des Jahres vielerorts auch Ostdeutschland und dort nicht nur die großen Städte erfassten. Man trifft dennoch nicht selten auf ein Achselzucken, auf eine Gelassenheit auch bei jenen, die ihr Kreuz nie bei der AfD machen würden. Mit der Empörung und Aufregung der eher distanzierten Beobachter aus anderen Teilen des Landes mischt sich diese Haltung nicht. So spaltet sich auch der Diskurs über den Osten mehr denn je in einen hiesigen und einen dortigen. Hat er sich vielleicht ebenso wie die politische Realität voneinander entkoppelt.

Aber unter den zahlreichen Demokratieverächtern sind ja Mütter und Väter, Söhne und Töchter, Brüder und Schwestern. Zu ihnen gehören Arbeitskollegen und Freunde, Bekannte aus dem Sportverein oder dem Wanderclub, darunter sind Nachbarn und flüchtige Bekannte, die man freundlich grüßt, wenn man ihnen auf der Straße begegnet. In der Mehrzahl nette und oft auch angenehme Leute. Will man all denen mit Misstrauen begegnen? Soll man mit denen nicht mehr reden? Will man sie alle ausgrenzen? Das kann ernsthaft nur fordern, wer nicht in Ostdeutschland zuhause ist oder die tägliche Kraftanstrengung aufbringt, sich selbst aus dem großen Ganzen herauszunehmen.

Widersprüche sind auszuhalten, das zeigt sich im Osten vielleicht mehr als anderswo, so schwer das auch dort manchem fallen mag. Gut möglich also, dass der Rechtspopulismus sich erst einmal im Alltag sozial normalisiert hat, bevor er das politisch tun konnte. Jedenfalls ist es leicht und auch ein bisschen bequem, die Abgrenzung von jenen, die sich dahinter versammeln, aus der Ferne zu fordern oder eine fehlende Distanzierung zu verdammen.

Und es ist schwer, gegen den Rechtsextremismus im Osten zu kämpfen. Allen, die das täglich tun, gebührt der größte Respekt. In den großen Städten wie in den kleinen Gemeinden. Und dort freilich noch viel mehr. Denn diese Menschen gibt es überall, auch das wird viel zu oft vergessen, oder besser: übertönt.

Ich möchte, und dafür bietet dieses Vorwort die Chance einer sehr persönlichen Einlassung, auch nicht verhehlen, dass der Diskurs über den Osten mich in den vergangenen Jahren bisweilen ermüdet hat. Und dafür gibt es einen, wie gesagt, subjektiven, aber gleichwohl nicht von der Hand zu weisenden Grund: So wenig sich die Realität seither verändert hat, so sehr hat es der Ost-Diskurs getan. Er ist zu einem florierenden Markt geworden, denn die Zäsuren der vergangenen Jahre müssen natürlich gedeutet und eingeordnet werden. Und er hat erfreulicherweise viele neue Expertinnen und Experten, Umfragen, Studien und Bücher hervorgebracht. Der Osten spricht heute längst mit vielen Stimmen. Zum Glück. Aber auch Neid, Missgunst und Konkurrenzgebaren sind durch das Sprechen der Vielen entstanden. Mitunter scheint dabei manchem die Abgrenzung von anderen wichtiger, als sich um eigene Erkenntnisse zu bemühen.

Und all das verstärkt sich, weil der Ost-Diskurs, wie jeder Diskurs einer marginalisierte Gruppe, von einem Punkt oder Zentrum entscheidend mitorganisiert wird, das außerhalb von ihm selbst liegt. Und dieses Zentrum ist, wenig überraschend und grob gesagt, die westdeutsch dominierte Öffentlichkeit mitsamt ihrer ganz eigenen Perspektive. Frei nach einem der wichtigsten Texte des Postkolonialismus – die Rede ist von Gayatri Chakravorty Spivaks Essay »Can the Subaltern Speak?« – lässt sich sagen, dass Ostdeutsche das Nachdenken über sich selbst nur eingeschränkt in den eigenen Händen halten.

Damit ist nicht nur gemeint, dass sich die westdeutsche Perspektive selbstredend in die ostdeutsche Selbstbetrachtung tief eingeschrieben hat. Wie eine gewaltige Schere im Kopf. Das eine ist vom anderen kaum mehr zu trennen und sollte es vielleicht auch nicht. Damit ist auch gemeint, dass, nachdem in den ersten Nachwendejahrzehnten nur wenige Ostdeutsche Zugang zu dieser gesamtdeutschen, aber westdeutsch dominierten Öffentlichkeit fanden, diese heute, da sie durchlässiger und offener geworden ist, natürlich auch Sprecherinnen und Sprecher favorisiert, die den westdeutschen Blick auf den Osten mindestens stabilisieren, vielleicht sogar manifestieren. Auch dem Fortschritt der Diskursöffnung ist also ein Rückschritt immanent. Die Revitalisierung des Diktaturbegriffs unter Jüngeren ist die vielleicht sichtbarste und auch schmerzhafteste Folge dieses Updates.

Wolfgang Engler und mir war es mit diesem Buch darum zu tun, die Radikalisierung eines Teils der Ostdeutschen insofern als ein Gegenwartsphänomen zu beschreiben, als dass darin die neunziger Jahre ihren lange nur nach innen gewendeten, nun aber eruptiven Ausdruck gefunden haben. Und dass wir sie weit weniger als andere als Spätfolgen der sogenannten DDR-Diktatur betrachtet haben und noch immer betrachten.

Ich habe den Rückgriff auf die angeblichen Diktaturfolgen schon immer als eine hegemoniale Entlastungserzählung empfunden. Spätestens seit 1990 ist der Westen ein entscheidender und mächtiger Player in Ostdeutschland. Deshalb habe ich seit meinem ersten Buch vor mehr als 20 Jahren versucht, mich gegen einen, wie mir stets schien, trivialen Diktaturbegriff abzugrenzen. Auch und gerade, weil ich noch lebhafte Erinnerungen an die vielerorts porös gewordenen achtziger Jahre habe, die in meiner Rückschau immer ein langes Jahrzehnt der Ablösung, Abkehr und Emanzipation vom real gewordenen Sozialismus bleiben werden und die in der Revolution von 1989 ihren lange mental vorbereiteten Höhepunkt fanden. Vielleicht ist 1989 sogar eine Art verspätetes

1968 gewesen, in geschlossenen Gesellschaften brauchen die Dinge manchmal mehr Zeit als in offenen, pluralen, demokratischen – auch wenn die westdeutsche Elite des Jahres 1968 mit der gestürzten, einst antifaschistischen DDR-Elite von 1989 freilich nichts gemein hat. Aber genau diese Generationserzählung kam eben – unter anderem – damals an ihr Ende.

Politisch so deprimierende Zeiten wie unsere scheinen nun einmal nach einfachen Antworten zu verlangen. Und warum nicht einfach den ganzen Gegenwartsmüll in die Zeit vor 1989 entladen? Es scheint demnach mal wieder die Zeit von schnellen und lauten Urteilen angebrochen und die der komplexen und abwägenden Erklärungen ein wenig zu Ende zu gehen – auch weil die immer die Gefahr bergen, als zu verständnisvoll gedeutet zu werden.

Und wo kämen wir denn hin, wenn wir zugeben würden, den Osten des Jahres 2024 verstehen zu können? Wesentlich kommoder erscheint es doch, ihn ähnlich raunend als jenen opaken Raum zu beschreiben, als den ihn auch die völkisch denkenden Nationalen sehen und in Besitz nehmen wollen. Mitunter bereitet man denen gerade durch diesen kulturalistischen Blick, bei dem es mehr um projizierte und angenommene Prägungen als um handfeste Erfahrungen geht, das Feld. Auch deshalb haben Engler und ich stets von Erfahrungen gesprochen. Messbaren. Zählbaren. Belegbaren. Erfahrungen also, die nicht raunend wiedergegeben werden müssen, sondern sich auf Heller und Pfennig gegens Licht halten lassen.

Aber da die Jüngeren weder Erinnerungen an die achtziger Jahre noch an die Friedliche Revolution haben oder auch nur haben können, ist vielleicht ihre Motivation, sich von den Ostdeutschen weg-, statt sich zu ihnen hinzuerzählen, in den vergangenen Jahren so viel größer geworden. Diesen Punkt zumindest kann ich emotional nachvollziehen. Ich habe die

Revolutionäre von 1989 immer bewundert, an ihnen konnte ich mich selbst aufrichten, ihr Schicksal als eine, wie ich fand, tragische Generation eines durch die Wiedervereinigung schließlich abgewürgten Aufbruchs habe ich stets bedauert. Es handelt sich bei den Revolutionären des Jahres 1989 um dieselbe Alterskohorte, die in Westdeutschland im Jahr 1980 die Grünen gründete und die die alte Bundesrepublik mental erneuerte und deren Erzählung auf eine Art hegemonial wurde, ohne dass die Partei selbst lange Zeit mehr als zehn Prozent der Wählerinnen und Wähler hinter sich versammeln konnte. In Leipzig, wo ich aufwuchs, ging man auch auf die Straße, weil die Umweltbedingungen im Süden der DDR so unerträglich geworden waren.

Aber natürlich, das Nachdenken über den Osten tritt in manchen Bereichen ebenso auf der Stelle wie es die sozio-ökonomischen Realitäten tun. Vielleicht wendet es deshalb seinen Blick wieder stärker nach innen und auch auf sich selbst. Denn je mehr die Eckdaten bekannt sind, desto pointierter ist auch das Meinungsbusiness geworden.

Nun ist das Jahr 2024, das wiederum eine Zäsur darstellen könnte, bereits vorangeschritten. Es hat uns abermals viele neue Erfahrungen gelehrt und Erkenntnisse beschert. Von den landesweiten Demonstrationen gegen den Rechtsextremismus zu Beginn des Jahres ist schon die Rede gewesen. Sie kamen überraschend, fast wie ein kleines demokratisches Wunder, und waren eine Wohltat. Aber durch die neu angewachsene Stärke der AfD ist auch ein neuer Umgang mit den Extremisten entstanden. Die Correctiv-Recherche über das Treffen in Potsdam und die dadurch bekannt gewordenen Deportationsphantasien müssen an erster Stelle genannt werden, aber auch die Enthüllungen über AfD-Mitglieder, die Kontakte zu Russland und China haben, dürfen nicht vergessen werden.

Politik und Medien stellen sich heute der AfD mit noch größerer Dringlichkeit entgegen als früher, sie schauen noch genauer und detaillierter auf die Umtriebe dieser demokratiefeindlichen Partei. Ihre Bedrohlichkeit dürfte nun von eigentlich niemandem mehr unterschätzt werden. Es finden Fernsehduelle wie das von Mario Voigt, dem Thüringer CDU-Chef, mit Björn Höcke statt, neue Verbotsforderungen werden laut, es distanziert sich Marine Le Pen, die Chefin des Rassemblement National, von den selbst ihr zu radikal agierenden deutschen Kollegen, es brechen innerhalb der AfD immer stärker Konflikte auf. Schon kritisieren die Ersten den Kurs von Björn Höcke, dem Fraktionsvorsitzenden im Thüringer Landtag und wohl einflussreichsten Strippenzieher des sogenannten Flügels. Gerät die AfD nun abermals und diesmal von rechts an ihre Grenzen? Bei den Kommunalwahlen in Thüringen Ende Mai konnte sie zwar zulegen, aber weit weniger als von ihr gehofft – und von anderen gefürchtet. Wir sind also keinesfalls wehrlos, das Land muss dem Erfolg der AfD nicht einfach nur zuschauen.

Natürlich ist es viel zu früh, um zu sagen, was all das für die Landtagswahlen im Spätsommer und Frühherbst bedeutet. Aber gut möglich ist, dass die AfD sich dort auf eine für sie tragische Weise zu Tode siegen wird, weil sie trotz großer Erfolge an den Wahlurnen niemanden findet, der mit ihr koalieren will. Die Partei wird also wohl erneut auf der Oppositionsbank landen. Ich persönlich glaube ja, dass sie sich dann neu sortieren und de-radikalisieren wird. In diesen Prozess wird sie von außen hineingezwungen werden und sich selbst hineinzwingen müssen. Im Kern lassen sich diese Entwickungen als freilich nie vorherzusehende Wachstumsschmerzen beschreiben. Die AfD wird vermutlich wie einst Marine Le Pen in Frankreich erkennen, dass sie nur dann, wenn sie moderater auftritt, auch regieren kann. Das wird sicher auch zu personellen Veränderungen führen – und das wiederum zu Parteineugründungen.

Alles in allem aber wird das höchstwahrscheinlich zu einer Normalisierung der AfD führen – mit zwei wohl auf Dauer angelegten Entwicklungen. Der Osten wird zu großen Teilen rechts der Mitte bleiben, moderater rechts, wohlgemerkt. Und er wird sich dadurch dauerhaft politisch anders verorten als der Westen. Die traditionellen demokratischen Parteien werden im Osten noch weiter schrumpfen. Mal werden diese Schrumpfungsprozesse die SPD und die Grünen treffen, mal die CDU und die FDP, mal die Linkspartei und das Bündnis Sahra Wagenknecht, wenn es denn bleibt.

Eine Sache aber wird bleiben: Der Osten wird Deutschland weiterhin ganz intensiv verändern. Politisch, mental, gesellschaftlich. Und die lange Geschichte der Nachwende mit ihren spezifisch ostdeutschen Erfahrungen wird weitergehen. Sie ist noch lange nicht vorbei.

Jana Hensel, Berlin, Frühjahr 2024

I. Wer wir sind. Eine Begrüßung

Jana Hensel: Der Herbst 2015 ist für Deutschland ein historisch strahlender Moment.

Wolfgang Engler: Im Herbst 2015 manifestierte sich eine tiefgreifende Krise der politischen Repräsentation.

Wolfgang Engler: Hätte ich Sie am Tag der Bundestagswahl gefragt, ob wir gemeinsam ein Buch machen sollten, was hätten Sie geantwortet?

Jana Hensel: Ja, natürlich, unbedingt! Nicht nur, weil ich mich noch sehr gut an unser Treffen am Nachmittag vor der Wahl am 24. September 2017 erinnern kann. Wir saßen damals in einem Seminarraum der Theaterhochschule »Ernst Busch« und führten ein sehr intensives Gespräch. Eine Nervosität lag in der Luft, eine gewisse Angespanntheit auch. Der Osten würde wohl in großen Zahlen die AfD wählen und damit zum ersten Mal eine rechtspopulistische Partei in den Bundestag bringen.

WE: Genauso kam es ja dann auch.

JH: Gemeinsam mit einem Kollegen wollte ich deshalb für »Die Zeit« schon einmal vorab mit Ihnen über den möglichen Wahlausgang und seine Ursachen sprechen. Aber unser Gespräch war eigentlich viel zu kurz. Das fiel mir sofort auf. Unsere Gedanken und Überlegungen zu Ostdeutschland flogen schnell wie Bälle durch den Raum, und ich hatte das Gefühl, dass wir uns wunderbar ergänzten.

WE: Glücklicherweise hat der Aufbau Verlag uns nun zusammengebracht. Die Bundestagswahl 2017 ist ja inzwischen in vielerlei Hinsicht zu einer Zäsur geworden. Die Wahlergebnisse lösten einen gesellschaftlichen Schock aus, als dessen Folge sich ein neuer Umgang mit Ostdeutschland im letzten Jahr abzeichnet. Die öffentliche Wahrnehmung der Ostdeutschen hat sich seither verändert.

JH: Dabei schien der Bundestagswahlkampf sehr lange, zumindest an der Oberfläche, eher themenlos zu sein. Es gab sogar hin und wieder Journalisten, die sinngemäß fragten: »Geht es den Deutschen zu gut?« Donald Trump war im November des Jahres 2016 zum amerikanischen Präsidenten gewählt worden, die Briten hatten für den Brexit gestimmt, der Front National war mit Marine Le Pen in die Stichwahl um das französische Präsidentenamt gelangt und dennoch, der deutsche Wahlkampf plätscherte so dahin. Angela Merkel führte ihren Wahlkampf sehr präsidial, und der Herausforderer Martin Schulz, wie wir es später in der preisgekrönten Reportage »Mannomannomann« des »Spiegel«-Autors Markus Feldenkirchen nachlesen konnten, kämpfte eher gegen sich selbst, sein Team und schwache Umfragewerte.

WE: Ja, erst ungefähr vier Wochen vor dem Wahltermin nahm das Ganze plötzlich mit einem Mal Fahrt auf.

JH: Die Wut der Ostdeutschen, die sich auf den Marktplätzen während der Wahlkampfauftritte von Angela Merkel lautstark artikulierte, wurde zu einem Thema.

WE: »Merkel muss weg!«

JH: Genau. Unter anderem »Der Spiegel« titelte Anfang September »Alles wird Wut! Die Berliner Ruhe trügt – in Deutschland brodelt es«.

WE: Sie haben damals einen offenen Brief an Angela Merkel geschrieben.

JH: Ja. Ich hatte am 6. September einen Wahlkampftermin der Bundeskanzlerin in Finsterwalde mitverfolgt. Der Marktplatz war erstaunlich gut gefüllt, und dennoch wurde die Veranstaltung, auf der ich mit meinem Sohn war, von den

Pöblern und Buhrufern hinter der Absperrung dominiert, die mit ihren Parolen und Trillerpfeifen ein ohrenbetäubendes Hasskonzert aufführten. Ich bin den ganzen Abend über den Marktplatz gelaufen, immer wieder hin und her zwischen den Pöblern und Angela Merkel vorn auf der Bühne. Was mich am meisten schockierte und worüber ich dann in der Form eines Briefes an die Bundeskanzlerin schrieb, war, dass es Angela Merkel nicht gelang, mit den Hasstiraden wirklich souverän umzugehen oder auch nur einmal angemessen darauf zu reagieren. Auf eine gewisse Art und Weise erschien mir dieser Abend wie ein Symbol für den gesamten Wahlkampf: Man versuchte, die AfD und ihre Anhänger, gleichwohl sie seit vielen Monaten mit ihrer Kritik an der Flüchtlingspolitik die Themen beherrschten, noch immer zu ignorieren. Diesen Brief haben dann bei »Zeit Online« innerhalb von vierundzwanzig Stunden über 500 000 Leute gelesen und, ja, ich glaube, das kann man so sagen, plötzlich hatte der Wahlkampf ein Thema. Die Wut der Ostdeutschen. Aber nicht nur. Denn auch auf einigen westdeutschen Marktplätzen ging es turbulent her. Auch deswegen hatten wir Sie also am Tag vor der Wahl um ein Hintergrundgespräch gebeten. Aber das ist nicht unsere erste Begegnung gewesen. Ich erinnere mich auch an ein Interview, das ich einmal für die Wochenzeitung »Der Freitag« mit Ihnen geführt habe. Wir haben damals eine Sonderausgabe mit dem Titel »Was früher besser war« herausgebracht, und ich habe mit Ihnen über die Jahre nach dem Mauerbau in der DDR gesprochen.

WE: Wann war das denn?

JH: Das muss im Jahr 2013 gewesen sein. Und wir sprachen über die Zeit zwischen dem Mauerbau und dem XI. Plenum, weil Sie ja in Ihrem wunderbaren Buch »Die Ostdeutschen. Kunde von einem verlorenen Land« überzeugend schreiben, welch liberale Jahre das gewesen sind. Und diese Beschreibung passte gut zu unserem Titel.

WE: Das ist ein Weilchen her, oder?

JH: Ich habe Ihre »Ostdeutschen« immer wieder zur Hand genommen, es ist für mich das beste Buch über die DDR, eine Art Standardwerk. Ich mag darin die sehr genauen Beobachtungen, die luziden und überzeugenden Thesen, aber vor allem mag ich auch Ihren Stil, Ihren fast literarischen Ton, mit dem Sie sich soziologischen Themen zuwenden. Und auch wenn Sie nie explizit autobiographisch werden, merkt man doch, es ist stets das eigene Erleben, das Ihre Überlegungen wie ein Fundament trägt. Ich glaube, dass wir beide von einer grundsätzlich anderen Erfahrungswelt der Ostdeutschen vor 1989 und danach ausgehen und dass wir diese Erfahrungen, aus freilich unterschiedlichen Generationsperspektiven, mit einem Blick für die Brüche und Kontinuitäten möglichst präzise zu beschreiben, zu erklären und einzuordnen versuchen.

WE: Richtig. Ich war, als »Zonenkinder« erschien, sehr erstaunt, welcher Erfahrungsraum einer jüngeren ostdeutschen Generation sich da auftut. Eine Perspektive auf Ostdeutschland, die ich vorher nicht kannte. Ähnlich erging es mir vor kurzem mit »Rückkehr nach Reims« von Didier Eribon. In seinem Buch geht es nicht um Ostdeutschland, aber die Erklärungsversuche zur politischen Lage Frankreichs, die er darin offenbart, lassen sich auch in Hinblick auf die Verhältnisse im Osten lesen. Ich traf ihn übrigens am Mittag des Wahltags, und wir redeten über den außerordentlichen Erfolg seines Buches in Deutschland. Ich glaube, der war hier sogar größer als in Frankreich. Das überraschte ihn.

JH: Vor allem war es ein nachgeholter Erfolg, so etwas gelingt ja nur sehr wenigen Büchern.

WE: Ja, sieben Jahre nachdem es im Französischen erschienen war, kam es im Deutschen heraus. Und war, denke ich, deshalb bei uns so erfolgreich, weil darin ein Prozess verhandelt wurde, der in Frankreich viel früher in Gang gekommen war, nun aber auch Deutschland erreicht hatte. In einem seiner Aufsätze rund um das Buch brachte er das Thema auf den Punkt: »Wie aus Linken Rechte wurden«. Das interessierte die Leute natürlich, nach Pegida und dem Aufschwung der AfD. Ein Buch zur rechten Zeit, am richtigen Ort, im Osten, aber auch im Westen. Deshalb wurde das binnen kurzem zum Bestseller. Das ging von Mund zu Mund und von Hand zu Hand. Weit über den Kreis der erwartbaren Leserschaft hinaus, nicht zuletzt aufgrund der persönlichen Note, soziologischen Analyse und Familiengeschichte in einem.

JH: Eribon konnte das Buch ja erst schreiben, als sein Vater gestorben war.

WE: Die Adaption des Materials für die Berliner Schaubühne passte zeitlich perfekt zum Wahlgeschehen hierzulande, das war auch so gewollt. Der Abend ist seither komplett überbucht. Thomas Ostermeier, der Regisseur, war mit Eribon an den Orten des Geschehens, Fotos und Videos werden während der Aufführung eingeblendet. Man sieht Eribon am Küchentisch mit seiner Mutter, einer Frau, die ihr ganzes Leben körperlich hart gearbeitet hat. Man sieht die Gegend, in der Eribon mit seinen Eltern und Geschwistern früher gewohnt hat, die Siedlung, die Häuser, erfährt, wie einschneidend die gesellschaftlichen Umbrüche Landschaft und Menschen getroffen haben, und versteht ihr Problem, ihre Frage: Wer interessiert sich für uns, die Abgehängten, scheinbar Überflüssigen? An wen können wir uns wenden, um unseren Sorgen und Anliegen politisch Ausdruck zu verleihen? Bis in die späten siebziger, frühen achtziger Jahre hinein bestand kein Zweifel über den Adressaten der eigenen Forderungen, das war die KPF, die Kommunistische Partei Frankreichs, und da galt: »Right or wrong, my party«, gleichgültig, ob einem im Einzelfall passte, was deren Repräsentanten gerade sagten und taten. Der Ablöseprozess vollzog sich schleichend. Irgendwann in den Achtzigern kamen die ersten von der Wahl verdruckst nach Hause, um auf Nachfragen verschämt zu gestehen, sie hätten Front National gewählt. Ein Tabubruch, anfangs noch schambesetzt, Eribon schildert das sehr nachdrücklich. Derweil wählen viele mit derselben Selbstverständlichkeit, mit der sie einst die alte Linke gewählt hatten, die neue Rechte. Was ist da passiert und aus der Sicht der Linken schiefgegangen? Diese Frage treibt den Autor um und uns ebenso, im Osten Deutschlands ganz besonders. 400 000 Wähler verlor die Linke 2017 bundesweit an die AfD. In Ostdeutschland wurde die AfD vor der Linken zweitstärkste Kraft.

JH: Also am Mittag des Wahltages haben Sie Didier Eribon getroffen und am Abend: Haben Sie da mit der Fernbedienung auf der Couch gesessen?

WE: Ja, abends habe ich, wie viele andere auch, Fernsehen geschaut. Ich persönlich war über das, was dort vermeldet wurde, weder schockiert noch überrascht. Ich hatte ein paar Tage zuvor im Freundeskreis meine Prognose abgegeben und die AfD bei 14 Prozent gesehen. Nach den Landtagswahlen 2016 und im ersten Halbjahr 2017 bedurfte es dazu keiner hellseherischen Fähigkeiten: Selbst in Baden-Württemberg, im westdeutschen Musterländle, war die AfD mit 15,1 Prozent drittstärkste Partei nach den Grünen und der CDU geworden. Auch die mediale Dominanz von AfD-Themen in den Wochen unmittelbar vor der Bundestagswahl trug zu diesem vorhersehbaren Ergebnis bei.

JH: 12,6 Prozent der Wähler haben bundesweit für die AfD gestimmt, wobei die neuen Länder insgesamt 21 Prozent ihrer Stimmen den Rechtspopulisten gaben. Doppelt so viele wie in den alten Ländern. Das waren über 16 Prozentpunkte mehr als vier Jahre zuvor. Ja, und leider muss man sagen, überraschend war daran nichts. Zumal die letzten Landtagswahlergebnisse im Osten, in Sachsen-Anhalt beispielsweise im Jahr 2016, schon ebenso erschreckend hoch gewesen sind. Nun aber bekam die AfD in Sachsen mit 27 Prozent sogar mehr Stimmen als die seit der Wiedervereinigung immer führende CDU. Ein Stimmungswechsel, der in Wahrheit ein Paradigmenwechsel ist und wahrscheinlich als die vorerst wichtigste politische Zäsur nach der Wiedervereinigung angesehen werden muss. Vielleicht werden wir eines Tages feststellen, dass diese Bundestagswahl das Ende der Nachwendezeit markiert – so wie das Jahr 1968 das Ende der Nachkriegszeit markiert –, weil der Erfolg der AfD, erst einmal gänzlich wertfrei gesagt, die bisher größte Emanzipationsleistung der Ostdeutschen darstellt. Obwohl, ich will es noch einmal wiederholen, daran nichts überraschend war, im Osten brodelte es schon lange, das konnte jeder erfahren, der dort einmal mit Menschen sprach, schockierend war es dennoch. Zutiefst schockierend. Gerade weil offenbar auch die beinahe barbarisch wirkenden Trillerpfeifenkonzerte auf den Marktplätzen, ich habe das ja unmittelbar gespürt, wie viel Gewalt dort in der Luft lag, weil diese vor allem verbale Gewalt kaum Wähler abzuschrecken vermochte. Ich kann noch immer nicht glauben, dass man als Protestwähler in so großen Zahlen in Kauf nimmt, eine rassistische, fremdenfeindliche und antidemokratische Partei zu wählen, dass man also all das in Kauf nimmt, um seinen Protest zu artikulieren. Aber schockiert hat mich auch, dass wir diese Entwicklung bundesweit eigentlich bis zum Schluss mehr oder weniger zu ignorieren versucht haben. Dass wir zwar die Rassisten verurteilt, aber nicht wirklich nach den Ursachen gefragt haben. Nach dem Schock der Trump-Wahl wurde bei »Zeit Online« das Ressort »#D17« gegründet; es nahm sich vor, nachdem die linksliberalen großen Medien der Ostküste offenbar an der amerikanischen Realität vorbeigeschrieben hatten, diesen Fehler nicht zu wiederholen. Trump wurde, wie gesagt, im November 2016 gewählt, man wusste damals, knapp zehn Monate später würde die Bundestagswahl stattfinden, und die verbleibende Zeit wollten wir nutzen, um anders zu berichten. In einem Text habe ich gefragt: »Und wenn die AfD recht hat?« Aber diese Art der Berichterstattung hat es viel zu wenig gegeben, würde ich sagen. Die Medien berichteten stets nur schlaglichthaft und oft in Empörungszyklen. Als in den Monaten vor der Bundestagswahl die Zustimmungswerte für die AfD einmal kurzzeitig sogar zurückgingen, wurde das Thema beinahe schon wieder abmoderiert. Die AfD hat jedoch untergründig den Wahlkampf organisiert, und die Medien haben über die spezifischen Gründe für ihre Popularität im Osten nicht wirklich berichtet. Und waren im Grunde genommen auch dann, als das Wahlergebnis bekanntgegeben wurde, erneut schockiert und haben reagiert, als sei nichts daran vorhersehbar gewesen. Als würden Aufrufe in den sozialen Netzwerken, man solle nicht rechtspopulistisch wählen, solle nicht rassistisch wählen, irgendjemanden in Zwickau oder in Crimmitschau …

WE: … beeindrucken …

JH: … ja, oder gar umstimmen können.

WE: Nein, sicher nicht. Diese Wahl passte sich ein in den Brexit, die Trump-Wahl, den französischen Präsidentschaftswahlkampf, in Prozesse, die man schon länger beobachten konnte. In der Schweiz gibt es eine neue Rechte, in Österreich besetzte Jörg Haider bereits in den neunziger Jahren das rechte Spektrum der FPÖ. Wir waren da sozusagen im Verzug. Auch aus Gründen, die mit der deutschen Geschichte zusammenhängen, mit Besonderheiten des öffentlichen, politischen Diskurses. Hier lagen die Schwellen des von rechts aus Sagbaren, Tolerierbaren, Zustimmungsfähigen lange höher als in den gerade genannten Ländern. Die Alarmglocken schrillten früher, und so blieb beispielsweise die NPD ein Randphänomen in der politischen Landschaft. Der Umschwung kam nach meinem Eindruck im Herbst 2015. Da zerbröselte der stillschweigende Konsens der Demokraten spürbar. Ich beobachtete das an Menschen in meinem Freundes- und Bekanntenkreis, also inmitten der ominösen Mitte der Gesellschaft. Etliche unter ihnen fanden die Politik der offenen Tür entweder naiv oder schlichtweg verderblich, weil sie darin eine Vorlage für die radikale Rechte sahen.

JH: »Politik der offenen Tür«? – Was meinen Sie damit?

WE: Diese Tage im September 2015, als Angela Merkel in der Nacht vom 4. auf den 5. September einvernehmlich mit ihrer Regierung entschieden hatte, die Leute, die da auf den Trampelpfaden unterwegs waren, …

JH: … Sie meinen die vielen Menschen, die teilweise seit Tagen auf dem Budapester Ostbahnhof festsaßen und sich dann auf den Weg nach Österreichisch und Deutschland machten, teilweise über die Autobahn … oder auch vorher über die verschiedenen Flüchtlingsrouten, östliche Mittelmeerroute, westliche Balkanroute, über die Ägäis …

WE: … ins Land zu lassen, die Nachströmenden ebenso. Das war ein Signal zum Aufbruch für Abertausende an der europäischen Peripherie, es diesen gleichzutun. Viele Menschen, deren Biografie an ihrer linken politischen Haltung keinen Zweifel zuließ, nicht alle, aber doch die meisten, fanden das grundfalsch. Und ich will meine eigenen Bedenken in diesem Zusammenhang nicht verhehlen.

JH: Aber ist der Terminus »Politik der offenen Tür« ein Versuch von Ihnen, etwas objektiv zu beschreiben? Oder schwingt da eine Bewertung mit? Mir scheint, ich höre da auch eine Bewertung heraus.

WE: Für mich ist das ein neutraler Ausdruck, der das Geschehen ohne moralischen Wertakzent abbildet. Andere sprachen damals von »Flüchtlingsfluten«. Da war die Wertung unüberhörbar.

JH: Ich verstehe.

WE: Oder von »Überrollung«, Peter Sloterdijk griff zu dieser suggestiven Formulierung. Jedenfalls löste die viele Wochen währende Grenzöffnung heftige, höchst erregte Debatten aus …

JH: Nun, um genau zu sein: Am 13. September gab der Bundesinnenminister bekannt, dass es nun wieder Kontrollen an der deutsch-österreichischen Grenze geben würde.

WE: … Erregung, Zwist bis in die Familien hinein, unter Leuten, die bis dato sicher waren, von einer gemeinsamen Basis aus zu argumentieren und zu streiten. Die Wellen schlugen hoch, und ein neuer gesellschaftlicher Konsens über Fragen der Migration und Zuwanderung hat sich seither nicht eingestellt. Warum war und ist das so? Was brach und bricht sich da öffentlich Bahn? Etwas Tieferliegendes, so scheint es mir zumindest. Merkels »Wir schaffen das« wurde vielfach weniger als Ermutigung aufgefasst, im Sinne von »Jetzt packen wir's mal gemeinsam an«, sondern als konzentrierter Ausdruck der Arroganz der Macht. Als *Pluralis Majestatis* über die Köpfe der Regierten hinweg: Wir haben das so entschieden, und ihr werdet damit schon zurechtkommen. In einem so wohlhabenden Land wie dem unseren sollte das kein Problem sein.

JH: Dieser Satz wird eigentlich immer verkürzt wiedergegeben. In der Bundespressekonferenz sagte Angela Merkel am 31. August 2015: »Deutschland ist ein starkes Land. Das Motiv, mit dem wir an diese Dinge herangehen, muss sein: Wir haben so vieles geschafft – wir schaffen das!« Ich sehe darin ja eher eine Aufforderung, einen sehr demokratischen Imperativ.

WE: Viele sahen darin ein Problem, so wie sie schon in der Art der Lösung der globalen Finanzkrise ein Problem gesehen hatten: Rettung der Geldfabriken auf Kosten der Allgemeinheit. Ganz nach dem Motto »Wir machen das, und ihr badet das aus!«. Das muss man mitbedenken, um den starken Ausschlag des Gefühlspegels zu verstehen.

JH: Trotzdem störe ich mich nun doch an Ihrem Terminus »Politik der offenen Tür«. Weil Sie damit offenbar auf ein sehr stark irrationales Moment in der Flüchtlingspolitik verweisen möchten. Ich sehe dieses irrationale Moment in der Entscheidung, damals keine Kontrollen an den Grenzen einzuführen, nicht. Einerseits war die Situation nicht aus dem Nichts entstanden, seit dem Jahr 2014 sind die Flüchtlingszahlen merklich angestiegen, der Syrienkrieg dauerte bereits vier Jahre, und ein Ende war nicht in Sicht, im Sommer des Jahres 2015 waren mehr als 800 000 Menschen auf dem Weg nach Europa. Nur wenige Beispiele: Im April starben fast eintausend Menschen, weil ihr schwer überladenes Boot auf dem Weg von Libyen nach Italien kenterte, am 26. August wurde in der Nähe von Wien ein LKW gefunden, in dem einundsiebzig Menschen erstickten, am 2. September wurde der leblose Körper des dreijährigen Alan Kurdi an einem türkischen Strand gefunden – ertrunken im Mittelmeer, auf der Flucht nach Europa. Zwei Tage später entscheidet sich Angela Merkel, die Menschen ohne Kontrollen ins Land zu lassen. Geöffnet wurden die

Grenzen nicht, sie waren ja vorher, weil wir uns im Schengen-Raum befinden, nicht geschlossen gewesen. Aber in jenem Sommer waren so viele Flüchtlinge an den europäischen Außengrenzen gestrandet, dass es darum ging, eine humanitäre Katastrophe abzuwenden. Irrational scheint mir deshalb nicht die richtige Beschreibung zu sein, obwohl ich Ihnen recht gebe, dass diese Entscheidung ein spontanes, ja unvorhergesehenes Moment beinhaltet. Das aber macht für mich den Kern von Politik aus. Ich habe Angela Merkel auch in ihren spontanen politischen Entscheidungen immer respektiert. Also ihren Ausstieg aus der Atomenergie nach der Reaktorkatastrophe von Fukushima im Jahr 2011, den viele aufgrund seiner Spontaneität kritisiert haben, der erschien mir gerade in dieser Spontaneität äußerst einleuchtend. Das stellt für mich den Glutkern politischen Handelns dar.

WE: Die Katastrophe als Lehrmeister, die politisches Umsteuern bewirkt.

JH: Wenn Sie es so nennen wollen, ja. Warum auch nicht? Ehrlich gesagt ist die Entscheidung, keine Kontrollen einzuführen, für mich noch immer ein politischer Moment, der bei mir Gänsehaut erzeugt. Ein politischer Moment von historischer Dimension. Dass wir in der Lage sind oder dass eine Kanzlerin in der Lage ist – und das halte ich gar nicht für eine »Arroganz der Macht« –, aus einer emotionalen Motivation heraus so etwas zu entscheiden, obwohl wir einen völlig überstrukturierten politischen Apparat haben, Diplomatie oft mit langsamen Mühlen mahlt, ich muss gestehen, das macht mich zu einem großen Fan von Politik. In so einem Moment verstehe ich Politik, weil die Akteure plötzlich als Menschen sichtbar werden. Da glaube ich sehen zu können, warum Menschen sich entscheiden, in die Politik zu gehen. Da verstehe ich, warum wir so fasziniert sind von Politik, die in so einer Situation allen beamtenhaften Charakter verliert. Aber noch einmal: Es gab einen zweifellos humanitären Anlass. Angela Merkel hat eine humanitäre Katastrophe abzuwenden versucht, und sie hat sie abgewendet.

WE: Ja, das stimmt. Das war ein humanitärer Notstand, auf den man unmittelbar reagieren musste.

JH: Es macht mich stolz, dass wir so reagiert haben. Kein anderes westeuropäisches Land hat bis heute so viele Flüchtlinge aufgenommen wie wir. Angela Merkel hat damit unserer Nachkriegsidentität eine ganz wichtige Facette hinzugefügt: die Deutschen als ein humanes Volk. Ein Volk, das sich bereit erklärt, seinen Wohlstand zu teilen, und nicht länger die Augen vor dem verschließt, was sich außerhalb seiner Grenzen abspielt. Ich würde sogar noch weiter gehen und sagen, dafür hätte sie eigentlich den Friedensnobelpreis verdient. Wie der Kniefall von Willy Brandt im Jahr 1970 vor dem Ehrenmal für die Toten des Warschauer Ghettos war das eine ganz wichtige und, ja, spontane politische Entscheidung und Geste. Der Kniefall von Willy Brandt war damals ebenfalls höchst umstritten, die Mehrheit der Deutschen wäre, hätte man sie vorher nach ihrer Meinung gefragt, dagegen gewesen. Heute ist er jedoch einer der wenigen politischen Momente, die für uns Nachgeborenen die Erhabenheit und Größe politischen Handelns markierten. Ein historisch strahlender Moment.

WE: Die erste Phase des Ansturms, da sind wir einer Meinung, da gab es keine Alternative.

JH: Doch, es hätte eine Alternative gegeben.

WE: Welche?

JH: Die Alternative wäre gewesen, die Flüchtlinge nicht hereinzulassen, die Grenzen dichtzumachen. So wie es andere Länder getan haben.

WE: Die hatten ein vergleichsweise leichteres Spiel. Denn fast alle, die unterwegs waren, wollten doch nach Deutschland.

JH: Also gänzlich alternativlos war diese Entscheidung, anders als Angela Merkel es selbst gesagt hat, nicht. Humanitär betrachtet, war diese Entscheidung alternativlos. Aber die anderen Länder haben ja auch andere Entscheidungen getroffen.

WE: Haben sie. Tun sie bis heute. Merkels Entscheidung hat die Mitgliedsländer der Europäischen Gemeinschaft nicht eben zusammengeführt. Deutschland stand damals ziemlich alleine auf weiter Flur. Länder im Osten koppelten sich völlig davon ab. Und daran hat sich bis heute nichts geändert. Internationalismus in einem Land, das konnte nicht gutgehen. Aber, ja, die Menschen wären in der Mitte Europas gestrandet. Deutschland hat sie aufgenommen, und das war im ersten Anlauf gut so.

JH: Letztlich ist aber die Kritik an der Flüchtlingspolitik, das will ich gar nicht bestreiten, so wie Sie sie äußern und in Ihrem Bekanntenkreis beobachten, zu einem wichtigen Thema für die Bundestagswahl geworden. Sie sagten, der Stimmungsumschwung hinsichtlich dessen, was man vielleicht auch mit einer Entfremdung von Politik beschreiben könnte, setzte im Herbst 2015 ein. Allerdings, und auch das ist eine Tatsache: Pegida formierte sich schon lange vor den Sommertagen des Jahres 2015 – nämlich gegen Ende 2014. Der Dresdner Korrespondent der »Frankfurter Allgemeinen Zeitung« Stefan Locke zeichnet die Anfänge von Pegida in einem Text in dem übrigens insgesamt sehr lesenswerten Buch »Unter Sachsen. Zwischen Wut und Willkommen« von Heike Kleffner und Matthias Meisner nach. Ich selbst hatte damals gerade aufgehört, für den »Freitag« zu arbeiten, und wollte mich erst einmal auf mein Sofa legen und über Dinge nachdenken, für die ich zuvor eigentlich keine Zeit mehr gehabt hatte. Also jedenfalls nicht über Politik! Plötzlich kamen diese Nachrichten aus Dresden. Im Januar 2015 bin ich in meine Heimatstadt Leipzig gefahren, um mir anzusehen, ob es Pegida gelingen würde, auch dort als eine Art Ableger mit dem Namen Legida, Fuß zu fassen.

WE: Ja, das war eine Hochzeit der Pegida-Demonstrationen, kurz nach dem Attentat auf Charlie Hebdo am 7. Januar.

JH: Die Demonstranten trafen sich am ehemaligen Zentralstadion, das jetzt Red Bull Arena heißt, um von dort durch das sogenannte Waldstraßenviertel zu ziehen, das ja einmal das jüdische Viertel Leipzigs gewesen war. Was mich sehr berührte, war, dass Anwohner entlang der Marschroute Lautsprecher in ihre Fenster gestellt hatten, um mit der Musik von Ludwig van Beethoven oder Johann Sebastian Bach den Rechtspopulisten – es waren auch sehr viele Rechtsradikale unter den Demonstranten – etwas entgegenzusetzen. Gleichzeitig, und das wollte ich eigentlich erzählen, gingen an diesem Abend fast 30 000 Leipziger gegen Pegida und Legida auf die Straße, ganz vorneweg der SPD-Oberbürgermeister Burkhard Jung. Pegida hat sich in Leipzig nie etablieren können, die Zivilgesellschaft der Stadt hat das verhindert. Aber, um auf Ihre Beschreibungen zurückzukommen, die Kritik Ihrer Bekannten, ich vermute, die entzündete sich vielleicht an der Flüchtlingspolitik des Sommers 2015. Anleihen jedoch konnten sie schon vorher nehmen, vielleicht auch eine gewisse Legitimation, aber das weiß ich nicht. Was meinen Sie? Haben sich Ihre Bekannten die Kritik bei Pegida abgeschaut oder vielleicht sogar entlehnt?

WE: Pegida bildete den Auftakt für den aufflammenden gesellschaftlichen Streit mit wachsendem persönlichem Verletzungspotential. Die pauschale Abkanzelung der Demonstranten als dröge Mitläufer von Brandstiftern missfiel manchen meiner langjährigen Gesprächspartner und mir selbst auch. Den gesamten Januar hindurch waren zwischen 17000 und 25000 Leute in Dresden unterwegs und die vermittelten nicht das Bild eines furchterregenden Mobs.

JH: Da muss ich Ihnen widersprechen. Es waren teilweise martialische Bilder, die man von den Pegida-Aufmärschen sehen konnte. Und auch die Reden ließen zu diesem Zeitpunkt keinen Zweifel mehr an dem rassistischen und deutschtümelnden Charakter der Bewegung. Dass die brachiale und oft höhnische Kritik an Pegida einen als Ostdeutschen verletzen konnte, das allerdings kann ich nachvollziehen. Da wurde gern allzu pauschal gleich der ganze Osten abgewertet. Auch mir bleiben diese Monate als ein dunkles Kapitel des innerdeutschen Zwiegespräches in Erinnerung.

WE: Die Montagsdemos, die 2004 gegen Hartz IV begannen, hatten nicht im Ansatz so viel Zulauf.

JH: Gut, dass Sie daran erinnern. Denn auch das war damals keine unbedeutende Bewegung gewesen, die erste überregional sichtbare Protestbewegung in Ostdeutschland nach der Wiedervereinigung.

WE: Zu Anfang. Es schlief halt allmählich ein.

JH: Aber die Montagsdemonstrationen gegen Hartz IV sind im Grunde die einzige Vorgängerart von Pegida. Interessant ist, dass beide rein formal an die Montagsdemonstrationen des Jahres 1989 anzuschließen versucht haben.

WE: Zehn Jahre später startet im Osten Deutschlands eine Protestbewegung mit stetig anschwellender Mobilisierung, erst auf der Straße, dann in den Wahllokalen und den sozialen Medien. Da nahm etwas für die kulturellen und politischen Üblichkeiten hierzulande Neues seinen Anfang. »Sachsen verstehen: Sachsen als Avantgarde« lautet deshalb auch der Titel eines Vortrags von Werner Patzelt, in dem er im Februar 2018 auf diesen Prozess Rückschau hält. Nüchtern betrachtet haben wir es hier mit einem Streit zu tun, der seine Wurzeln und auch seine Berechtigung hat. »Dresden ist Hauptstadt der Debattenkultur« – so äußerte sich der Soziologe Joachim Fischer kürzlich in den »Dresdner Neuesten Nachrichten« und zog eine Linie von Pegida über die Kontroversen rund um die Waldschlößchenbrücke bis hin zum Disput zwischen Uwe Tellkamp und Durs Grünbein. Warum nicht auch diesen Blick einmal ausprobieren?

JH: Gern. Wo sehen Sie denn die Berechtigung für diesen Streit?

WE: Es gibt keinen absoluten Anfang für die sich hier artikulierende Erfahrung einer Entfremdung von Politik. Da kam vieles zusammen, staute sich auf zum verbreiteten Eindruck einer tiefgreifenden Krise der Repräsentation. Die Hartz-Reformen vergraulten Millionen von Menschen, die in diese Mühle gerieten, selbst langjährige Gewerkschafter und SPD-Mitglieder empörten sich darüber, gründeten eine eigene Organisation. Von der globalen Finanzkrise 2008/09 war bereits die Rede. Man muss das im Zusammenhang sehen: 2008 stand man kurz vor der Kernschmelze der Weltwirtschaft und die Regierenden kommen mal kurz daher und wälzen die Schulden von Banken im Maßstab von Billionen auf *uns* ab. Und haben Trost im Gepäck: »Okay, eure Sparguthaben sind sicher.« Politischer Generalkonsens in dieser jede und jeden existentiell betreffenden Angelegenheit mit Ausnahme der Linken. Was soll man davon halten? Medial, in den Wirtschaftsredaktionen von Presse, Rundfunk, Fernsehen derselbe Konsens, wieder mit ein paar rühmlichen Ausnahmen. Und dann im Spätsommer 2015: »Wir schaffen das.« Wie bitte? Wer ist hier *wir*? Da sagt sich doch jeder, der noch Interesse an öffentlichen Angelegenheiten hat, die da oben ticken nicht ganz richtig, jedenfalls ganz anders als wir, das Publikum, und diesen Dissens fechten wir jetzt mal aus. Die Folgen dieser »Verstimmung« sind noch in der verbal mehr als dürftigen »Erklärung 2018« sichtbar. Ich denke nicht, dass Menschen, mit denen ich persönlichen Umgang habe, zu deren Unterzeichnern zählen.

JH: Das wissen Sie gar nicht. Mittlerweile gibt es wohl 165 000 Unterzeichner, und die Zahl steigt noch immer täglich an.

WE: Ich bin mir ziemlich sicher. Sagen wir es so: Auch in diese »Erklärung« spielt mehr hinein als der Wunsch nach gutbewachten Außengrenzen. Das sind doch fast alles Akademiker, Mitglieder der sogenannten »guten Gesellschaft«, Wissenschaftler, Juristen, Theologen, Ärzte, Künstler. Die haben sich, jeder und jede Einzelne, gut überlegt, ob sie da mitmachen, und sich dann bewusst dafür entschieden. Ein Coming-out der Honoratioren im Maßstab von Zehntausenden, die sich vor wenigen Jahren vor einem solchen Bekenntnis noch gehütet hätten. Da denkt man doch: »Hallo, was ist denn da passiert?!«

JH: Das sind vornehmlich Menschen, die sich gegen eine offene und tolerante Gesellschaft stellen, glaube ich. Menschen, die ihren Wohlstand nicht teilen wollen und Angst um ihre Pfründe haben. Ich weiß, das klingt simpel, und vielen wird es *zu* simpel klingen, aber ich glaube, darin liegt der Kern dieser Abwehrhaltung begründet. Der Leipziger Maler Neo Rauch, der ja ebenfalls gern mit rechten politischen Ansichten kokettiert und den Schriftsteller Uwe Tellkamp verteidigt hat, hat es im Frühjahr einmal so formuliert: »In meinem Fall ist es ein Bedürfnis nach Heimat, nach Weltaneignung, nach Sicherstellung der Besitzstände.« Genau um die Sicherstellung der Besitzstände geht es, und diese Besitzstände sind ökonomischer, kultureller und auch mentaler Art. Im sogenannten Bürgertum sind diese Ängste offenbar am ausgeprägtesten.

WE: Das wäre vor fünf, sechs Jahren nicht in dem Maße passiert. Das zeigt: die Schwellen der Äußerungsbereitschaft *für* Äußerungen, die tonangebende Schichten der Gesellschaft als rechts abstempeln, sind rasant gesunken, die vormalige Einschüchterung greift nicht mehr. Die konsensorientierte Formatierung der öffentlichen Diskurse ist weithin außer Kraft gesetzt.

JH: Aber, nein, da muss ich Ihnen jetzt doch einmal lautstark widersprechen. Wer formatiert denn hierzulande die Diskurse?

WE: In Gesellschaften wie der unseren funktioniert das ohne Dirigenten. Die Mehrzahl der Personen, die gesamtöffentlich durchdringen mit ihren Äußerungen, teilen aufgrund ihrer Rekrutierung und Sozialisierung in den diversen Redaktionen und Büros Haltungen und Überzeugungen, deren Konformität nur deshalb nicht ins Bewusstsein tritt, weil das Gros der anderen ebenso empfindet, bewertet und denkt wie man selbst. Womit wir es hier zu tun haben, ist eine Normalisierung und Formatierung medialer Diskurse ohne zentralen Dirigenten.

JH: Das ist erst einmal eine Arbeitsthese!

WE: Ich würde schon sagen, dass es eine Tendenz zur Gleichschaltung gibt.

JH: Arbeitsthese! Aber, gern, finden wir doch gemeinsam heraus, ob sie stimmt. Denn haben wir nicht beide das Recht, gegen die Gleichschaltung, wie Sie sagen, anzukämpfen, Stellung zu beziehen?

WE: Nun, Gleichschaltung ist ein zu forciertes, zu belastetes Wort. Sagen wir *Gleichklang*, Gleichklang ohne Dirigenten mit der Folge einer nicht leicht überbrückbaren Kluft zwischen veröffentlichter und gesellschaftlicher Meinung.

Mangelnde Selbstbeobachtung trägt dazu bei, diese Kluft zu vertiefen. Menschen mit einem professionellen Verhältnis zur Sprache tendieren dazu, dieses Verhältnis zu verabsolutieren: Sprache nicht primär als Werkzeug der Lebensführung und Problembewältigung, sondern als Werkzeug des Denkens, der Analyse, der Reflexion, des Kommentars. Wenn Wittgenstein mit seiner Ansicht richtigliegt, dass die Sprache eine Lebensform ist, dann konstituieren verschiedene Arten, Sprache zu gebrauchen, verschiedene Lebensformen, verschiedene Sichtweisen auf die soziale Welt. Die einen bringen Verhältnisse mittels Sprache auf Distanz, die den anderen unmittelbar unter die Haut gehen, und wundern sich, wenn diese die Gelassenheit vermissen lassen, mit der sie selbst zu Werke gehen. Der Flüchtling als Fremder, der kommt, um zu bleiben, kann in der Wahrnehmung durch Einheimische ganz verschiedene Rollen spielen. Menschen mit einem distanzierten Verhältnis zur Welt ist zuzumuten, diese Wahrnehmungsdifferenz mitzureflektieren, statt sie zu moralisieren. Hier wir, die Großzügigen, Weltoffenen, Toleranten, dort die Zugeknöpften, Engherzigen, nur auf sich selbst Bedachten. Ein Blick auf den anderen, der die Bedingungen nicht durchschaut, die ihn formen. Geistiger Konformismus erwächst aus der Blindheit für den eigenen Blick. *Dagegen* muss man ankämpfen, stets von neuem.

JH: Das empfinde ich nicht nur als mein Recht, sondern strenggenommen sogar als meine Pflicht, weil ich an eine grundsätzliche Offenheit der Diskurse glaube, weil ich glaube, dass die Teilnehmer der Diskurse für deren prinzipielle Offenheit und Vielstimmigkeit sorgen müssen. Und: Tun wir das mit diesem Buch nicht auch? Also für Meinungsvielfalt und Pluralismus sorgen?

WE: Man muss sich gegen den falschen Konsens stemmen, und man kann es unter den heutigen Bedingungen.

JH: Zumal wir beide, qua Herkunft, qua Themen und oft auch qua Perspektive eben nicht per se dazugehören. Jene Gleichschaltung, von der Sie sprachen, müsste uns also permanent aus dem System katapultieren. Nun haben Sie diesen Begriff korrigiert und möchten lieber von Gleichklang sprechen.

WE: An den Rand des legitimen Diskurses gedrängt zu werden, zum »Ostalgiker« oder schlimmer, zum Rechtfertigungsliteraten der DDR abgestempelt zu werden – das ist uns doch beiden mehrmals widerfahren?

JH: Ja, das stimmt. Aber trotzdem mag ich diese Vergleiche DDR versus Bundesrepublik überhaupt nicht. Sie sind oft genauso falsch wie die Nazivergleiche. Obwohl es viele Phänomene gibt, die uns in beiden Systemen ähnlich erscheinen, glaube ich, dass sich diese Ähnlichkeiten, je genauer wir die Phänomene betrachten, immer stärker auflösen. Ich glaube, dass sich ein offenes System wie das der Bundesrepublik grundsätzlich von einem geschlossenen System, wie die DDR eines war, unterscheidet. Ich würde immer argumentieren, dass alle Phänomene des politischen, kulturellen und gesellschaftlichen Lebens damit in zwei grundsätzlich verschiedenen Systemen – wie in zwei grundsätzlich verschiedenen Gefäßen – stecken.

WE: Können Sie das näher beschreiben?

JH: Phänomene wie das Verhältnis zu Arbeit, Identitätsbildung, das Verhältnis von Öffentlichkeit und Kritik, das Verhältnis von Privatem und Öffentlichem. All das steckt in unterschiedlichen Gefäßen, auch deshalb fällt es uns im Nachhinein so schwer, das Leben in der DDR posthum zu erzählen, zu beschreiben, zu kritisieren und einzuordnen. Aber auch in offenen Gesellschaften, da gebe ich Ihnen recht, entstehen Meinungsbildungsprozesse, die mitunter Gefahr laufen, homogen zu werden, weil sie natürlich Mehrheitsmeinungen eher abbilden als die von Minderheiten. Aber da findet dennoch keine Formatierung statt. Eines meiner wichtigsten Themen ist immer die fehlende Darstellung ostdeutscher Perspektiven gewesen. In Wahrheit widerspreche ich jetzt ein bisschen mir selbst, wenn ich Ihnen widerspreche.

WE: Stimmt.

JH: Weil ich selbst immer eine Kritikerin vieler Meinungsbildungsprozesse gewesen bin, mich in vielen Texten über Ostdeutschland dazu geäußert habe. Aber gegen Formatierung von Diskursen *muss* ich mich als Journalistin zutiefst wehren, weil ich mich sonst selbst nicht ernst nehmen könnte. Weil ich dann ja Teil dieses Prozesses wäre.

WE: Ja, da sind wir vielleicht nicht einer Meinung. Ich lasse Ihre Ansicht umso bereitwilliger gelten, als ich mit einer ganzen Reihe von Journalisten gut bekannt oder befreundet bin, deren Arbeit ich sehr schätze. Wenn ich trotzdem eine Tendenz zum medialen Gleichklang ohne Dirigenten behaupte, dann darf man schon erwarten, dass ich dafür auch den einen oder anderen Beleg liefere. Hier wäre einer: Eine Studie der Otto Brenner Stiftung (»Die Flüchtlingskrise in den Medien«) hat mehr als 30 000 Medienberichte zwischen Februar 2015 und März 2016 ausgewertet und dabei einen mehr als auffälligen flüchtlingsfreundlichen Tenor ermittelt. In 83 Prozent der Beiträge in Tageszeitungen etwa wurde demzufolge ein durchgehend positives Bild der Willkommenskultur gezeichnet. Für den Rundfunk und das Fernsehen erinnere ich das ganz ähnlich. Die Berichterstattung über Putins Russland stimmt einen unter dem Gesichtspunkt Meinungsvielfalt auch nicht gerade froh. Ebenso wenig die mediale Begleitmusik zum Spar-, Schuldabstattungs- und Privatisierungsdiktat, das Schäuble und die Eurogruppe Griechenland aufzwangen, zum hauptsächlichen Nutzen institutioneller Gläubiger, die sich verzockt hatten und jetzt trotzdem Profit einfuhren. Dank der beharrlichen Solidarität Europas mit den Griechen sei das Ende der Krise nun glücklicherweise in Sicht, tönte noch soeben einer dieser Helden ganz unbefangen in der »Tagesschau«. Ungezählte andere verbreiteten denselben Nonsens in Presse, Rundfunk, Fernsehen. Wenn das kein Gleichklang ist, was dann? Ist in den Redaktionsstuben wirklich niemand zur Stelle, dem der Zynismus solcher Verlautbarungen aufstößt? Und schließlich kommen wir beide doch hier zusammen, weil wir den Eindruck teilen, dass das »Ossi-Bashing« geradezu zu den Pflichtübungen der maßgeblichen Meinungsbildner zählt.

JH: Ja und nein. Bleiben wir bei der Flüchtlingskrise: Laut dem ZDF-Politbarometer sagten Anfang September 2015 66 Prozent der Deutschen, dass die Entscheidung Angela Merkels, die Flüchtlinge aus Ungarn einreisen zu lassen, richtig war. Die von Ihnen beschriebene eher positive Berichterstattung über die sogenannte Willkommenskultur fand damals ihren Widerhall in der Stimmung der Bevölkerung. Sie kippt nach den Ausschreitungen der Kölner Silvesternacht, aber genau zu demselben Zeitpunkt nehmen auch die kritischen Zeitungsberichte über Flüchtlinge wieder zu. Und was die Arbeit der Bundesregierung ganz allgemein betrifft, ich habe nicht das Gefühl, dass deren Arbeit von den Medien oder der Öffentlichkeit kritiklos begleitet würde.

WE: Es gibt Kritik, keine Frage, aber es gibt, wie eben dargelegt, auch Grenzen der Kritik. Auf die stieß ich zum Beispiel in der medialen Resonanz auf mein Buch »Bürger, ohne Arbeit« aus dem Jahr 2005. Damals wurden gleich mehrere Journalisten, die mich dazu interviewen wollten, nach meiner Zusage von ihren Redaktionen zurückgepfiffen. Einer Infragestellung der Grundlagen der Lohnarbeitsgesellschaft öffentlich Gehör zu verschaffen sei nicht wünschenswert, war die Begründung, die sie mir mit der Bitte um Vertraulichkeit übermittelten. Heute diskutiert darüber alle Welt. Die Verfechter der diskursiven Ordnung sind deshalb nicht arbeitslos. Sie suchen sich neue Objekte. Die einschlägigen Medien bilden die Vielfalt und Strittigkeit der gesellschaftlichen Debatten jedenfalls sehr unzureichend ab. Zu diesem Befund gelangte bereits die einzige umfassende empirische Untersuchung zu dieser Problematik, die 2006 unter dem Titel »Die Souffleure der Mediengesellschaft« erschien. Die dort benannten Defizite dieser Zunft dürften seither noch an Bedeutung gewonnen haben. Hauptberufliche Journalisten zählten und zählen zu mehr als zwei Dritteln zur akademisch gebildeten Mittelschicht. Sie orientieren sich bei ihrer Meinungsbildung vorwiegend an anderen Journalisten, die auch in ihrem persönlichen Umgang an erster Stelle stehen. Ihre Bereitschaft, sich für die Belange sozial Benachteiligter einzusetzen, ist wenig ausgeprägt. Resümee in den Worten von Lutz Hachmeister, einem Gewährsmann der Studie: »Fraglich ist (...), ob der wohlig im spätbürgerlichen Zentrismus eingerichtete Prestige-Journalismus die Entfremdung breiter Bevölkerungsschichten von den formaldemokratischen Ritualen überhaupt noch mitbekommt. Seit geraumer Zeit scheinen ihm selbstbezügliche Feuilleton-Scharmützel und medienwirtschaftliche Positionskämpfe wichtiger als die nüchterne Bestandsaufnahme der gesellschaftlichen Realität.« Die unverzichtbare Funktion der Medien als Organe der gesellschaftlichen Selbstbeobachtung nimmt Schaden.

JH: Es gibt etwas, was ich als eine Konvention der Kritik beschreiben würde. Viele Entscheidungen müssen erst mal kritisiert werden, bevor man sich fragt, warum diese Entscheidungen so gefällt worden sind. Und gerade Angela

Merkel ist doch als Person, als Ostdeutsche, als Frau durch solche Sturmgewitter von Kritik gegangen. Es ist ihr doch alles andere als leicht gemacht worden, sich als CDU-Vorsitzende, dann auch über Umwege als Kanzlerkandidatin *und* Bundeskanzlerin, also in ihren verschiedenen Rollen, Autorität zu erarbeiten. Das war ein *ganz* langer Weg, den sie gegangen ist, selbst gegen schwere Widerstände in der eigenen Partei, in den Medien und in der Öffentlichkeit.

WE: Ganz Ihrer Meinung. Es fehlte nicht an Versuchen, sie zur Strecke zu bringen. Dass sie sich trotzdem durchgesetzt hat, ist ermutigend für alle, die vergleichbare Erfahrungen gemacht haben. Da sind wir in unseren Bemühungen ganz bei ihr.

JH: Und da meine ich nicht, dass ich dieses Phänomen nicht kenne, das Sie gerade zu beschreiben versuchen. Als ostdeutsche weibliche Journalistin bin ich oft gerade in den großen Medien an die Grenzen dessen gestoßen, was man mich erzählen ließ. Mehr als einmal hat man mir gesagt, dass man meine Erzählperspektive nicht dauerhaft im Blatt haben wolle. Ich bin also zeitweise aus dem großen System auch herauskatapultiert worden. Aber ich würde dennoch nie von einer Gleichschaltung sprechen.

WE: Wie gesagt, »Gleichschaltung« übertreibt die Tendenz, von der ich spreche, unzulässig, das entschlüpfte mir im Eifer unseres Disputs. Aber viele Themen, deren differenzierte Erörterung uns gemeinsam am Herzen liegt, werden massenmedial doch ziemlich stiefmütterlich behandelt. Wer müht sich schon ernsthaft, dem Publikum verständlich zu machen, warum relevante Teile der Bevölkerung in Russland, Polen oder Ungarn Parteien und Personen wählen und an der Macht halten, die mit penibler Rechtsstaatlichkeit und Meinungspluralismus nicht viel am Hut haben? Die wenigsten. Der Mainstream begnügt sich mit Verurteilungen, in die sich ein gehöriges Maß an Geringschätzung für das Wahlvolk mischt. Einmal autokratisch, immer autokratisch, untauglich für den aufrechten Gang, die armen Wichte, haben's halt nicht anders gelernt. Um in diesen politischen Vorgängen mehr und anderes aufzuspüren als »Manipulation«, »Gehirnwäsche« und »Untertanengeist«, müsste man die Karriere von national-sozial orientierten Regierungen im Osten als Reaktion auf die Flurschäden begreifen, die neoliberale Regime in diesen Ländern angerichtet haben. Russland unter Jelzin stand ökonomisch kurz vor dem Kollaps. Massive Spekulationen, für die George Soros das Startsignal gegeben hatte, entwerteten den Rubel von Tag zu Tag mehr. Ein völliger Zusammenbruch der Währung schien nur mehr eine Frage von Tagen. Es kam zum Run auf die Banken. Der Staat drohte, seinen Gläubigern gegenüber in die Knie zu gehen. »Einige Wochen lang sah es tatsächlich so aus, als würde Russlands Finanzkollaps die ganze Welt in den Abgrund reißen«, resümierte der Ökonom Paul Krugman diese Entwicklung in seinem Buch »The Return of Depression Economics« von 1999. Angesichts solch tiefgreifender Verwerfungen schlägt das Pendel dann in die Gegenrichtung aus, vom neoliberalen Regiment zum national-sozialen. Marktkonforme Demokratien werden über kurz oder lang von Gespenstern heimgesucht. Sich damit ernsthaft auseinanderzusetzen hieße, die eigenen Verhältnisse zu problematisieren – und das gehört sich nicht und unterbleibt also. Das Bekenntnis zur »freiheitlich-demokratischen Grundordnung« unterbindet weitere Nachforschungen beim Unterbau.

JH: Ich habe noch eine Frage: Würden Sie denn sagen, dass der Gleichklang *ohne* Dirigenten zum selben Ergebnis führt wie der Gleichklang *mit* Dirigent?

WE: Auf keinen Fall. Ich wäre in der DDR nie in die Lage gekommen, die Klage zu führen, die ich hier führe, weil man dort Wege gefunden hätte, mich zum Schweigen zu bringen.

JH: Durch Sanktionierungen.

WE: Einschüchterungen jeder Art, Publikationsverbot, Arbeitsplatzverlust.

JH: Da bin ich dann wieder bei Ihnen. Auch wenn wir mitunter in unserer Sprecherposition marginalisiert werden …

WE: … durchaus …

JH: … haben wir immer die Möglichkeit, uns zu artikulieren.

WE: Die haben wir. Aber sie fällt uns nicht in den Schoß.

JH: Diesen Unterschied halte ich für fundamental. Er ist nicht klein, sondern sehr groß. Gerade wenn wir solche Entwicklungen wie momentan in der Türkei beobachten, wo regierungskritische Journalisten ins Gefängnis kommen, dürfen wir kulturelle Marginalisierung nicht mit Unterdrückung der Meinungsfreiheit verwechseln. Das halte ich für äußerst zentral.

WE: Ich auch.

JH: Man darf nicht unterschätzen, dass man in marginalen und marginalisierten oder sogar von uns abzulehnenden Sprecherpositionen immer auch in den Genuss der Meinungsfreiheit kommt. Nur deshalb kann sich der Schriftsteller Uwe Tellkamp in Dresden hinsetzen und behaupten: »Die meisten fliehen nicht vor Krieg und Verfolgung, sondern kommen her, um in die Sozialsysteme einzuwandern, über 95 Prozent.« Niemand wird ihm, aus guten Gründen, diese Meinung verbieten, aber wir können ihm widersprechen. Diese Freiheit zum Widerspruch halte ich für essentiell. Sie gilt für alle politischen Spektren, und sie wird ja im Moment von der politischen Rechten auch extrem genutzt, bis an unsere Schmerzgrenze ausgedehnt. Aber so hat ein jeder Sprecher, ein jeder Publizist, ein jeder Mensch bei uns das Recht, mit seiner Meinung auch ein Publikum oder auch nur Gleichgesinnte zu finden.

WE: Völlig richtig. Auch haben die sozialen Medien das Deutungsmonopol der klassischen hinsichtlich der gesellschaftlichen Meinungsbildung wirksam untergraben.

JH: Ja, leider! Und wir müssen damit umzugehen lernen.

WE: »Leider« würde ich nicht sagen. Man kann seine Ansichten heute an den herkömmlichen Medien vorbei lancieren. Man nennt es dann »populistisch«, wenn sich Politiker auf kurzem Weg an ihr Publikum wenden. Aber das bietet auch ungehobelten Diskursen eine Chance, ins Offene zu gelangen. Diesbezüglich ist das Meinungsfeld heute vielfältiger und weniger kontrollierbar, und das begrüße ich. Eine mit Handy, Computer, Twitter und all diesen Werkzeugen ausgestattete DDR wäre auch weniger leicht regierbar gewesen.

JH: Ja, das ist nämlich wichtig, und das reklamieren wir ja für uns beide: Der Job des öffentlichen Intellektuellen ist an die offene Demokratie gebunden.

WE: Und besonders dann gefordert, wenn sich Schließungstendenzen bemerkbar machen.

JH: Wir haben immer die Möglichkeit, vielleicht sogar die Pflicht, in Meinungsbildungsprozesse einzugreifen.

WE: Vielfalt herstellen. Dissens markieren. Den Regierenden ihr Geschäft sauer machen. Denen eine Stimme geben, die es am nötigsten und zugleich am schwersten haben, öffentlich Gehör zu finden: das zählt zu den Grundpflichten jedes Intellektuellen.

II. Der ewig fremde Blick. Über die Innen- und Außenwahrnehmung der Ostdeutschen

Jana Hensel: Die Ostdeutschen liegen seit nahezu dreißig Jahren auf der Couch.

Wolfgang Engler: Das Einzige, was sich immerfort ändert, ist der Blick auf das, was nicht mehr zu verändern ist, die Vergangenheit.

Wolfgang Engler: Bis weit in die neunziger Jahre hinein war der Ost-West-Diskurs westdeutsch dominiert. Die Ostdeutschen waren Gegenstand von Zuschreibungen, Vermutungen, bald jovialen, bald wenig freundlichen Porträts, in denen ihre Vergangenheit oftmals als Ballast erschien, von dem sie sich nun trennen sollten, um in dem neuen Gemeinwesen handlungsfähig zu werden. Ich entsinne mich freilich auch einer ganzen Reihe von westdeutschen Historikern und Soziologen, die ich durchaus mit Gewinn gelesen habe.

Jana Hensel: Welche denn?

WE: Hermann Weber, Wolfgang Leonard, Gerhard A. Ritter, Christoph Kleßmann, Hermann Glaser, Sigrid Meuschel, um nur einige Namen zu nennen. Wirklich lesenswerte und interessante Darstellungen der DDR-Geschichte. Was darin fehlte, zwangsläufig fehlen musste, war eine Gesamtdarstellung der ostdeutschen Verhältnisse aus der Innenperspektive, der gelebten Erfahrung. Ein solches Vorhaben kann problematisch sein, weil die eigene Verwicklung in das Geschehen, das man darstellt, leicht in Konflikt zum Anspruch auf Objektivität gerät. Wenn man darum weiß und Wege findet, diesen Widerspruch zu kontrollieren, kann Teilhabe auch Gewinn bedeuten, zum Aufschluss von Erfahrungen führen, die von außen unzugänglich sind.

JH: Das ist sehr richtig, aber Innenperspektiven sind natürlich unerlässlich.

WE: Primär geht es darum, das, was man selbst erlebt hat, mittels anderer Erlebnisse, anderer Wahrnehmungen auf Abstand zu bringen. Sein eigenes Sein im Sein anderer zu spiegeln. Dann wird das Ganze eine Art Selbstversuch, und auch darum war es mir zu tun. Mich zu fragen: Was war meine eigene Position in dieser DDR-Gesellschaft? Wie hat sie sich im Lauf der Jahre verändert? Was konnte ich aus meiner Lage sehen? Zu welchen anderen Erfahrungen hatte ich Zugang, welche verschlossen sich mir, so dass es im Nachhinein einiger Mühe bedurfte, mich in sie hineinzuversetzen? Dass ich die DDR über Jahrzehnte hinweg aus recht unterschiedlichen sozialen Blickwinkeln kennenlernte, war für mein Vorhaben sicher hilfreich. Väterlicherseits wuchs ich in einem Funktionärshaushalt heran, meine Mutter war Hausfrau. 1957 zog ich mit meinen Eltern von Dresden nach Berlin.

JH: Wie alt waren Sie damals?

WE: Fünf. Und ich zog damals mitten hinein in einen Arbeiterbezirk, als Kind eines »Bonzen«, wie man dort sagte.

JH: In den Prenzlauer Berg?

WE: In den Prenzlauer Berg. Dort bekamen wir eine Wohnung zugewiesen. Unter lauter Arbeitern, Handwerkern, kleinen Gewerbetreibenden, viele arbeiteten zu dieser Zeit noch in Westberlin. Und fast alle standen dem DDR-Regime ablehnend gegenüber, sahen in mir das Funktionärskind. Nicht leicht, Freunde zu gewinnen. Aber es war insofern eine heilsame Erfahrung, als mir schon früh klarzuwerden begann, dass dieses politische System zu keinem Zeitpunkt von Mehrheiten getragen wurde. Meine Schulkameraden und deren Eltern verabscheuten nicht nur Ulbricht, sondern verwarfen die DDR als solche, betrachteten sie allenfalls als Provisorium, dem sie ein baldiges Ende wünschten.

JH: Warum?

WE: Weil das sowjetische Modell, das man dem Osten Deutschlands nach 1949 übergestülpt hatte, von der weit überwiegenden Mehrheit als Zwangsjacke empfunden wurde, und zwar nicht nur politisch. Hier, wie auch in Tschechien, der Slowakei, teilweise auch in Ungarn und Polen, konnte sich die totale Verstaatlichung des Kapitals von Anfang an nicht einmal auf die relative historische Rationalität einer nachholenden Entwicklung moderner bürgerlicher Gesellschaften berufen. Dieses Stadium war hier bereits erreicht, strukturell und habituell, jedenfalls so weit, dass der Modernisierungsprozess auf seinen bereits geschaffenen Grundlagen hätte weiterlaufen können. Oder in den Worten von Robert Kurz aus seinem Buch »Der Kollaps der Modernisierung« von 1991: »Die zwangsweise Eingemeindung dieser Gesellschaften in die Sphäre des sowjetischen Etatismus war also historisch reaktionär und kontraproduktiv, wovon die lange Kette von Volksaufständen und Massenbewegungen seit den fünfziger Jahren beredtes Zeugnis ablegt.« Die Menschen in Ostdeutschland waren dem Sozialmodell entwachsen, das ihnen verordnet worden war, das spürten sie instinktiv. Und das politische System mit seiner Verweigerung elementarer Grundfreiheiten vergraulte sie vollends. Das Projekt DDR, wenn man es so nennen darf, war zu keinem Zeitpunkt mehrheitsfähig. Mit seinem antifaschistischen Selbstverständnis konnte der ostdeutsche Teilstaat zu Beginn noch Teilgruppen der Gesellschaft an sich binden, Loyalität erzeugen, mehr nicht.

JH: Im Nachhinein scheint es mir doch so zu sein, dass der Antifaschismus als offizielle Interpretation der Geschichte – ich sage mit Absicht nicht Ideologie, sondern Interpretation –

für die Zigtausenden neuen DDR-Bürger, die im Nationalsozialismus Mitläufer und mit Sicherheit auch Täter gewesen sind, ein Angebot gewesen ist, das Leben neu zu beginnen. Wie ein Pakt oder ein Tauschhandel hat der Antifaschismus als eine Art gesamtgesellschaftlicher Persilschein doch ein festes Loyalitätsband geknüpft, das bis in die achtziger Jahre zu halten vermochte. Jene Generation, die 1989 auf die Straße ging, hat den Krieg selbst nicht mehr erlebt. Auch deshalb konnte sie sich von der herrschenden Geschichtsinterpretation und vor allem auch von den herrschenden Machthabern emanzipieren. Sie brauchte deren Geschichtsverständnis nicht mehr, sie hatte sich in beinahe vierzig Jahren DDR ein neues geschaffen.

WE: So sehe ich das auch. Vor allem in den Anfangs-, den Aufbaujahren gab es auch echte Begeisterung für die DDR, vor allem unter jungen Leuten. Die griffen das Angebot auf, wollten anpacken, ein neues, besseres Deutschland schaffen, Aufstiegschancen nutzen, die sich unter anderen Verhältnissen nie für sie eröffnet hätten, und zehrten oft ein Leben lang von diesem frühen Enthusiasmus. Von dem Kredit, den die DDR ihnen und den sie ihr gegeben hatten, um zuletzt doch mit ansehen zu müssen, dass es auf diese Weise nicht gelingen konnte. Am Ende griff die Erosion sogar auf den Machtapparat über, das Vertrauenskapital war aufgezehrt und der Staat am Ende. Aber um den Ausgangsgedanken kurz zu Ende zu führen: Mein Aufwachsen in Prenzlauer Berg in den sechziger Jahren war eine prägende Lektion. Ich lernte damals jene Großgruppe der Gesellschaft kennen, die zentral für diesen Staat war, der sich Arbeiter-und-Bauern-Staat nannte, und wurde von allen Illusionen geheilt, die man im sozialen Umfeld meines Elternhauses hegte. Geschichtliche Prozesse aus der Sicht der *Mehrheiten* heraus wahrzunehmen und zu beurteilen wurde mir zur zweiten Natur und bewahrte mich noch 1989 davor, der Hoffnung vieler Kulturschaffender auf einen dritten Weg auch nur die geringste Chance auf Verwirklichung einzuräumen. Die Mehrheit der Ostdeutschen hatte mit dieser Idee gebrochen. Das würde den Ausschlag geben, daran zweifelte ich zu keinem Zeitpunkt.

JH: Haben Sie den Prenzlauer Berg, also Ihren ersten DDR-Erfahrungsraum, später verlassen?

WE: Zunächst wollte ich kein Abitur machen, wohl deshalb, weil das mit einer Verpflichtung zum dreijährigen Wehrdienst bei der NVA verbunden war. Das wollte ich nicht, stellte mich im Unterricht dümmer an, als ich war. Später habe ich das Abitur auf einer Volkshochschule nachgeholt und zeitlich überlappend eine Lehre als Facharbeiter für elektronische Datenverarbeitung absolviert. Während dieser Ausbildung lernte ich eine andere Personengruppe kennen. Leute, die sich für Technik, für Mathematik interessieren, Aspiranten der wissenschaftlich-technischen Intelligenz.

JH: Interessierten Sie sich denn damals überhaupt für Mathematik und Technik?

WE: Nein, ich wusste einfach nicht, was ich sonst machen sollte.

JH: Aber Sie waren sicher auch bei der NVA?

WE: Ja, achtzehn Monate, eine Erfahrung, auf die ich gern verzichtet hätte. Für mich war das die DDR auf den schwärzesten Punkt gebracht. Inkompetenz, Dummheit, Leerlauf, die reinste Zeitverschwendung. Danach bin ich in meinen derweil erlernten Beruf zurückgekehrt, um von dort aus zur Humboldt-Universität zu gehen und Philosophie zu studieren, sechs Jahre, mit Forschungsstudium und Promotion. Dummerweise arbeitete ich anschließend genau in dem Jahr am Zentralinstitut für Philosophie der Akademie der

Wissenschaften, als dort der letzte Schauprozess gegen DDR-Philosophen stattfand.

JH: Wann war das?

WE: 1980/81.

JH: Und gegen wen fand dieser Schauprozess statt?

WE: Da hatte der oberste DDR-Kaderphilosoph mit Namen Manfred Buhr eine Gruppe ausgehoben, von der er meinte, sie sei revisionistisch oder wenigstens parteischädigend, und das hatte endlose Versammlungen in diesem Institut zur Folge mit Parteistrafen und beruflichen Schikanen für Leute, die die falsche Position bezogen hatten. Dem habe ich mich durch Flucht in die Kunstwelt entzogen.

JH: Um noch einmal kurz bei Ihren Milieubeschreibungen zu bleiben: Trafen sich an der Universität nicht viele Kinder der Funktionselite wieder?

WE: Das war schon auffällig. Die richtige politische Gesinnung war das Maß der Selektion, sowohl bei den Lehrenden als auch bei den Studierenden. Die interessanten Leute bildeten die Ausnahme, aber die erkannten sich untereinander auf Anhieb, wie Postbeamte. Natürlich war das Studium trotzdem eine wichtige Erfahrung, weniger der Dozenten und Professoren wegen, da gab es nur wenige, die mich für das Fach begeisterten, Gerd Irrlitz, Wolfgang Heise, Lothar Kühne beispielsweise. Großartig war die Zeit, die man hatte, um zu lesen, sich mit Gleichgesinnten auszutauschen, eine ganze geistige Welt zu erobern. Einige, mit denen ich damals zusammenkam, gründeten später konspirative Zirkel, gingen in die Opposition, manche mauserten sich gleich mehrfach, traten nach 1989 ihren Marsch durch die Parteien an, von links nach rechts, wie Vera Lengsfeld, die jetzt als Initiatorin der »Erklärung 2018« für Schlagzeilen sorgt.

JH: Später gingen Sie ans legendäre bat, das Studiotheater der Schauspielhochschule, richtig?

WE: Das war die beste Entscheidung meines Lebens. Nach dem unerfreulichen Intermezzo an der Akademie der Wissenschaften suchte ich nach einem Fluchtpunkt und fand ihn an einer kleinen künstlerischen Lehreinrichtung, dem Institut für Schauspielregie, mit Sitz in dem von Wolf Biermann, Brigitte Soubeyran und vielen anderen in den sechziger Jahren gegründeten Berliner Arbeiter- und Studententheater, kurz bat genannt. Wieder tauchte ich in ein neues soziales Milieu ein, in das von Theaterschaffenden, von Studenten, die vornehmlich Regisseure werden wollten. Hier ging es merklich anders zu als an der Universität oder der Akademie, weltoffener, unbefangener, obgleich der lange Arm des Staates, das stellte sich später heraus, auch in diesen Ort hineinragte. Dennoch, die achtziger Jahre wurden zu meiner zweiten Universität. Im Austausch mit Kollegen und Studenten lasen und debattierten wir, was zeitgleich im Westen Deutschlands und in der Welt gelesen und diskutiert wurde, und waren zumindest in dieser Hinsicht auf das, was kommen sollte, auf den Systemwechsel, gut vorbereitet.

JH: Was lasen Sie denn damals? Und woher bekamen Sie die Bücher?

WE: Wir lasen Habermas, Luhmann, Elias, Bourdieu, die Franzosen, westliche Neomarxisten. Teils besorgte ich die Sachen aus den Giftschränken der Berliner Bibliotheken, wo ich gute Bekannte hatte, teils brachten Freunde, die in der DDR lebten, aber einen zweiten Pass besaßen, die Konterbande mit. Dann kopierte ich Auszüge daraus für die Studenten – unter tätiger Mithilfe des damaligen Leiters der Institutsbibliothek, der dann auch gleich mitlas.

JH: Das waren, wenn ich richtig rechne, fast vierzig Jahre DDR-Erfahrung.

WE: Ungefähr. Das Durchqueren dieser verschiedenen sozialen Kreise war das Rüstzeug, mit dem ich mich dann Ende der neunziger Jahre daranmachte, Rückschau für ein Buch zu halten, das dieser Vielfalt gerecht werden sollte. Noch heute blicke ich gerne auf diesen Schreibprozess zurück, und auch auf das Resultat, das dann 1999 unter dem Titel »Die Ostdeutschen. Kunde von einem verlorenen Land« erschien.

JH: Die Verzögerung von einem knappen Jahrzehnt finde ich interessant.

WE: Es gab zwar einige Vorstudien, um den Prozess der Recherche und der Selbstverständigung in Gang zu setzen, aber für die konkrete Arbeit war der Abstand von zehn Jahren genau der richtige. Einerseits musste der Abstand groß genug sein, um die nötige Distanz zum Objekt zu finden, in dem man selber vorkommt, und andererseits dachte ich, in fünf oder zehn Jahren ist vielleicht die lebendige Erfahrung schon zu sehr verblasst.

JH: Das war bei mir ganz anders, das finde ich interessant. Also, diese Inkubationszeit hatte ich nicht. Als ich »Zonenkinder« zu schreiben begann, habe ich damit auf eine ganz unmittelbare Erfahrung reagiert. Für uns gab es diese Fremdzuschreibung von außen ja gar nicht, die Sie mit Ihrem Buch revidieren wollten.

WE: Nicht?

JH: Für meine Generation gab es gar keine Zuschreibungen. Bis Ende der neunziger Jahre existierte sie als eine beschriebene Generation gar nicht. Das hatte natürlich mit klischierten Denkbildern zu tun, wonach man damals tatsächlich annehmen wollte, dass die DDR und alle ihre Prägungen mit dem Jahr 1989 verschwunden waren. Und so sprach man mir als jemandem, die mit dreizehn Jahren noch fast ein Kind gewesen war, als die Mauer fiel, jegliche DDR-Erfahrung ab. Dass ich und viele meiner Generationsgenossen überhaupt eine Prägung durch unsere DDR-Herkunft, die Mauerfallerlebnisse, den Wende- und Nachwendeprozess haben könnten, das wurde von vielen prinzipiell in Frage gestellt oder für nicht möglich erklärt.

WE: Deshalb schrieben Sie »Zonenkinder«.

JH: Genau! Aber es gab noch einen anderen, eher spontanen Auslöser. Im Jahr 2000 erschien das Buch »Generation Golf« des damaligen FAZ-Redakteurs Florian Illies, der fünf Jahre älter ist als ich und darin die westdeutsche Erfahrung der achtziger und neunziger Jahre seiner Generation beschrieb. Im Grunde erzählte er – ironischerweise – auch von einer Welt, die es nicht mehr gab, nämlich von der heilen westdeutschen Welt vor dem Mauerfall. Nachdem das Buch ein riesiger Erfolg geworden war, schob man meine Generation da einfach so mit unter. Aber nicht nur, dass man uns sozusagen einkassierte, als hätte auch ich mich als Kind mit nichts anderem als dem Unterschied zwischen Pelikan- und Lamy-Füllern beschäftigt, viele Ostdeutsche begannen ebenfalls, und das hat mich dann wirklich erzürnt, diese westdeutsche Erfahrung für ihre eigene zu halten. Da dachte ich zum ersten Mal daran, unsere eigenen Erfahrungen aufschreiben zu müssen.

WE: Und wie ging es dann weiter?

JH: Ich studierte damals Literaturwissenschaft, wollte eigentlich Lektorin werden, hatte nicht vorgehabt, selbst zu schreiben. In dieser Zeit fielen mir ein paar literarische Texte auf, in denen begonnen wurde, so eine Art ostdeutsche Erfahrung zu thematisieren. Das waren Texten von Jakob Hein, Antje Rávic Strubel und Julia Schoch. Julia Schoch ganz besonders. Sie alle erzählten davon literarisch, aber sie sortierten natürlich nicht, sie markierten noch nicht ausreichend. Das muss Literatur ja auch nicht tun, im Gegenteil, aber ich dachte, das ist zu leise, zu subtil. Ich wollte einen lauteren, auch expliziteren Text schreiben, auch, weil ich damals noch sehr jung war und sicher meine eigenen Kräfte überschätzt habe, aber auch, weil mir bewusst war, dass die westdeutsche Öffentlichkeit sich für unsere Geschichte nur dann interessieren würde, wenn ich sie zuspitzte. Deshalb habe ich nicht nur von mir, sondern gleich von einer ganzen Generation geschrieben. Ich ahnte, ich musste lautstark auf die öffentliche Bühne springen.

WE: Wie kam es denn zu dem Titel?

JH: Ich wusste, salopp gesagt, mein Baby brauchte einen Namen, wollte aber nicht so etwas Langweiliges, weil politisch Korrektes wie »Wendekinder« oder so. Einen zuvor abwertend konnotierten Namen, ihn umwerten und mit Selbstbewusstsein auffüllen, das wollte ich. Also eine Art Selbstermächtigung. Und ich brauchte dieses »Wir«. Um eine Identität zu markieren, einen kollektiven Erfahrungsraum, den man uns ja vorher abgesprochen hatte. Ich bin damals wahnsinnig für das »Wir« in »Zonenkinder« kritisiert worden. Aber es war ein Effekt, also es war sozusagen ein künstlerisches Mittel, das ich brauchte. Wenn ich mit meiner eigenen kleinen Geschichte gekommen wäre, hätte man sie zur Seite schieben können. Aber genau das wollte ich verhindern.

WE: Ich führe seit einiger Zeit einen langen, langen Mailwechsel mit einer Frau Ihres Alters, die heute in Leipzig in der Universitätsverwaltung arbeitet. Sie beschrieb mir, dass es in ihrer ehemaligen Schule ein Kunstkabinett gegeben hatte, in dem ein Zeitstrahl hing, auf dem die Weltgeschichte dargestellt war: Urkommunismus, Sklaverei, Feudalismus, Kapitalismus, Kommunismus. Kurz nach der Wende betrat ein Lehrer oder eine Lehrerin dieses Kunstkabinett und hing den Kommunismus mit einem alten Handtuch zu. Für sie war das einer der Gründe, sich mit dieser Phase ihres Lebens eingehender zu befassen, dem Gefühl einer verwaisten Kindheit und ratlosen Jugend nachzuspüren. Wie war das bei Ihnen?

JH: Ich glaube, das beschreibt exakt meine Erfahrung. Mein Glück war, dass ich so jung war, dass ich die Prozesse, in dem Moment, in dem sie stattfanden, weder lesen noch verstehen noch deuten konnte. So ist alles in mich hinein- und durch mich durchgeströmt.

WE: Wie läuft man denn dann durch die neunziger Jahre?

JH: Ohne Distanz. Ich war gänzlich verwoben mit der damaligen Zeit und ihren Ereignissen. Später als Erwachsener ist man das ja nicht mehr, gehört bereits zu irgendwelchen Milieus, sortiert sich seine Realität, so gut man dazu in der Lage ist. Ich wurde mit allen anderen damals tatsächlich ins kalte Wasser des Umbruchs geworfen, wurde von jeder Welle erwischt, ohne dass ich bereits zu schwimmen gelernt hatte. Ich war in einem Alter, in dem man keine Angst vor Irrungen und Wirrungen hat. Eben noch Thälmann-Pionier, kurz darauf schon bei der Grünen Jugend. Ein Alter eben, in dem man sich alles anschaut, alles betrachtet. Keine Scheu vor Fehlern hat, Naivität etwas äußerst Produktives sein kann.

WE: Aber Sie haben sehr früh auf Ihrer eigenen Sicht bestanden.

JH: Ich erinnere mich ganz genau an meinen Geschichtsunterricht nach dem Mauerfall, erst noch auf der normalen POS, später, ab dem Jahr 1991, auf dem Gymnasium. Ich gehöre zum ersten ostdeutschen Jahrgang, der nach westdeutschem Schulsystem, genauer gesagt nach baden-württembergischen Vorbild, Abitur gemacht hat. 1995 war das. Das halte ich für etwas ganz, ganz Wesentliches in meiner Biografie. Ich lebte quasi gerade noch in der DDR und wurde sofort nach ihrem Ende mit westdeutschem Wissen bombardiert, mit einer westdeutschen Perspektive. Gerade war ich noch mit meiner Mutter auf den Montagsdemonstrationen gewesen, hatte dort unsere Geschichte hautnah erlebt. Ohne es formulieren zu können, habe ich ganz früh gespürt: Das ist doch nicht meine Erzählung, das ist doch nicht unsere Geschichte. Ich habe in jenen Jahren ausschließlich DDR-Literatur gelesen, mir alle Platten von Liedermachern besorgt und bin ganz intensiv in die achtziger Jahre zurückgegangen, habe mich mit allem Oppositionellen in der DDR beschäftigt. Genau dort, in dieser so heftig auf mich einwirkenden Fremdbestimmung in der Schule, liegt die Wurzel meines späteren Impulses, schreiben zu müssen. Meine, unsere Geschichte zu erzählen.

WE: Glauben Sie denn, dass Sie den Blick auf den Osten, auf Ihre Generation verändern konnten?

JH: Meine Erfahrungen sind da zumindest vielfältig, denn erst einmal hatten die »Zonenkinder« damals eine große Leserschaft, mit der auf keinen Fall zu rechnen war, als ich das Buch schrieb, auch nicht, als ich das Manuskript den Verlagen anbot. Es war nicht so, dass ich damals rundweg auf Ablehnung stieß. Zwar gab es auch Verleger großer westdeutscher Verlage, die mir freundliche Briefe schrieben und meinten, das sei ja alles interessant, aber man könne das leider nicht verlegen, weil die Ostdeutschen einfach keine Bücher kaufen würden. Aber nicht zuletzt war da der damalige Rowohlt-Verleger Alexander Fest, der sich in das Manuskript verliebt hatte und der dann sogar entschied, das Buch im Herbst 2002 zum Spitzentitel zu machen. Eine sehr mutige Entscheidung, ein Impuls, den das Thema brauchte, denn damit verband sich die Ansage, das hier ist kein Nischenthema, sondern das geht alle an.

WE: Trotzdem stimmen mich heutige Debatten, beispielsweise um Pegida, eher wenig optimistisch, wenn es um eine differenzierte Betrachtung der ostdeutschen Erfahrung geht. Dann gibt es mit einem Mal wieder diesen gänzlich unverwandten Blick auf die aus dem Osten, als sei das ein unbelehrbarer Volksstamm, dem man mit nix beikommt. Und es befestigt sich der Eindruck einer notorischen Blickverzerrung hinsichtlich der Gesamtgeschichte von 1949 bis jetzt. Sobald man Anlass findet, die Ostdeutschen zu loben, dafür, dass sie die Chancen ergriffen haben, die ihnen die neue Gesellschaft bot, bucht man das aufs Konto ebendieser Chancen. Dass ihr ostdeutsches Erbe sie in irgendeiner Hinsicht dazu befähigt haben könnte, fällt unter den Tisch. Ganz anders, wenn die Ostdeutschen Tadel verdienen, weil Geld und gute Worte sie noch immer nicht zu den Mitbürgern gemacht haben, die sie nun längst sein müssten. Dann rekurriert man auf ihre Vorgeschichte in der DDR, die nun als Handicap erscheint. In diesem Fall streicht man die jetzt bald drei Jahrzehnte unbekümmert aus und beraubt sich derart jeder Möglichkeit, zu verstehen, wie tiefgreifend der Umbruch Haltungen und Meinungen der Ostler beeinflusste. Mit anderen Worten, klipp und klar: Der überdurchschnittliche Erfolg der AfD in den »neuen Ländern« findet seine so gut wie vollständige Erklärung in den Erfahrungen, die sie *nach* 1990 sammelten und eben nicht im Rekurs auf ihren vermeintlich obrigkeitsstaatlichen, führerorientierten DDR-Habitus. Diese Dummheit grassiert noch immer und gerade jüngst wieder besonders heftig, und sie hat Methode. Indem man die Herkunftsgesellschaft der Ostdeutschen für jegliches kritikwürdiges Verhalten verantwortlich macht, legitimiert man die strukturellen Gebrechen und Ungerechtigkeiten der Ankunftsgesellschaft.

JH: Ja, Pegida ist in diesem Zusammenhang leider ein gutes Beispiel. Damals wurden wieder alle Klischees über den DDR-deformierten und rassistischen Osten hervorgeholt.

WE: Es hat mich wirklich tief getroffen, als ich kürzlich im Fernsehen eine von mir sehr geschätzte Philosophin sah, Agnes Heller, einst prominentes Mitglied der neuen Linken Ungarns in den sechziger Jahren, und hören musste, wie sie sich die politische Karriere Orbáns erklärt. Ganz einfach: mit der aus dem Kommunismus ererbten Hörigkeit der Ungarn. Die laufen eben jedem Führer nach, der ihnen ein komfortables Leben verspricht, gern auch auf Kosten von Fremden und Minderheiten. Die haben früher nach oben geschielt und gebuckelt, und die tun das heute noch. Armes Ungarn! Wie wirklichkeitsvergessen muss man sein, um in seinen späten Jahren eine solche Arroganz zur Schau zu stellen! Das mindeste, was man von Leuten verlangen kann, die sich ein Urteil über die Ostdeutschen oder über ihre Nachbarn im Osten erlauben, ist eine faire, sachgemäße Gewichtung der Erfahrungen vor und nach dem großen Bruch der Jahre 1989/90. Je mehr Zeit vergeht, je jünger die Kohorten sind, über die man spricht, desto ausschlaggebender für die Verhaltensdeutung sind die Jahrzehnte, die seit der Zeitenwende verstrichen sind.

JH: Das gilt es als die ostdeutsche Erfahrung zu markieren und sie gleichzeitig in so eine Art osteuropäische Erfahrung münden zu lassen. Aber noch mal zurück zu Ihrer Frage: Habe ich den Blick auf Ostdeutschland und speziell meine Generation verändern können? Als »Zonenkinder« erschien, löste das eine heftige Debatte aus. Zu meinen wichtigsten Erfahrungen in diesem Zusammenhang zählt bis heute Folgendes: Im Buch gibt es für mich so eine Art Herzstück, das ist das sogenannte Kapitel über die Eltern, in dem ich unsere Elterngeneration wenn nicht zu Wendeverlierern, aber doch zu einer Gruppe von Ostdeutschen erkläre, bei denen der Umbruch zum Teil heftige Identitäts- und Orientierungskrisen ausgelöst hat. Viele von uns haben in jenen

Nachwendejahren ein gestörtes Eltern-Kind-Verhältnis erlebt, bei dem wir als Kinder gewisse Paternalisierungstendenzen gegenüber unseren Eltern an den Tag legten, wie sie übrigens ganz typisch sind für Migrationsfamilien. Im Kern ist es eine migrantische Erfahrung, die ich da beschrieben habe, auch wenn ich sie nicht als solche benennen konnte. Also das Phänomen, wenn Familien in ein anderes Land migrieren und dann die Kinder häufig Übersetzungstätigkeiten aller Art leisten, weil sie sich in dem neuen Leben häufig schneller zurechtfinden, auch dazu gezwungen sind. Selbst wenn wir nach der Wiedervereinigung keine neue Sprache erlernen mussten, hatte meine Generation dennoch das Gefühl, unseren Eltern in vielem irgendwie voraus zu sein.

WE: Wie waren die Reaktionen der Elterngeneration darauf?

JH: Gerade zu diesem Kapitel gab es bei allen Lesungen heftige Diskussionen. Die Eltern standen auf und protestierten gegen meine Beschreibung. Was ich damals nicht verstand, war, dass ich selbst dabei als eine Art Blitzableiter fungierte, dass man mit mir einen Konflikt ausfocht, der in den Familien meist selbst nicht geführt wurde, weil er wahrscheinlich generell schwer zu führen ist. Heute jedoch ist dieser Befund eigentlich Common Sense. In wissenschaftlichen Studien ist mittlerweile belegt worden, dass der Systemwechsel bei vielen eine Identitätskrise ausgelöst hat, zumal dann, wenn sie in jenen Umbruchsjahren nicht mehr ganz jung waren. Und noch ein weiterer Beweis ist gelungen und durch viele Sachbücher wie die von Sabine Rennefanz, Robert Ide, Peter Richter, Jakob Hein oder Andrea Hanna Hünniger und noch mehr durch Romane, vor allem durch den fabelhaften Roman »Als wir träumten« von Clemens Meyer, bestätigt worden: die Behauptung, dass meine Generation durch die DDR und die Nachwende keine Prägungen mehr erlebt habe, könnte heute niemand mehr so einfach in den Raum stellen. Gerade weil, genau wie Sie es eben gesagt haben, wir immer mehr begreifen, dass die Zeit seit dem Mauerfall für die Ostdeutschen eben keine geschichtslose Zeit gewesen ist.

WE: Und all die vielfältigen Erfahrungen jener drei Jahrzehnte gilt es zu beschreiben.

JH: Das ist etwas, was in der Öffentlichkeit noch nicht angekommen ist, eine *genaue* Unterscheidung zwischen der DDR-Erfahrung und der ostdeutschen Erfahrung. Die ostdeutschen Erfahrungen beginnen eben im Jahr 1989. Davor müssen wir von der DDR-Erfahrung sprechen. Das eine lässt sich nicht blind aus dem anderen ableiten, dafür sind die beiden Räume grundsätzlich zu verschieden. Im Gegenteil, es gilt, sehr genau auf Kontinuitäten und Brüche zu achten. Oder was würden Sie sagen?

WE: DDR-Erfahrung, ostdeutsche Erfahrung, was sie verbindet, was sie trennt, ein weites Feld. Welche Fäden wurden weitergeknüpft, welche abgeschnitten oder neu verwoben. Um darüber Klarheit zu gewinnen, müssten wir Lebensbereich für Lebensbereich durchgehen und dem Vergleich unterziehen, Arbeitswelt, Freizeit, Recht, Umgang mit Medien. Manches, was früher selbstverständlich war, keiner besonderen Würdigung wert, wird im Rückblick wertgeschätzt, mitunter idealisiert, die feste Stelle, das Aufgehobensein im Kollektiv, der soziale Zusammenhalt im Allgemeinen. Anderes bleibt im Nachhinein so verwerflich wie es vordem war, der Überwachungsstaat, das Spitzelsystem, das wäscht kein noch so starker Regen ab. Vielleicht täusche ich mich, aber nach meinem Eindruck hat die ostdeutsche Erfahrung die DDR-Erfahrung vielfach in ein milderes Licht gerückt als zu der Zeit, zu der sie gelebt wurde.

JH: Gibt es eine Erklärung dafür?

WE: Das letzte Wort in dieser Sache ist nicht gesprochen, kann auch nicht gesprochen werden. Das Einzige, was sich immerfort ändert, ist der Blick auf das, was nicht mehr zu verändern ist, auf die Geschichte, die Vergangenheit. Jeder Versuch, die Vergangenheit mit Formeln wie »Unrechtsstaat« oder »totalitäres System« endgültig in Beschlag zu nehmen, ist zum Scheitern verurteilt. Die Leute lassen sich einfach nicht vorschreiben, wie sie was auf welche Weise zu erinnern haben. Das ist eine gute Nachricht, und mir fällt dazu eine kleine Anekdote ein: 1969 reiste Henry Kissinger in seiner Eigenschaft als US-amerikanischer Außenminister zu politischen Gesprächen nach China. Dort traf er auch den amtierenden Ministerpräsidenten der Volksrepublik, Tschou En Lai. Der Überlieferung zufolge kamen sie bei einem Spaziergang näher ins Gespräch, und Kissinger fragte seinen Gastgeber, wie dieser die Französische Revolution bewerte. »Es ist noch zu früh, um darüber zu urteilen«, erhielt er zur Antwort. Dieses Bonmot ins Stammbuch der Geschichtsbesetzer und Geschichtsbesitzer.

JH: Ja, das ist in dieser Lakonie sehr gut gesagt. Darin besteht die Schwierigkeit im Reden über die DDR, über Ostdeutschland. Es sind jeweils streng voneinander zu trennende historische Räume, die dennoch eng miteinander verflochten sind. Die Frage aber bleibt: Lässt sich der Blick auf den Osten überhaupt verändern? Oder ist es nicht vielmehr Teil jener ostdeutschen Erfahrung, um die es hier geht, dass die Ostdeutschen sich immer wieder wie fremd betrachten lassen?

WE: Die Art, in der Sie das Kind, das Sie waren, wiederauferstehen ließen, offen, unbefangen, wie viele Ihrer Altersgenossen auch, wirkte irgendwie entwaffnend, befreiend. Meine Charakterisierung der DDR als eine »arbeiterliche Gesellschaft« wurde hierzulande und auch in der internationalen Debatte vielfach aufgegriffen, zum Ausgangspunkt weiterführender Untersuchungen. Es war nicht ganz umsonst, das Bemühen um eine differenzierte Sicht auf die Ostdeutschen *von* Ostdeutschen. Das hat durchaus etwas bewirkt. Abgesehen davon, dass »Zonenkinder« ein Riesenerfolg war, abgesehen davon, dass »Die Ostdeutschen« und »Die Ostdeutschen als Avantgarde« gut gelaufen sind und es unendlich viele Lesereisen gab, landauf, landab, auch im Westen Deutschlands, auch in anderen Ländern, mit einem stets aufgeschlossenen Publikum, beachtlicher medialer Resonanz – und gelegentlichen Beschimpfungen und Ordnungsrufen.

JH: Die Reisen selbst, die man mit den Büchern unternimmt, bieten ja dann schon wieder Stoff zum Erzählen. Ich erinnere mich noch an meine erste Lesung in Westdeutschland, sie fand in Düsseldorf statt. Der Verlag sagte sinngemäß zu mir: Fahr da mal hin und guck, ob überhaupt jemand kommt. Ich war auch sehr unsicher, ob ich vor leeren Stuhlreihen sitzen würde, und so begann ich, gleichwohl vor einem ausverkauften Haus, auf dem Podium herumzublödeln, Witze zu machen, um zu sehen, ob man mich hier verstehen würde. Während der Lesung dann fühlte sich das Publikum wie eine Mauer an, niemand lachte, keiner reagierte an den Stellen, an denen man im Osten gelacht oder geseufzt hatte. Nach einer gewissen Zeit unterbrach ich meine Lesung und fragte das Publikum, wer denn hier eigentlich aus dem Osten komme. Und dann passierte etwas, was ich nie vergessen werde: Fast alle im Saal hoben die Hand. Im Publikum saß meine Generation, die in den Nachwendejahren in den Westen gegangen war, nur hatte sich, zumindest bis zu dem Moment, als ich fragte, keiner getraut, sich gegenüber den anderen zu outen. Ein jeder Ostdeutscher versteckte sich vor seinem ebenfalls ostdeutschen Sitznachbarn. Wenn es also einen Beweis für die millionenfach absolvierte Assimilierung brauchte, hier war er. Nachdem sich der ganze Saal geoutet hatte, setzte ich die Lesung fort, und nun lachten die Leute an den Stellen, an denen sie lachen wollten.

WE: Natürlich hätten wir uns gewünscht, besonders zählebige Vorurteile nachdrücklicher zerstreuen zu können. Wenn man aber auf andere historische Exempel blickt, wie beispielsweise Schotten und Engländer einander bis heute begegnen oder Kanadier mit französischen und englischen Vorfahren, dann sieht man: Wenn einmal unterschiedliche Entwicklungspfade eingeschlagen worden sind und wenn Staatenbildungsprozesse darüber hinweggehen, Minderheiten von oben herab behandeln, dann bedarf es häufig vieler, vieler Generationen, um diese Wunden zu heilen und zu einer gelasseneren Sicht der einen auf die anderen zu gelangen. Dort sind wir, das muss man ganz nüchtern feststellen, noch lange nicht angekommen.

JH: Das ist völlig richtig, von Gelassenheit oder gar von zwei gleichberechtigt nebeneinander existierenden deutschen Identitätserzählungen kann nicht die Rede sein. Die ostdeutsche bleibt die defizitäre, die nachrangige, die marginalisierte und oft auch einfach jene, die schlicht übersehen wird. Auf jeden Fall eine, die weit davon entfernt ist, in eine gesamtdeutsche Identitätserzählung aufgenommen zu werden. Eher bildet sie eine Art Gegenerzählung, von der man sich, je nach Bedarf und Thema, abzugrenzen versucht. Allerdings beobachte ich gerade eine gewisse Veränderung, die aber weniger mit uns Ostdeutschen und unseren Erfahrungen zu tun hat, als mit der politischen Großwetterlage.

WE: Zum Beispiel?

JH: Nachdem Donald Trump das Atomabkommen mit dem Iran aufgekündigt hatte, war ich auf dem Katholikentag in Münster, um darüber zu berichten. Es war interessant, zu sehen, dass nun, da die transatlantischen Beziehungen in einer nicht zu übersehenden Krise stecken, mit der jene Ordnung, die nach dem Ende des Kalten Krieges entstanden ist, an ein vorläufiges Ende kommt, dass nun in so einem Moment das Jahr 1989 wieder in Erinnerung gerufen wird. Auf dem Kirchentag jedenfalls haben einige prominente Redner, Westdeutsche, an den Fall der Mauer und damit an die letzte große historische Zäsur erinnert.

WE: Das ist interessant.

JH: Was mir aber auch auffällt, ist, dass wir uns sozusagen unter der Hand, gleichsam als Nebeneffekt dieser ewig marginalisierten Sprecherposition, inzwischen besser kennen als die Westdeutschen sich. Wir liegen seit nahezu dreißig Jahren sozusagen auf der Couch. Wir legen uns in regelmäßigen Abständen und aufgrund wenig erfreulicher Anlässe, wie zum Beispiel der Entdeckung des NSU oder das Aufkommen von Pegida und der AfD, selbst dorthin, aber werden auch zu ganz ernsthaften Selbstbefragungen nahezu gezwungen. Ehrlich gesagt, ich halte viele von uns inzwischen für vitaler, klüger, differenzierter im Blick auf sich selbst, als es viele Westdeutsche im Blick auf sich selbst sind. Wir wurden immer wieder gezwungen, vieles zu hinterfragen und unsere Positionen ständig neu zu bestimmen. Ich erinnere mich gut, wie geschockt ich war, als der NSU aufflog, wie sehr und wie lange mich und andere das auch persönlich beschäftigt hat. Sabine Rennefanz, Reporterin der »Berliner Zeitung«, hat damals einen Text geschrieben, der trug nicht zufällig den Titel »Uwe Mundlos und ich«. Ich denke an die Zeit, als Pegida sich zu formieren begann, wie viele, auch persönliche, Gespräche das nach sich gezogen hat: Warum ist alles so gekommen? Was hätte man anders machen müssen? Was hat man übersehen, wo hat man falschgelegen? Eine Vielzahl solcher Fragen haben nicht nur mich, sondern auch viele meiner Freunde beschäftigt. Ich kenne eine ganze Reihe junger ostdeutscher Journalistenkollegen, die das Thema seither nicht mehr loslässt, auch weil es oft mit ganz persönlichen Familiengeschichten verwoben ist. Man ist also als Ostdeutscher in regelmäßigen Abständen geradezu in eine Art Politisierung hineingezwungen worden, hat an solchen und anderen Ereignissen immer wieder gespürt, wie eng die eigene Biografie mit gesamtgesellschaftlichen Fragen und Entwicklungen verknüpft ist.

WE: Ja, das ist vielleicht die positive Seite dieses Erklärungsdrucks, dem man sich ausgesetzt sieht. So unerfreulich, wie es ist, sich in Dauerlegitimation zu befinden.

JH: Für die allermeisten ist das unerfreulich, da stimme ich Ihnen zu. Aber es ist auch eine Art Wunde, die weiterhin offen bleibt und uns dadurch zum Thema wird, Stoff zum Erzählen. Anders sind die großen Romane von Schriftstellern wie Ingo Schulze, Uwe Tellkamp, Julia Franck, Kathrin Schmidt, Lutz Seiler, Clemens Meyer oder Eugen Ruge nicht zu erklären. Ich will nicht sagen, dass es für uns ein Geschenk ist, aber doch zumindest eine Aufgabe.

WE: Die Resultate sind ambivalent. Dieser Dauerdruck des Sich-ewig-rechtfertigen-Müssens kann nämlich auch dazu führen, dass man sagt: »Leck mich!« Aber er hat auch eine Selbstaufklärung bewirkt, Klarheit darüber, woher man kommt, wer man war und wozu man wurde.

JH: Es gibt diese beiden Effekte, absolut. Sie streiten auch in mir, ich bin da durchaus selbst ambivalent.

WE: Aber haben Sie nicht auch manchmal, wenn wieder ein Gemeinplatz die mediale Runde macht, das Gefühl, jetzt ist aber gut, ich habe keine Lust mehr?

JH: Ja, natürlich habe ich das. Ich setze mich heute auch nicht mehr mit allen Argumenten auseinander, versuche vieles, gerade in den sozialen Netzwerken, zu ignorieren. Außerdem bin ich in den vergangenen Jahren viel in Israel gewesen, habe mich mit der jüdischen Geschichte beschäftigt, auch mit dem deutsch-israelischen Verhältnis, habe einen Roman geschrieben, der zu großen Teilen in Israel spielt. Also ich will sagen, ich war eine Zeitlang mit anderen Dingen beschäftigt.

WE: Ja, das ist sicher eine gute Möglichkeit, auch immer wieder Abstand zu gewinnen. »Keinland« ist ja eine Liebesgeschichte, eine unglückliche Liebesgeschichte, die ich übrigens sehr gern gelesen habe.

JH: Das freut mich, vielen Dank. Wenngleich die Protagonistin auch hier eine Ostdeutsche ist, wollte ich die sie betreffenden Identitätsfragen weiten, vergrößern, in einen anderen Zusammenhang und auch größeren historischen Echoraum stellen. Eine Facette der ostdeutschen Erfahrung ist ja auch diese wohl historisch einmalige, quasimigrantische Erfahrung der Ostdeutschen, fremd im eigenen Land zu werden, ohne das eigene Land verlassen zu haben. Sie ist Teil jener größeren Marginalisierungserfahrung. Mich hat es in meinem Roman interessiert, die Erfahrung der ständigen Fremdzuschreibung an, sagen wir, fremde Gestade prallen zu lassen und zu sehen, was dort damit passiert. Beide Protagonisten meines Romans, sie eine Ostberliner Journalistin, er ein Kind von Holocaustüberlebenden, sind mit tiefgreifenden Identitäts- und Herkunftsfragen befasst. Wie war das bei Ihnen? Haben Sie auch einmal versucht, sich vom Osten innerlich zu verabschieden?

WE: Im Grunde dachte ich, meinen Teil zu diesem Ost-West-Diskurs beigesteuert zu haben und damit auch zum Selbstaufklärungsprozess der Ostdeutschen, und hatte vor, ein anderes Buch zu schreiben.

JH: Worüber denn?

WE: Es wird nun ein wenig später erscheinen als geplant und soll »Kritik der offenen Gesellschaft« oder »Die offene Gesellschaft und ihre Grenzen« heißen. Eine Kritik, die sagt, was an diesem Konzept sinnvoll und unverzichtbar ist, die aber auch die Sichtblockaden thematisiert und darlegt, warum aus einer Lösung ein Problem wurde. Unsere Diskussion gleich zu Anfang über die Wendung »Politik der offenen Tür« hat mich nochmals darin bestätigt, dass es dazu eine Menge zu sagen gibt.

JH: Letztlich aber sind die Ergebnisse der Bundestagswahl wieder so ein Ereignis, das uns zwingt, die Ostdeutschen – vielleicht noch einmal neu oder anders – in den Blick zu nehmen. Denn dass die ostdeutsche Gesellschaft mit sich selbst noch etwas zu verhandeln hatte, dass da etwas offen blieb, immer gärte, vielleicht sogar brodelte, weiß eigentlich jeder, der regelmäßig in den ostdeutschen Ländern unterwegs gewesen ist, auf Familienfesten war, dort mit Leuten gesprochen hat. Weil die meisten Menschen in Ostdeutschland sich aus allen möglichen Glaubensarten verabschiedet hatten, dem Glauben an die Institutionen, an die Politik, aber auch an die Medien. Es war dort oft so eine Einsamkeit zu spüren, die größer war als nur eine individuelle. Es war eine gesellschaftliche Einsamkeit und ein Verlorensein, die allgegenwärtig waren und ihren Ausdruck vor allem in den leeren Landschaften abseits der größeren Städte fanden, in denen die Menschen oft wirklich die Rolle von Statisten spielen.

Erst kürzlich war ich mit meinem Sohn in Mecklenburg-Vorpommern, und weil er noch etwas Taschengeld übrighatte, das er unbedingt ausgeben wollte, bin ich mit ihm in den nächstgrößeren Ort gefahren. Dort gab es ein Literaturmuseum an einem schön sanierten Marktplatz. Wir liefen durch den Ort, auch durch die Fußgängerzone, aber wir fanden außer einem Bäcker keinen einzigen Laden, in dem mein Sohn sich irgendetwas, er ist wirklich nicht wählerisch, hätte kaufen können. Und so musste ich mit ihm in der nächsten Stadt dann schließlich zu einem Aldi fahren, und er hat sich dort eine Tüte Chips gekauft. Was ich sagen will, in jenem Ort gab es keine Fixpunkte mehr, keine Haltestellen im besten Wortsinn, der Mensch glitt dort so durch den Raum. Aber ich war mir nicht sicher, ob all diese Einsamkeiten und Verlorenheiten jemals an die Oberfläche gelangen würden.

WE: Das geschieht nun und bildet den Resonanzraum für unser Gespräch.

JH: Wenn wir Glück haben, und das wäre der Idealfall, steigen nicht nur wir hier in ein neues Gespräch über den Osten ein, sondern auch die Leser mit uns.

III. Eine Stunde öffentlichen Glücks. Über den Herbst 1989

Wolfgang Engler: Bis 1989 waren die in der DDR lebenden Menschen Ostdeutsche *an sich*, danach wurden sie zu Ostdeutschen *für sich*.

Jana Hensel: In den neunziger Jahren wurden in Ostdeutschland fundamental andere Erfahrungen als in Westdeutschland gemacht.

Jana Hensel: Natürlich ist die Rede von »den Ostdeutschen« eine unerlaubte Verkürzung. Wir müssen uns immer klar sein, wenn wir von *den* Ostdeutschen sprechen, dass wir eigentlich einen Begriff benutzen, den man nicht benutzen sollte, weil er letztlich ja umso stärker unsere marginalisierte Position festigt.

Wolfgang Engler: Wir sprechen von einem Kollektiv, das es so nicht gibt.

JH: Um Gehör zu finden, arbeiten wir ständig mit dieser Art eigentlich unverzeihlicher Pauschalisierung. In totum pro parte sozusagen. Dennoch gilt festzuhalten, die ostdeutsche Gesellschaft ist heute eine auf *ihre* Art ausdifferenzierte Gesellschaft. Sie ist *anders* ausdifferenziert als die westdeutsche Gesellschaft, weniger ökonomisch, weil sie nicht diese hohen Vermögensunterschiede kennt, weil Mann und Frau in ähnlich großen Gruppen am Arbeitsmarkt partizipieren. Aber sie ist gekennzeichnet durch sehr verschiedene biografische Prägungen. DDR-Prägungen und ostdeutsche Prägungen, die mitunter kollidierten, sich aber auch vermischten, die sich auswuchsen oder verhärteten, die in den allermeisten Fällen jedoch mehrmaligen Korrekturen und Überschreibungen, nicht zuletzt durch berufliche Neuorientierung oder auch zeitweisen Arbeitsplatzverlust, ausgesetzt worden sind.

WE: Wir haben ein »Wir-Problem«, und mit dem Titel unseres Buches »Wer wir sind« machen wir uns angreifbar, indem wir in Verdacht geraten, einen Stellvertreterdiskurs zu führen, für alle anderen mitzureden. Das werden wir bei allem Bemühen um Perspektivenreichtum wohl nicht gänzlich ausräumen können.

JH: Wir machen uns angreifbar, aber das machen wir gerne, dazu stehen wir.

WE: Der Begriff »die Ostdeutschen« ist ja eine Nachwendeerfahrung oder -erfindung sogar. Mir fiel auf, dass es bis in die frühen Nullerjahre hinein, bis 2005/06, im Rahmen des Sozialreports jährliche Abfragen bei Ostdeutschen gab. Sie sollten sagen, mit welcher der folgenden Ebenen sie sich am stärksten identifizieren: Lokalität, Region, Staat/Bundesrepublik, Europa oder Ostdeutschland. Die höchste Zustimmung mit über die Jahre steigender Tendenz fand Ostdeutschland, jene Rubrik, die weder als wirtschaftliche noch als administrative noch als politische Einheit greifbar war, sondern nur mehr, wie soll man sagen, mental, kulturell. Was sich hier zeigt, ist ein Zusammenhangsgefühl, das es so, auf diese reflexive Weise, zu DDR-Zeiten gar nicht gab. Es hervorzubringen, kam vieles zusammen, Absturz- und Verlusterfahrungen, die nach Kompensation auf symbolischer Ebene riefen, die Außenwahrnehmung der Ostdeutschen als »Jammerossis«, was dieses Bedürfnis weiter nährte, aber auch das Bewusstsein und das vielleicht in erster Linie, dass man sich von den Westdeutschen in seinen Ansichten und Gewohnheiten, selbst den sprachlichen, in vieler Hinsicht tatsächlich unterschied. Ein Wir-Gefühl aus der Erkenntnis, dass hier etwas zusammenwuchs, das eben nicht so ohne weiteres zusammenpasste. So zu denken wäre der Mehrheit der Ostdeutschen in der DDR nicht in den Sinn gekommen, auch 1989/90 nicht.

JH: Also wir haben ja um die Jahrtausendwende angefangen, diese Identität zu markieren. Das hatte damit zu tun, dass wir die Verleugnung dieses ostdeutschen Idioms, wie Sie sagen würden, für eine Lüge gehalten haben.

WE: Klar! Dieses Idiom formte sich in der Abstoßung von der DDR. Man könnte hier die Hegel'sche Denkfigur der »Aufhebung« bemühen. Damit wird ein dialektischer Prozess beschrieben. Etwas »aufheben« in diesem Sinn bedeutet zweierlei: »überwinden« und »bewahren«. Die Menschen mussten die DDR überwinden, um für sich herausfinden zu können, was an ihr, an dem Leben, das man in dieser Gesellschaft führte, als tradierbar gilt, in Würde und vielleicht sogar mit Stolz erzählbar ist. In der Konvergenz dieser persönlichen Bestandsaufnahmen formte sich das ostdeutsche Idiom. Mitunter ist beides, überwinden, das heißt verwerfen einerseits, bewahren andererseits, so ineinander verwoben, dass es zu keiner Klärung kommt. Man bejaht und verneint, verwirft, woran man zugleich hing.

JH: In den neunziger Jahre wurden in Ostdeutschland fundamental andere Erfahrungen als in Westdeutschland gemacht. Damals fand, vor allem in der ersten Hälfte der neunziger Jahre, ein ökonomischer Kollaps statt, der in seiner Radikalität vor allem durch die Schnelligkeit, mit der er geschah, historisch wohl einmalig ist. Jene Zeit ist von einer ganzen Menge an extremen Erfahrungen geprägt, von Superlativen und Rekorden, die allesamt eine Abwärtsbewegung beschreiben.

WE: *Downsizing* auf Ostdeutsch.

JH: Nirgendwo im Ostblock brach die Wirtschaft nach 1989 so stark ein wie hier, schreibt der Osteuropa-Wissenschaftler Philipp Ther in seinem hervorragenden, mit dem Leipziger Buchpreis ausgezeichneten Buch »Die neue Ordnung auf dem alten Kontinent. Eine Geschichte des neoliberalen

Europa«. Nur Bosnien und Herzegowina weist ähnliche Zahlen auf – allerdings nach dem Jugoslawienkrieg. Ther beschreibt diese Prozesse als »eine Katastrophe, die in jedem anderen postkommunistischen Land massenhafte Proteste nach sich gezogen hätte«. Stattdessen stimmten die Menschen mit den Füßen ab und gingen in großen Zahlen in den Westen. Allein 1,4 Millionen verlassen bis 1993 den Osten, eine vergleichbar hohe Wanderungsbewegung hatte es in Europa seit dem Ende des Zweiten Weltkrieges nicht mehr gegeben. Der Journalist Uwe Müller schreibt in seinem Bestseller »Supergau Deutsche Einheit«: »Die Wiedervereinigung war eine politische Weltpremiere mit beispiellosen Folgen: In Ostdeutschland wütete ein demographisches Beben.« War im Jahr 1989 der Anteil von jungen Menschen deutlich größer und der Anteil der über 64-Jährigen deutlich kleiner als im Westen, kehrt sich dieses Verhältnis binnen weniger Jahre um. »Eine derart schiefe Entwicklung in solch kurzer Zeit gab es nie«, schreibt Müller, der in den neunziger Jahren als Korrespondent der Tageszeitung »Die Welt« aus Leipzig berichtete und alles aus der Nähe beobachten konnte. 1994 gab es in den neuen Ländern mit 79 000 Geburten eine Geburtenrate von 0,77 Kindern je Frau. Kein Staat außer dem Vatikan hat je eine derartig niedrige Zahl registriert. Das Max Planck Institut für demographische Forschung in Rostock hat sich mit den Fertilitätsraten von ostdeutschen Männern in den neunziger Jahren beschäftigt und ist zu dem Ergebnis gekommen, dass sie in diesen Jahren so niedrig wie zu keinem anderen gemessenen Zeitpunkt waren. Parallel dazu fand ein politischer und damit kultureller Wandel statt, der allumfassend war und nicht nur einen Elitenaustausch nach sich zog. Habe ich etwas vergessen?

WE: Ich denke, nein. Diese Zäsur, diese politische und wirtschaftliche Umwälzung, man kann gar nicht genug betonen und herausarbeiten, was sich binnen weniger Jahre ereignete, das war schon außergewöhnlich, eine singuläre Erfahrung.

JH: Durch diese Prozesse – wirtschaftlicher Zusammenbruch, demographisches Beben, Abwanderung, Elitenaustausch und politischer und kultureller Systemwechsel – lässt sich die ostdeutsche Erfahrung ganz allgemein, aber doch sehr grundlegend kennzeichnen, mit den vielfältigsten Auswirkungen, die wir bis heute spüren. Aber Sie erinnern diese Zeit gewiss besser als ich.

WE: Es gibt ein Gedicht von Volker Braun von 1998. »Warum zertrümmert ihr das Fundament?« Beeindruckend in seiner Klarheit: » … wer denkt dran / Und hälts im Kopf aus, in der Abrißbirne / Wenn er beschäftigt wird ein halbes Jahr noch / Mit einem ganzen Leben, das er wegreißt.«

JH: Als ich gerade die aktuellen Folgen der Fernsehserie »Weissensee« sah, die sich mit diesen Umbruchjahren freilich fiktional beschäftigt, dachte ich zum ersten Mal, wie froh ich bin, diesen Umbruch »nur« als Jugendliche erlebt zu haben. Aber diese ganz grundsätzliche Erfahrung des totalen Kollapses einer Gesellschaft ist eben keine DDR-Erfahrung mehr. Das ist eine ostdeutsche Erfahrung, mithin eine Erfahrung, die man nur indirekt mit Erich Honecker zusammenbringt, aber dafür sehr direkt mit Helmut Kohl. Bis heute ist diese Zeit des totalen Abbaus nicht in eine gesamtdeutsche Erzählung eingegangen, sie ist als ein zwar regionales, aber doch tiefgreifendes historisches Ereignis nicht Teil einer neueren deutschen Geschichtserzählung geworden. Sie wird ja auch mit dem Begriff Nachwendezeit nur sehr oberflächlich beschrieben.

WE: Richtig. Zunächst einmal war der Umbruch aber von den Ostdeutschen explizit gewollt, gewünscht, betrieben: ein politischer Systemwechsel.

JH: Ja. Und nebenbei vollzog sich die erste deutsche friedliche Revolution überhaupt.

WE: Also eine Stunde öffentlichen Glücks, sagen wir mal.

JH: Um es mit Hannah Arendt zu sagen, ja.

WE: Die sind nicht so häufig in der deutschen Geschichte und auch in der europäischen nicht.

JH: Und, auch das kann man nicht oft genug sagen, im Herbst 1989 endeten zwei, wenngleich höchst unterschiedliche Diktaturerfahrungen.

WE: Nach 1945 gab es im Osten, wenn es einmal zum großen Streit kam, doch letztlich nur Niederlagen. Gewalt als Ultima Ratio der Machthaber, 1953 in der DDR, 1956 in Ungarn, 1968 ČSSR, *Fin de Partie*, Wundenlecken, Katzenjammer. Also: Großartig, wunderbar, ein politischer Systemwechsel mit Sieg auf der ganzen Linie, ohne Blutvergießen, der setzte schon mal ziemlich außer Atem. Dann tritt die DDR, oder was davon noch übrig ist, hoch beschleunigt in einen Prozess ein, der in den westeuropäischen Ländern schon seit den sechziger, siebziger Jahren in Gang war und den Soziologen als den »Wandel von der klassischen Industrie- zur postindustriellen oder Dienstleistungsgesellschaft« beschreiben. Ein Strukturwandel, der in der DDR sehr im Verzug war. Wie wir wissen, die DDR war wirklich kein Eldorado von Dienstleistung. Und dann, um den Punkt aufs I zu setzen, geraten die Ostdeutschen, die Osteuropäer, in den Sog eines Systemwechsels auf dem Boden des Kapitalismus selbst: vom organisierten, inklusiven Kapitalismus zur marktkonformen Demokratie.

JH: Gleichzeitig lief man von einem ideologischen Block in den anderen über. Vom Ostblock quasi in den Westblock, vom Sozialismus in die Marktwirtschaft.

WE: Da hat man also drei radikale Veränderungen, drei Umbrüche in einem Zug, und das in drei, vier Jahren. Dafür haben sich die Ostler großartig geschlagen, das kann man doch nicht anders sagen.

JH: Absolut, und ohne einen Therapeuten an ihrer Seite zu haben, in welcher Art auch immer. Im Grunde genommen ist es nicht zu begreifen, wie diese enormen Verwerfungen und Brüche, um es mal zugespitzt zu sagen, vor den Augen der Weltöffentlichkeit stattfanden, ohne wirklich wahrgenommen zu werden.

WE: Um das Unerhörte dieses Geschehens zu begreifen und die Leistung der Menschen zu würdigen, die da auf eigenes Betreiben hineingerissen wurden, muss man sich probeweise in diese Zeit, in diese Jahre zurückversetzen, besonders in den Herbst 1989, als noch alles offen schien, alle Welt diskutierte, runde Tische gründete, Manifeste schrieb, Programme entwickelte, wie es nun weitergehen sollte mit diesem Teilstaat. Er kam ja nicht als Betriebsunfall der Geschichte zur Welt, ihm ging ja etwas voraus, Sozialismus auf deutschem Boden. Und dieser Teilstaat brach dann auch nicht schlicht zusammen, wie manche westdeutschen Historiker und Politologen dachten und schrieben. Da läuten die falschen Glocken, die vom Mai 1945, da brach das nationalsozialistische Deutschland in der Tat zusammen, unter dem Ansturm der Alliierten. Nichts dergleichen 1989. Da konstituierten sich die Ostdeutschen als »Volk« und pulverisierten die Macht, zum ersten Mal in der deutschen Geschichte. »Zusammenbruch der DDR« ist eine Neidformel, von Leuten lanciert, die gern dabei gewesen wären, aber nur zuschauen durften.

JH: Gleichwohl gab es wie bei jeder Revolution, die ja, um noch einmal Hannah Arendt zu zitieren, nichts weiter als eine Art Luftspiegelung ist, deren Dynamiken sich im Nachhinein also schwerlich rekonstruieren lassen, eine ganze Reihe von Ereignissen, die zum Erfolg der Friedlichen

Revolution 1989 beitrugen. Da waren Glasnost und Perestroika in der Sowjetunion, da war das Massaker auf dem Platz des Himmlischen Friedens in Peking, da waren die heraufziehenden Feierlichkeiten zum 40. Jahrestag der DDR. Da gab es aber auch, auf lokaler Ebene, die Festnahmen von Bärbel Bohley und anderen Oppositionellen im Januar 1988 im Rahmen der Gedenkveranstaltung anlässlich der Ermordung von Rosa Luxemburg und Karl Liebknecht, und in Leipzig den beginnenden Abriss ganzer Altbauquartiere im Leipziger Süden.

WE: Richtig. Man muss in Prozessen denken, nicht vom Ende her. Um verstehen zu können, warum es den Ostdeutschen gelang, ihrem Staat sein verdientes Ende zu bereiten, muss man Punkt für Punkt rekapitulieren, was sie dazu befähigte, die kritischen Phasen ihrer Geschichte, die Rückschläge, die sie einstecken mussten, die Niederlagen auf dem Weg, sich von diesem System zu emanzipieren, Mut zu fassen, den Aufstand zu wagen. Mal rebellierte die Arbeiterschaft, wie 1953, und die Kulturschaffenden standen abseits, mal begehrten diese auf, wie 1956, 1965 und 1976, und blieben weitgehend isoliert. Den Mauerbau 1961 erlebte die Mehrheit als Katastrophe, anders als die Funktionärsschicht und viele Geistesarbeiter. Die dachten: »Mauer zu, na und? Jetzt kann keiner mehr weglaufen, jetzt können wir endlich Sozialismus machen.« Wenn nur die Leute nicht gewesen wären! Mit denen war einfach kein neuer Staat zu machen!

JH: Darüber haben wir damals unser Interview für den »Freitag« geführt.

WE: Und dann kam die kurze Reformphase unmittelbar nach dem Mauerbau, scheinbar behielten die Optimisten recht, da geriet etwas in Bewegung, auch in der Wirtschaft, das »Neue Ökonomische System«. Aber all das war halbherzig und währte nur kurz, das sogenannte Kahlschlagplenum von 1965 legte die Kulturschaffenden wieder an die kurze Leine. Und nach der gewaltsamen Niederschlagung des Prager Frühlings im Sommer 1968 gingen auch die Wirtschaftsreformen auf Krücken, Honecker räumte dann die Reste ab. Da hat man die wesentlichen Stadien und Knotenpunkte der ostdeutschen Geschichte vor 1989. Und im nächsten Schritt muss man ermitteln, wie die Menschen das verarbeiteten, welche Schlussfolgerungen sie daraus zogen, wie die Kompromisse aussahen, die sie mit den Regierenden schlossen, sofern sie sich zum Dableiben entschieden, und wann die Kompromissbereitschaft massenhaft bröckelte. Da kommt dann Gorbatschow ins Spiel. Die Exkommunikation der eigenen Führung durch den Moskauer Papst. So, auf diese Weise, versetzt man »die Ostdeutschen« in Bewegung, erfasst man den langfristigen Prozess hinter diesem Ausdruck. So löst man das Rätsel, wie und warum eine bis in die Kapillaren vom Staat durchsetzte Gesellschaft den Tanz mit der Macht wagte. Sofern sich dieses Rätsel überhaupt bis ins Letzte klären lässt.

JH: Aber da würde Hannah Arendt nun sinngemäß sagen, das ist eben nicht zu erklären.

WE: Ja, da bleibt immer ein Rest. Noch im Juni 1989, als in Peking Panzer rollten und die DDR-Oberen der dortigen Führung gratulierten, konnte sich in der DDR kaum jemand ausmalen, was wenige Wochen später geschehen würde. Ich habe in den letzten Jahren mehrmals auf dem Tian'anmen-Platz gestanden, der seither in einer Weise eingehegt ist, der man ansieht, dass der Führung die Ereignisse vom Sommer 1989 noch immer in den Knochen stecken, dass dieser größte Platz der Welt womöglich abermals zu einem Platz der Schmach der Führung werden könnte. Das steckte auch den Ostdeutschen in den Knochen: Werden wieder Panzer kommen? Das war ja nicht auszuschließen. Lähmte aber diesmal nicht. Warum? Weil die Zeit für solche Fragen eben gerade abgelaufen war.

JH: Das, was dann sozusagen die Revolution ist. So wie Hannah Arendt ja auch sagt, dass die Revolution keine Institutionen hat. Die Friedliche Revolution des Jahres 1989 hat keine Institutionen bilden können, die all jene, die damals auf die Straßen gegangen sind, in ihrer Breite repräsentieren konnten. Es entstanden Parteien und Bündnisse, es entstand die Gauck-Behörde, und eine Vielzahl westdeutscher Institutionen haben Filialen im Osten Deutschlands eröffnet, wie zum Beispiel die Landeszentralen für Politische Bildung. So wichtig die Arbeit ist, die diese Institutionen leisten und geleistet haben, glaube ich dennoch, dass sie von vielen bis heute als Fremdkörper wahrgenommen werden.

WE: Da sind wir schon in der Phase des Regiewechsels des ostdeutschen Aufbruchs. Da ging der »Wahnsinn« zu Ende, der die Ostdeutschen für ein paar Monate umgetrieben hatte. Es war die beste Zeit.

JH: Die Ostdeutschen teilen sich ja auch in jene im Grunde genommen fast nicht zu vergleichende Gruppe derer, die nach dem Mauerfall nach Westdeutschland gegangen sind, und jene, die geblieben sind. Oft ist es in meiner Generation sogar so, dass Leute bewusst im Osten geblieben sind, dass sie sich ganz bewusst gegen den Strom derer gewandt haben, die in großen Zahlen in die alte Bundesrepublik oder nach Berlin gegangen sind. Ich habe diese Haltung immer sehr bewundert, ich habe diesen Mut nie aufgebracht. Ich bin Ende der neunziger Jahre von Leipzig nach Berlin gegangen, weil es in Leipzig fast keine beruflichen Perspektiven für mich gab. Aber ich habe immer gewusst, wenn ich gehe, lasse ich etwas hinter mir, wenn wir alle gehen, lassen wir etwas hinter uns. Mein Weggehen ist schon mit einem Gefühl der Scham und auch der Schuld verbunden. Dieses Schuldgefühl packt mich immer, wenn ich zum Beispiel Pegida-Demonstrationen sehe, wenn ich Bilder wie die aus dem sächsischen Dorf Clausnitz sehe, als dort im Februar 2016 ein Bus mit ankommenden Flüchtlingen von Einheimischen mit dem Slogan »Wir sind das Volk« nieder gebrüllt wurde. An diesem Abend, dort in diesem Dorf ist das so berühmte, weil so einfache Motto der Friedlichen Revolution begraben worden. Auch ein Beweis dafür, dass mit dem Aufstieg von Pegida und der AfD die Nachwendezeit an ein Ende gekommen ist. Ich denke dann, wenn die Jungen damals alle geblieben wären oder, besser gesagt, wenn die Jungen damals alle hätten bleiben können, dann würde es solche Bilder heute nicht geben. Dann wäre die ostdeutsche Gesellschaft in ihrer Zusammensetzung eine ausgewogenere und könnte Konflikte mit sich selbst aushandeln, anstatt in schwächeren Dritten einen Sündenbock zu finden.

WE: Die DDR war nach 1949 immer auch eine Auswanderungs- und Fluchtgesellschaft.

JH: Aber diese unzweifelhaft große Gruppe, die während der gesamten Zeit ihres Bestehens die DDR verlassen hat, würde ich nicht zu denen zählen, über die wir hier sprechen. Zumal wir inzwischen wissen, dass viele, die nach der Gründung der DDR Richtung Westen gingen, aus der Gruppe der Heimatvertriebenen stammten. Die DDR ist in ihren Biografien eher eine Art Durchgangsraum.

WE: Wer die DDR in den siebziger Jahren als Erwachsener verließ, nahm sie noch mit sich mit.

JH: Ja, aber die ostdeutsche Erfahrung, über die wir hier sprechen, ist eine Erfahrung, die man nur machen konnte, wenn man, das ist wichtig zu sagen, 1989 in der DDR gewesen ist und dort einerseits die Friedliche Revolution und dann auch den Zusammenbruch erlebt hat. Jenen Zusammenbruch, der sich an die Friedliche Revolution anschloss.

WE: Ganz Ihrer Meinung. Man kann natürlich auch verschiedene Bruchstücke dieser Erfahrung haben. Leute, die irgendwann ausreisten oder unter Lebensgefahr flüchteten, verfügen darüber, aber es fehlt ihnen natürlich ein kürzerer oder längerer Abschnitt der Inkubationszeit des 89er Herbstes. Währenddessen und in der unmittelbaren Nachwendezeit vollzieht sich eine Metamorphose, aus den DDR-Bürgern werden die Ostdeutschen. Insofern greift zumindest das erste meiner beiden Bücher zu diesem Thema, »Die Ostdeutschen. Kunde von einem verlorenen Land«, dieser Selbstwahrnehmung in gewisser Weise voraus.

JH: Absolut, das gilt ja für das »Zonenkinder«-Wir auch.

WE: »Die Ostdeutschen als Avantgarde« bringen die veränderte Selbstwahrnehmung bereits adäquat zum Ausdruck. Marx' berühmte Unterscheidung zwischen der »Klasse an sich« und der »Klasse für sich« aufnehmend, könnte man sagen: Bis 1989 waren die in der DDR lebenden Menschen Ostdeutsche *an sich*, danach wurden sie zu Ostdeutschen *für sich*.

JH: Exakt auf den Punkt gebracht. Dann teilt sich die Gruppe der Ostdeutschen oder jene, die wir als die Ostdeutschen bezeichnen wollen, freilich noch in die Gruppe derer, die sich selbst als solche bezeichnen, und die, die das nicht wollen. Ich will das unbedingt respektieren, gleichzeitig aber halte ich Letzteres für eine Anpassungsstrategie. Das ist die große Gruppe derer, die aus Anpassung, vielleicht auch aus Überanpassung, die eigene Identität verleugnen. Das ist eine Spielart der ostdeutschen Identität.

WE: Gleichwohl entkommt man dem Ostdeutschsein nicht, oder?

JH: Angela Merkel ist in ihrer jahrelangen Leugnung der eigenen ostdeutschen Prägungen …

WE: … zutiefst ostdeutsch.

JH: Eine Ostdeutsche par excellence! Das war der Preis, den sie für ihren eigenen Aufstieg zu zahlen bereit war. Aber die Sache hat natürlich wiederum zwei Seiten. Denn die Schuld, wenn man in einem solchen Zusammenhang von Schuld sprechen kann, lässt sich nicht einfach den Ostdeutschen in die Schuhe schieben. Der amerikanische Essayist Ta-Nehisi Coates spricht in diesem Zusammenhang in einem seiner Texte über Barack Obama von dem Kampf, »öffentlich schwarz sein zu dürfen«. Der Text heißt »Das Vermächtnis von Malcolm X«. Das Recht, öffentlich ostdeutsch sein zu dürfen, scheint mir auch für uns eine zentrale Kategorie. Angela Merkel und mit ihr viele andere Ostdeutsche hatten nicht das Gefühl, öffentlich ostdeutsch sein zu dürfen. Für eine Bundeskanzlerin erscheint das zwar absurd, aber Coates zeigt in einem anderen Text, wie lange auch Barack Obama damit gehadert hat.

WE: Öffentlich ostdeutsch zu sein, sich in prominenter Position zu den widersprüchlichen Erfahrungen zu bekennen, die man von diesem Land geerbt hatte, erforderte Mut. Diese Erfahrung zu verleugnen, sie zu beschweigen, war erfolgversprechender für die Karriere. Allerdings ändert weder das Bekenntnis noch das Beschweigen etwas an der Grundsätzlichkeit der durchlaufenen Erfahrung. Die saß und sitzt tief. Nehmen wir das Verhältnis der Ostdeutschen zum »Volkseigentum«. Das beruhte auf Enteignung, auf der Verstaatlichung der Unternehmen. Marktwirtschaft wurde durch Planwirtschaft ersetzt, Konkurrenz durch »sozialistischen Wettbewerb«. Hinfort waren weder Betriebe, die Verlust einfuhren, mit Schließung bedroht, noch mussten Arbeiter und Angestellte um ihre Stelle bangen. In ihrer

Gesamtheit waren sie die neuen Herren, kollektive Eigentümer, die auf eigene Rechnung zum Wohl aller tätig wurden. Was dieses Arrangement nicht schuf, war ein entsprechendes Eigentümerbewusstsein und -verhalten, neuartige Antriebskräfte. So entstand herrenloses, unbesorgtes Eigentum. Die Menschen vergaßen, was »Eigentum« noch vor einer Generation bedeutet hatte: der Konkurrenz ausgesetzt zu sein und gegebenenfalls zu scheitern. In Heiner Müllers Stück »Traktor« aus den sechziger Jahren geht es um die Kollektivierung auf dem Land. Das Stück endet damit, dass ein LPG-Traktorist, der gerade ein Feld umpflügt, ins Erzählen kommt und sich einer Vollmondnacht vor vielen Jahren erinnert, im Krieg in Russland, als er gemeinsam mit einem anderen Soldaten und einem Leutnant einen russischen Bauern jagt. In dem hatten sie einen Partisanen vermutet und jagen ihn nun durch ein riesiges Maisfeld. Dann haben sie ihn, und der Leutnant ist generös genug, ihm freizustellen, sich dort sein Grab zu schaufeln, wo einstmals sein eigenes Feld lag. Der Bauer guckt um sich, zeigt, »wie ein Großgrundbesitzer ins Gelände«. Und dann kommt dieser letzte Satz in unverkennbar Müller'scher Diktion: »Der hatte / wo sein Feld war / glatt vergessen.«
Dieses Vergessen privateigentümlicher Grenzen und Zuständigkeiten war, rein ökonomisch gesehen, desaströs, aber es veränderte das Selbstgefühl, die Beziehungen zwischen Arbeitern und Vorgesetzten, Frauen und Männern auf eine Weise, die tatsächlich Neues zutage förderte, Geschlechter-, Standes- und Klassengrenzen abschliff, jeder und jedem aufgrund der unantastbaren Stelle ein eigenes Leben ermöglichte und das Gefühlsleben aus seiner Einbettung in Nützlichkeitserwägungen löste. Nicht wenig für den Anfang, aber dieser Anfang barg das Ende eben auch schon in sich. Die missliebigen Folgen des unbesorgten Eigentums

traten Jahr für Jahr deutlicher in Erscheinung. Mit Eigentümern, die sich selbst verleugnen, war keine neue Welt zu pflanzen. Es gab Leute, die sich kümmerten, Verantwortung übernahmen. Arbeiter der alten Schule, auch jüngere, die das aus echter Überzeugung taten. Aber sie standen aufs Ganze gesehen auf verlorenem Posten. So kann das doch nicht weitergehen, war der allgemeine Tenor. Und dennoch, wenn man sich an die Transparente und Spruchbänder erinnert, mit denen die Ostdeutschen 1989 auf den Straßen und öffentlichen Plätzen demonstrierten, »zügige Privatisierung unserer Staatsbetriebe« stand darauf nicht zu lesen. Dass es so kommen würde, war spätestens ausgemacht, als die radikaldemokratische Phase des Umbruchs in die nationale überging und die Menschen nun mehrheitlich »Wir sind *ein* Volk« skandierten. Aber da waren sie noch zuversichtlich, dass das Land wirtschaftlich wieder auf die Beine zu bringen sei, eher Überfluss als Mangel herrschen würde, und wähnten sich auf der sicheren Seite, Privatisierung hin, Privatisierung her. Wie sehr sie an manchem von dem hingen, was sie in toto verwarfen, trat erst ins Bewusstsein, als sie die ganze Rechnung präsentiert bekamen, ihre Arbeit und damit ihre Selbständigkeit verloren, als eine den anderen wieder »durchbringen« musste, als sich neuerlich ökonomische Rücksichten in die privaten Beziehungen mischten. Wäre eine ostdeutsche Frau in den siebziger Jahren je auf die Idee gekommen, ihren Ehemann als Bürgen bei der Eröffnung eines eigenen Bankkontos zu bemühen? Sicher nicht. Wie modern waren diesbezüglich die Ostdeutschen! Die ostdeutschen Frauen! Sie verliehen der Arbeitswelt ein unübersehbar weibliches Gesicht. Gerade in Berufen, die sich traditionell in Männerhand befanden, in technischen, naturwissenschaftlich basierten Professionen, aber auch in der Industrie, wo oftmals Schwer- und

Schwerstarbeit zu leisten war. Hier standen sie, wie sie augenzwinkernd sagten, »ihren Mann«, und jede noch so emanzipierte Geschlechtsgenossin aus dem Westen, die an diesem Ausdruck Anstoß genommen hätte, wäre in hohem Bogen aus der Werkhalle geflogen. Wiederum, die Grundlage, auf der all das gedieh, trug nicht, und deshalb verwarf man ganz, was man in Teilen schätzte und nie wieder missen wollte.

Das Bewahrens- und das Verwerfenswerte bildeten unter den vormaligen Gegebenheiten ein unauflösliches Paar. Die Freiheiten im Persönlichen, derer sich viele erfreuten, waren teuer, zu teuer erkauft. Der Vorschein einer neuen Art des Lebens und Zusammenlebens wurde mehr und mehr von den Nebenkosten und Folgelasten überschattet. Er war dennoch weit mehr als eine Petitesse. Gleichheit, die gefiel, nicht nur bedrückte, auch das gehört ins Bild. Ging man in der DDR, auch in der späten, in eine Kneipe, dann stand dort der Werkdirektor neben dem Arbeiter, dann gesellte sich der Maler dazu oder der Schriftsteller, und im Nu war man im Gespräch. Wie aufgeräumt und wohl sortiert erscheint im Vergleich dazu die westdeutsche Gesellschaft dieser Jahre. Das konnte man schätzen und lieben und gleichzeitig wissen, das kann nicht dauern, die Uhr tickt. Ein Gemeineigentum zu etablieren, das diesen Namen nicht verdient, das das Privateigentum von sich aus auf den Plan zurückruft, als ultimative Rettung vor dem Ruin, ist eine Scheißerfahrung. Sie hat sich eingebrannt und wird für die nächsten fünfhundert Jahre alles unter sich begraben, was sich zugunsten des »ganz anderen« ins Feld führen ließe. Begraben auch die kurze Blüte unmittelbarer, authentischer menschlicher Beziehungen, wo Menschen einander gaben, was sie einander geben wollten, aus Lust und Laune, aus freiem Willen, ohne Hintergedanken, weil ihnen gerade so zumute war. – Na ja. War das jetzt zu viel des Guten?

JH: Das war super! Eine großartige Grabrede auf die DDR. Absolut bühnenreif! Ich bin jetzt fix und fertig.

IV. Zeitenwende. Kahlschlag. Widerstand. Über die neunziger Jahre

Wolfgang Engler: In allen vom Neoliberalismus umgegrabenen Gesellschaften haust massenhafte Wut.

Jana Hensel: Pegida hat versucht, mit einer Rebellion die Rebellion zu vermeiden.

Wolfgang Engler: Ich muss noch einmal auf Didier Eribon zurückkommen. Natürlich fragt man sich, wenn man Phänomene, wie er sie beschreibt, im eigenen Land beobachtet: Warum vollzog sich diese Rechtsverschiebung im politischen Spektrum seit den achtziger Jahren, nicht nur in Frankreich, sondern auch in anderen Teilen der westlichen Welt? Die Beschäftigung mit diesen Fragen hilft einem, die gegenwärtigen politischen Entwicklungen in Ostdeutschland besser zu verstehen.

Jana Hensel: An welche Phänomene denken Sie da, wenn Sie von den achtziger Jahren sprechen? Der Front National war bis zu dem Moment, in dem Marine Le Pen ihn im Jahr 2011 übernahm, eine absolut marginalisierte politische Kraft. Ihr Vater Jean-Marie Le Pen konnte nie eine auch nur irgendwie geartete größere gesellschaftliche Gruppe hinter sich versammeln. Der Front National brauchte Marine Le Pen, auch weil sie eine Frau war und weil sie als Frau aus dem Rechtsradikalismus ihres Vaters den Rechtspopulismus machen konnte. Ähnlich übrigens wie hierzulande Frauke Petry bei der AfD. In beiden Fällen lässt sich sagen, dass Frauen es waren, die den Rechtspopulismus weicher und für die Mitte anschlussfähig gemacht haben.

WE: Ich meine, wenn man zurückdenkt, 1981 wird Ronald Reagan Präsident der Vereinigten Staaten, zuvor, 1979, übernimmt Margaret Thatcher das Amt der Premierministerin in Großbritannien. Das war der Startpunkt einer manifesten Neoliberalisierung in diesen beiden Kernländern des Westens. Das Drehbuch, das hier zum Einsatz gelangte, übernahmen dann unter Berücksichtigung nationaler Besonderheiten andere Länder dieser Hemisphäre.

JH: Sie meinen, der Neoliberalismus war also eine Art Vorstufe des Rechtspopulismus?

WE: Ja. Der Neoliberalismus hat den Rechtspopulismus nicht nur ideologisch vorbereitet, sondern auch …

JH: … für die nötige gesellschaftliche Entsolidarisierung gesorgt.

WE: Die Idee der ungehemmten Privatisierung, des unternehmerischen Selbst, der Entfesselung der Märkte – die Vordenker dieser Konzeption saßen diesseits wie jenseits des Atlantiks seit dem Ende des Zweiten Weltkrieges in den Startlöchern und warteten auf ihre Stunde. Abkehr vom New Deal, vom Keynesianismus. Dabei verfolgte speziell Thatcher eine Doppelstrategie aus Gewalt und Anreiz. Sie bekämpfte die kampferprobten Gewerkschaften der Insel mit Aplomb und rang sie schließlich nieder. Die »Vermarktung der Klassenunterwürfigkeit«, wie David Graeber das genannt hat, wurde zum Exportschlager ihrer Regentschaft. Aber sie beließ es nicht dabei, setzte, ihr Werk zu vollenden, auf die Pflugscharen der Privatisierung und köderte die Mehrheit der Beschäftigten mit der Aussicht auf Wohneigentum für jedermann, finanziert durch günstige Kredite. Wenn irgendetwas der britischen Arbeiterschaft das Rückgrat brach, dann das. Dieser »umgestülpte Keynesianismus«, Privatverschuldung als Königsweg zum Wohlstand, machte weltweit Schule. Wer sich etwas leistet, indem er Anleihen auf seine Zukunft nimmt, kann sich in der Gegenwart Frechheiten kaum noch leisten.

JH: Genau.

WE: Die Strategie der Befriedung der Klassenkonflikte auf Kosten abhängig Beschäftigter war sehr erfolgreich und kam auch in Deutschland zum Zuge.

JH: Sie meinen die Agenda 2010.

WE: Richtig. Verwandlung sozialer Grundrechte in persönliche Vertragsbeziehungen, das war der Kern der Hartz-Agenda. »Jede Arbeit ist besser als keine Arbeit«, »Sozial ist, was Arbeit schafft«, so hörte man es seinerzeit aus rot-grünen Mündern und rieb sich die Augen. Speziell in Ostdeutschland. Dort hatte man 1989 nämlich für das Modell des organisierten Kapitalismus optiert, für den »Rheinischen Kapitalismus« – und dies just in dem Augenblick, als es damit peu à peu bergab ging. Die Ostdeutschen bekamen etwas, das sie so nicht bestellt hatten. Das hatten sie nicht im Blick, als sie ins Menü schauten.

JH: Aber, um in Ihrem Bild zu bleiben, das hatten auch die Kellner nicht im Blick.

WE: Gewiss nicht. Das war damals noch kaum jemandem wirklich mit allen Folgen klar.

JH: Auch der Bundesrepublik war Ende der achtziger Jahre nicht klar, dass sie mit der Deutschen Einheit selbst in die Phase des Neoliberalismus und der Globalisierung eintreten würde oder schon sehr stark davon geprägt war. Vielleicht hätte man dann vor allem die wirtschaftliche Einheit anders gestaltet.

WE: Das ist ein interessanter Punkt. Wenn man bedenkt, dass das Manöver letztlich doch erfolgreich war …

JH: Was war erfolgreich?

WE: Der »neue Geist des Kapitalismus« brach sich weltweit Bahn. Die Umbrüche von 1989/90 in Ostmitteleuropa beschleunigten diese Entwicklung, die erst schleichende, dann forcierte Abwendung der Eliten von dem, was Ökonomen und Soziologen die Ära des Teilhabe- oder Einbeziehungskapitalismus nannten. Eines Kapitalismus, der sich dadurch auszeichnete, dass die arbeitende Mehrheit in etwa dem gleichen Maße am Produktivitätsfortschritt partizipierte wie die Unternehmer. Von heute aus gesehen ist jener Teilhabekapitalismus wohl eine Sonderentwicklung gewesen, meinen Ökonomen wie Thomas Piketty.

JH: Die Ostdeutschen hofften, endlich auch Teil jener westdeutschen Wohlstandsexplosion zu werden, die in den sechziger Jahren begann, aber tragischerweise jäh an ihr Ende kam, als die Mauer fiel.

WE: Das war kein ungezügelter Kapitalismus, kein Manchester-Kapitalismus, nicht Thatcherismus und auch nicht Reaganomics. Sondern Kapitalismus auf Grundlage einer sozialstaatlich disziplinierten Marktwirtschaft, eines historischen Klassenkompromisses, der Ende der siebziger Jahre von oben aufgekündigt wurde.

JH: Diese Form des Kapitalismus hatte einen Namen.

WE: Ja, »Rheinischer Kapitalismus«, den Begriff prägte Michel Albert 1991.

JH: Das war die »Soziale Marktwirtschaft«!

WE: Einverstanden, sofern die Betonung auf dem ersten Wort liegt. Die Einkommen der Arbeitnehmer folgen derselben aufsteigenden Linie wie die Renditen der Unternehmer. Im Verlauf der vergangenen drei, vier Jahrzehnte trennten sich diese Linien voneinander. Die Lohnkurve zweigte von der Produktivitätsentwicklung nach unten ab, die Unternehmergewinne eilten der Produktivität voraus.

JH: Das hat mit der Globalisierung des wirtschaftlichen Kapitals zu tun und der Entkopplung von Arbeit und Kapital.

WE: Dafür war, wie gesagt, 1989/90 ein Beschleunigungsfaktor. Seither grenzenloser, wahrhaft globaler Fluss von Kapital, Arbeit, Menschen, knallharte Standortlogik, das heißt

Buhlen der Nationalstaaten um weltweit fluktuierendes Kapital, und zwar zu dessen Bedingungen, großzügige staatliche Subventionen, Steuergeschenke inklusive. Warum funktionierte das im großen Ganzen so reibungslos? Warum gelang es der Linken nicht, die Marktradikalen in die Schranken zu weisen, die zivilisatorischen Errungenschaften des Teilhabekapitalismus zu verteidigen? Warum trockneten die Tränen der Millionen von dieser Entwicklung Überrollten allzu oft auf den Kissen der neuen Rechten? Fragen, die uns beide und viele mit uns bewegten und noch bewegen, wenn wir von Wahl zu Wahl feststellen, dass der Hase in die falsche Richtung läuft.

JH: Weil, wie Hannah Arendt sinngemäß gesagt hat, die Vergangenheit nicht mehr ausreicht, um aus ihr die Zukunft lesen zu können.

WE: Wie meinen Sie das?

JH: Sie hat in ihrem Buch »Zwischen Vergangenheit und Zukunft« jenen Moment als Zeitenwende charakterisiert, in dem wir mit den Erfahrungen, die wir gemacht haben, nicht mehr gewappnet sind, die Zukunft zu sehen. Auch die politische Linke, also die Sozialdemokratie, konnte sich, als sie die Agenda 2010 beschloss, glaube ich, nicht vorstellen, wie stark eines Tages unsere Realität von der Entkopplung von Arbeit und Kapital geprägt sein würde. Weil es diese Erfahrung so vorher nicht gegeben hatte. Deswegen erschien die Agenda 2010 damals großen Teilen der SPD als vermittelbar. Man darf das nicht unterschätzen, die SPD hat sich damals selbst einer enormen Zerreißprobe unterzogen. Wieder würde ich sagen: Darin sind mir politische Organisationen erst einmal sympathisch. Also wenn sie ihren inneren Grundkonsens in der Lage sind zu brechen oder zu hinterfragen, wenn sie bereit sind, sich zu verändern. So wie sich die CDU unter Angela Merkel verändert hat. Aber natürlich, solche Prozesse bringen politische Organisationen immer auch an den Rand ihres Selbstverständnisses.

WE: Das wird die SPD lange beschäftigen.

JH: Es kann sogar sein, dass wir eines Tages, vielleicht in fünfzig Jahren, feststellen werden, dass die Agenda 2010 das Ende der deutschen Sozialdemokratie bedeutet hat.

WE: Gut denkbar. Es hat sie zumindest nachhaltig geschwächt. Jetzt gibt es erste Stimmen, die sagen, Hartz IV hat keine Zukunft und muss beendet werden. Berlins Regierender Bürgermeister ließ sich dieser Tage so vernehmen.

JH: Insofern stimmt nicht, was Sie gesagt haben.

WE: Was denn?

JH: Es stimmt nicht, dass der neoliberale Kurs erfolgreich gewesen ist. Er war nicht erfolgreich. Er hat die SPD einem ungeheuren Legitimationsdruck ausgesetzt und sie an die Grenze ihrer Existenzberechtigung gebracht. In Sachsen ist sie schon heute beinahe bedeutungslos. Und vielleicht hat diese Bedeutungslosigkeit auch den Rechtspopulismus in Ostdeutschland mit hervorgebracht.

WE: Das gehört doch zusammen.

JH: Ja, aber: Der Neoliberalismus ist nicht erfolgreich gewesen. Er hat das gesellschaftliche Klima nachhaltig vergiftet.

WE: Beides gehört zusammen. Für jene, die diese Politik initiiert und gepusht haben, Schröder, Fischer, Eichel, seines Zeichens Finanzminister der rot-grünen Regierung, war sie enorm erfolgreich. Deutschland endlich Kopf an Kopf mit den Musterländern der marktkonformen Demokratie, mit England und den USA!

JH: Nein!

WE: Wie bitte? Die ökonomisch Mächtigen haben den Kapitalismus bekommen, nach dem sie sich sehnten, und dabei sogar weite Teile der Sozialdemokratie auf ihre Seite gezogen. Die sind doch supererfolgreich!

JH: Finanziell oder ideell?

WE: Finanziell, ökonomisch, politisch.

JH: Wen meinen Sie denn?

WE: Natürlich war das ein Segen für die wirtschaftlichen Eliten. Das kann man wirklich nicht bestreiten. Die großen, global agierenden Unternehmen, die Finanzindustrie, deren effektive Macht ist heute größer denn je in der Geschichte des modernen Kapitalismus, die soziale Ungleichheit auch. Gerade in den wirtschaftlich fortgeschrittenen Nationen hat sie ein Ausmaß erreicht, das noch vor Jahrzehnten zu Revolten geführt hätte. Die Gewöhnung an krasseste Formen der Ungleichverteilung von Reichtum schritt atemberaubend voran, wenn das kein Triumph ist!

JH: Die Frage ist, wie man Erfolg in diesem Zusammenhang definiert. Wenn Sie Erfolg aus der Perspektive der ökonomisch Mächtigen betrachten, dann, ja, lässt sich diese Entwicklung auch als Erfolgsgeschichte erzählen. Aber ich glaube, soziale Ungleichheit ist für kein Land eine zukunftsträchtige Situation. Aus Studien wissen wir, dass es Ländern, in denen die Ungleichheit eher gering ist, langfristig bessergeht. Teilhabe und Gleichheit für alle zu organisieren ist letztlich das einzige taugliche Zukunftsmodell.

WE: Dass dieser Prozess für zahllose andere gerade nicht erfolgreich war, steht ebenso außer Frage wie die Tatsache, dass viele Verlierer dieser Systemtransformation seither auf der Suche nach politischen Repräsentanten sind, die ihrer Unzufriedenheit und ihrem Zorn politisch Ausdruck verleihen. In allen vom Neoliberalismus umgegrabenen Gesellschaften haust massenhafte Wut. Aber die Verursacher der Misere gehen in Deckung. Keiner von denen, die die Weichen für diese Entwicklung gestellt, die sich schamlos bereichert haben, wurde je zur Verantwortung gezogen. Einer zeigt auf den anderen und alle gemeinsam auf das

»System«, das schrankenlose Plusmacherei forderte und prämierte, so war das eben, so ist die Welt. Derart abgespeist, mit seinem Frust allein, zieht man gegen Pappkameraden zu Felde, die leider, wie man selbst, aus Fleisch und Blut sind.

JH: Genau.

WE: Das Elend unserer Lage besteht darin, dass viele der zu Recht Empörten Fürsprecher wählen, die ihnen zwar zu ihrem Ausdruck, aber nicht zu ihrem Recht verhelfen. Je schroffer, unverblümter, aggressiver der Ausdruck, desto besser, das Recht kann warten, die Veränderung der Verhältnisse wird vertagt, solange der Zorn Auslauf findet. Dem ihrerseits Nahrung zu geben scheut sich die Linke aus guten Gründen – und das wissen ihre Widersacher und sammeln weiter ein, was ihnen vor die Füße fällt. Ein Untergangsszenario zu entwerfen, liegt mir fern. Die Hartz-Reformen haben die Wettbewerbsfähigkeit der deutschen Wirtschaft verbessert, vor allem dem Export weiteren Auftrieb verliehen. Davon profitieren nach vielen Jahren mit stagnierenden oder gar sinkenden Reallöhnen nun auch Teile der abhängig Beschäftigten, wie die jüngsten Lohnabschlüsse zeigen. Aber viele, zu viele profitieren nicht davon, die haben nur den Preis entrichtet für den Aufschwung, stehen mit leeren Händen da. Und ballen sie zu Fäusten.

JH: Kein schönes, aber ein richtiges Fazit. Daran schließt sich für mich unmittelbar die Frage an: Ist die ostdeutsche Erfahrung tatsächlich eine singuläre Erfahrung? Im Kontext neoliberaler und daraus hervorgehender populistischer Tendenzen erleben wir gerade, dass sich ostdeutsche Pegida-Anhänger und AfD-Wähler mental nicht von Trump-Wählern in den USA, Front-National-Anhängern in Frankreich, Orbán-Wählern in Ungarn oder westdeutschen AfD-Anhängern unterscheiden.

WE: Das ist eben der Witz der Geschichte, sowohl als auch. Aufgrund der Besonderheit, dass die ostdeutsche Erfahrung so komprimiert war mit den Brüchen, die wir bereits beschrieben haben, vollzogen sich im Osten Deutschlands in den frühen neunziger Jahren Prozesse, die im Westen teilweise Jahrzehnte in Anspruch nahmen. Es genügt ja, wenn man heute durch das Ruhrgebiet fährt, um sich die Langfristigkeit solcher Strukturwandel vor Augen zu führen. Wenn man bedenkt, dass die ersten Zechen Ende der fünfziger Jahre schlossen und seither darüber nachgedacht wurde und wird, was an die Stelle der Kohle und der Schwerindustrie treten kann, und gleichzeitig beobachtet, dass die Problemviertel und -regionen noch immer nicht von der Landkarte verschwunden sind, dass dort noch immer die relativ höchste Arbeitslosigkeit, das höchste Armutsrisiko im Westen Deutschlands herrschen, außer im Saarland, dann kann man sich ungefähr vorstellen, wie einschneidend sich dieser Prozess auf die Menschen auswirkte, die ihn durchliefen. Analoge Prozesse findet man auch in Amerika, England, Frankreich, Belgien, von der europäischen Peripherie gar nicht zu reden. Darüber gibt es eine umfängliche Literatur. Die Arbeiten von Arlie Russell Hochschild, J. D. Vance, John Lanchester und David Graeber kann ich sehr empfehlen. Überall dasselbe, triste Bild: leerstehende Fabriken, Abwanderung, verfallende Städte, krasse Armut, Gewalt, Drogen. Ein Verfall auf Raten. Wenn man die deprimierenden Erfahrungen der Menschen nicht ernst nimmt und dem Übel an die Wurzel geht, das heißt, die Systembedingungen in Frage stellt, unter denen diese Erfahrungen gemacht wurden, dann wandern die Leute dahin ab, wohin sie eben heute abwandern, zur neuen Rechten. Siehe Trump: »I am your voice.« Bereits in der von Bourdieu angestoßenen und geleiteten Recherche »Das

Elend der Welt« kann man solche Prozesse studieren. Der ostdeutsche Strukturbruch verpflanzte dieses Elend in Windeseile in weite Gegenden des Beitrittsgebiets. Hier kann man durchaus von einem Zusammenbruch sprechen, von einer zweiten großen Demontage, nicht zuletzt unter der Regie der Treuhand. »Treuhand«, was für ein Euphemismus! Hier konnte man fast wie unter einem Brennglas beobachten, wie sich eine Gesellschaft in ihre Bestandteile auflöst …

JH: … wie sie sich spaltet in wenige Gewinner und viele Verlierer …

WE: … und die einen wie die anderen es schwierig finden, noch miteinander in Kontakt zu treten. Ich entsinne mich an eine Lesung im ostdeutschen Braunkohlerevier, ich ging danach noch mit ein paar Leuten in eine Kneipe. Ein paar Tische waren schon besetzt, und mein Nebenmann, der aus dem Ort kam, sagte zu mir: »Dort sitzen die, die noch Arbeit haben, und dort die anderen, die von Hartz IV leben.« Ein jammervolles Bild, ein Sortiervorgang, von wechselseitiger Scham in Gang gesetzt. Der Umbruch im Osten Deutschlands nach 1990 ist beides: singulär und zugleich charakteristisch für die soziale Spaltung, die den heutigen Kapitalismus kennzeichnet, charakteristisch auch für deren politische Folgen, für die Rechtsverschiebung im politischen Spektrum, die allerdings alles andere als zwingend ist.

JH: Ja, obwohl das internationale Moment, das Sie ganz zu Recht beschreiben, glaube ich, bei näherer Betrachtung eben doch nur eine Tonspur ist. Ich habe gerade, nun schon zum zweiten Mal, den wunderbaren Dokumentarfilm »Montags in Dresden« der Filmemacherin Sabine Michel gesehen. Michel, in Dresden geboren, aber dort vor vielen Jahren weggegangen, hat fast zwei Jahre lang drei Pegidisten begleitet, unter anderem den ehemaligen Vizevorsitzenden René Jahn. In diesem Film sehe ich den Unmut und auch die Elitenkritik, die wir von amerikanischen Trump-Wählern kennen, und auch die nationalistischen Ressentiments, die all das produziert, und den Fremdenhass, den wir wiederum aus Frankreich von den Front-National-Wählern kennen. Aber dennoch will ich unterscheiden: Didier Eribon beschreibt in »Rückkehr nach Reims« ein Milieu, das sich einmal im Zentrum der politischen Debatten der Linken befand, und das sich durch seinen sozialen Aufstieg, den die Linke für sie in den sechziger, siebziger und achtziger Jahren ermöglichte, denn das gehört zu den großen Errungenschaften der westeuropäischen Linken, sie haben tatsächlich einmal für soziale Durchlässigkeit und Mobilität gesorgt, in Gewinner und Verlierer teilte. Eribon selbst ist ein Gewinner, große Teile seiner Familie gehören den Verlierern an, sie haben ihren sozialen Status nicht oder nur marginal verändern können. Für die ostdeutsche Arbeiterschaft aber hat es diese glückliche Zeit nach dem Ende der DDR nie gegeben, jene von Eribon beschriebene Erfahrung der Enttäuschung kann in dem Maße für sie gar nicht stattgefunden haben, oder wenn, dann ist sie schon kurz nach dem Mauerfall eingetreten und verbindet sich eher mit den Konservativen als mit den Linken. Helmut Kohl hatte doch versprochen, die Einheit aus der Portokasse zu bezahlen. Die Linken, also einer wie Oskar Lafontaine oder auch Willy Brandt, als er noch lebte, hatten davor gewarnt. Auch der Fremdenhass ist bei Pegida ein geborgter, ein ausgeliehener Hass. Dresden ist, was Fremde betrifft, eine weitgehend homogene Stadt, ohne Viertel, in denen sich die Zugezogenen sammeln. Gibt es dort nicht eher eine Angst, es könnte so werden wie im Westen? Versucht man dort nicht eher, der Geschichte wenigstens einmal ein Schnippchen zu schlagen, indem man versucht, eine Entwicklung aufzuhalten, die man nicht aufhalten kann, nachdem man von jeder anderen Entwicklung in den vergangenen dreißig Jahren vollends erwischt wurde? Was meinen Sie?

WE: Ich höre erst mal weiter zu.

JH: Die Anschlussfähigkeit an Rechtstendenzen in anderen europäischen Ländern ist durchaus gegeben. Sie verschafften sowohl Pegida als auch der AfD Auftrieb, keine Frage. Denn Pegida kann man ja als eine Art außerparlamentarischen Vorboten der AfD betrachten. Pegida, sozusagen als Bewegung der Straße, versieht die AfD mit »Street Credibility«, über die die anderen Parteien im Moment nicht verfügen. Aber hat sich die Abkehr von der Linkspartei nicht eher deshalb vollzogen, weil sie es als die einzige Partei mit einem ostdeutschen Idiom auf Bundesebene nicht geschafft hat, aus der Isolation herauszutreten und beispielsweise mit der SPD zusammenzuarbeiten? Hat das nicht auch zu einer nachhaltigen Kränkung geführt, die nun die AfD, als die erste wirkliche ost-west-deutsche Partei, wettmachen soll? Nun soll die AfD die Ostdeutschen auch bundesweit mit Macht ausstatten. Glauben Sie nicht?

WE: Die gesamtdeutsche Wirkung spielt zweifellos eine zentrale Rolle bei der Option für die AfD im Osten.

JH: Auch wenn die Partei, nach dem Rückzug von Frauke Petry, zumindest in ihren Spitzen wieder eine rein westdeutsche Partei geworden ist, und nach meinem Gefühl auch da schon wieder Enttäuschungs- und Marginalisierungserfahrungen von Beginn an eingeschrieben sind. Im Gegensatz zu vielen anderen Beobachtern halte ich den Ost-West-Konflikt für den eigentlich zentralen Konflikt bei Pegida. Er ist der entscheidende Brandherd. Man sieht in dem Film von Sabine Michel sehr gut, wie groß der Hass auf den Westen eigentlich ist.

WE: Das ist mir auch aufgefallen, als ich den Film sah.

JH: Er artikuliert sich nicht argumentativ, aber bildet den Grundton: in Witzen, in Sticheleien, in Sprüchen, auch in den einen oder anderen Beschreibungen. Es gibt in dem Film eine Szene vor dem Kunstwerk mit den umgestürzten Flüchtlingsbussen. Dort kommt es zu einer Diskussion zwischen einer Dresdnerin und einem jüngeren Mann über den Sinn und Zweck einer solchen Aktion. Als die Frau den westdeutschen Akzent des Mannes bemerkt, bricht sie das Gespräch abrupt ab und ruft dem Mann beinahe bösartig sinngemäß zu: Was wollen Sie mir denn schon wieder erklären? Gehen Sie dorthin zurück, wo Sie hergekommen sind! Die innerdeutschen Ressentiments sind eines der größten Tabus unserer Gesellschaft, keine der beiden Seiten gibt offen zu, wie groß die Vorurteile jeweils wirklich sind. Sie brechen dann eben so hervor. Aber das nur nebenbei. Was ich eigentlich sagen will: Natürlich handelt es sich bei Pegida um eine unreflektierte Bewegung. Das sagt auch die Filmemacherin Sabine Michel: »Es ist an uns, herauszufinden, was die Bewegung wirklich meinen könnte.« Und in der Konzentration auf den Zuzug von Flüchtlingen hat man sich ein leichtes Opfer gesucht, man versucht mit einer Rebellion die Rebellion zu vermeiden. Und hat mit den Flüchtlingen einen sichtbaren Feind erkoren, von dem man inzwischen erfahren hat, dass er auch das Feindbild für andere darstellen könnte. Es mit dem Westen aufzunehmen und auch mit den strukturellen Problemen der Wiedervereinigung, also Vermögensumbildung, Elitenaustausch und vieles mehr zu thematisieren, das ist von so einer Bewegung nicht zu erwarten, und das kann sie auch nicht leisten. Und es ist kein Zufall, dass Pegida in Dresden auf die Straße gegangen ist. Gerade weil sich in Dresden der Reichtum, den es in Ostdeutschland auch gibt, anschauen lässt – ähnlich wie in Potsdam – und viele der Menschen, die mit Pegida auf die Straße gehen, sehr wohl fühlen, dass dieser Reichtum nicht ihnen gehört.

WE: Das ist eine ausgesprochen treffende Formulierung, kann man nicht besser sagen.

JH: Denn was entgegnet man Ostdeutschen, die Ungleichheit kritisieren, oft: »Schaut euch doch eure gutsanierten Innenstädte an!« Nur schnell eine Zahl dazu, die neulich in der »Zeit« stand: In Leipzig besitzen nur zehn Prozent der Einwohner eine Immobilie. 60 Prozent aller Neubauten und 94 Prozent der sanierten Altbauten wurden laut dem Grundstücksmarktbericht von 2016 an Menschen verkauft, die nicht aus Leipzig kamen. 94 Prozent der Altbauten! Eine unglaubliche Zahl. Die Ostdeutschen wissen also, dass der Reichtum, den es beispielsweise in Form von Immobilien auf dem Gebiet Ostdeutschlands durchaus gibt, ihnen selbst nicht gehört. Diese Erfahrung gehört zur Kritikfähigkeit dazu, also die Erfahrung, zu spüren, wer man ist, zu welcher Gruppe man gehört, was man im eigenen Leben schaffen kann und was nicht. Wie weit der eigene Lebensradius reicht. Das lässt sich in einem Mecklenburger Dorf nicht so erleben, da fehlt die gesellschaftliche Reibung, das direkt sichtbare Oben und Unten.

WE: Vor ein paar Jahren schrieb ich ein Nachwort zu einem Buch mit dem Titel »Mein letzter Arbeitstag«. Darin finden sich ganz viele autobiografische Berichte aus den Jahren zwischen 1992 bis 1994 über den letzten Arbeitstag von Ostdeutschen. Auch der spektakuläre Fall Bischofferode wird erwähnt, der drastisch zeigt, dass auch konkurrenzfähige Unternehmen kalt abgewickelt wurden, wenn potentielle Konkurrenten im Westen darauf bestanden. Hungerstreik hin, Hungerstreik her. Dort wurde ein Exempel statuiert: Sollen die doch da unten in ihrem Stollen hungern. Die kommen da schon wieder raus und begreifen eines Tages, das war schon richtig so. Aber in der Erfahrung, in der Erinnerung zumal, war es eben nicht richtig.

JH: Ein Gewaltakt ohne ökonomische Rechtfertigung.

WE: Und wenn nachvollziehbare Gründe zur Schließung von Unternehmen führten, war der Kummer ebenso groß. »Das war der schrecklichste Tag meines Lebens.« »Ich möchte über diesen Tag nicht mehr reden.« »Ich habe nur geheult, von früh bis spät.« Solche Sätze liest man in den Berichten und denkt mit dem Abstand von heute: schlimm, von einem Tag auf den anderen seine Arbeit, sein gewohntes Leben zu verlieren. Gleichzeitig aber fragt man sich, wie die Menschen in anderen Ländern des alten Ostens, in Polen, Ungarn, Bulgarien, Rumänien die Nachwendezeit erlebten? Dort gab es keine wohlhabende Parallelgesellschaft. Wenn diese mit dem ostdeutschen Erbe auch ein wenig rüde umging, so stabilisierte sie doch die alltägliche Existenz der Ostdeutschen auf eine Weise, von der man anderswo in Ostmitteleuropa allenfalls träumte. In der Praxis erwies sich dieses Privileg als ebenso ambivalent wie vieles, über das wir bisher sprachen. Das Leben wird stabilisiert, gerät nicht gänzlich aus den Fugen. Aber indem das geschieht, geraten die Ostdeutschen aus einem Zustand höchster Aktivität und Selbstbestimmung in eine völlig andere Lage. Der Citoyen wechselte, ohne sich dessen recht bewusst zu werden, in die Rolle des Klienten, des Transferempfängers. Selbst dann, wenn er seinen Soli-Beitrag in die Kasse einzahlte, die ihn unterhielt. Auch Ostdeutsche in Arbeit berappten ihren Anteil am »Aufbau Ost«. Das glauben viele Westdeutsche bis heute nicht. Aber das mal beiseite. Dieser Rollenwechsel vom Staatsbürger zum Klienten des Transferstaats vollzog sich millionenfach. Wurde hingenommen. Mangels Alternativen. Die Montagsdemonstrationen im Gefolge der Hartz-Reformen klagten die Arbeitsrolle ein. Beschworen auch den Bürger, der in Gesellschaften wie der unseren auf dieser Rolle aufbaut. Aber gemessen an 1989 war das doch ein matter Abglanz.

JH: Nein, der Rollenwechsel ist eben nicht hingenommen worden. Das ist ja das Interessante.

WE: Bischofferode war keine Ausnahme, wollen Sie sagen?

JH: Nein, Bischofferode ist nur der bekannteste einer ganzen Reihe anderer Aufstände. Für mein Buch »Achtung Zone« habe ich damals die Geschichte dieser Nachwendeproteste recherchiert. Die Forschungsergebnisse des ungarischen Wirtschaftswissenschaftlers Maté Szabó, die er in einer kleinen, rund 20 Seiten umfassenden Publikation mit dem Titel »Some Lessons of Collective Protests in Central European Post-Communist Countries: Poland, Hungary, Slovakia and East Germany between 1989–1993« veröffentlichte, zeigen, dass es in den Jahren von 1991 bis 1993 jeweils mehr Proteste als 1989 selbst gab. Das ist doch hochinteressant! 1989 waren es 222 gewesen, 1990 sank die Zahl auf 188. 1991 aber ereigneten sich bereits 291. Im Jahr darauf kam es zu 268 Protesten, und für 1993 ergibt sich eine Zahl von 283. Danach endet der Untersuchungszeitraum. An diesen Protesten der frühen neunziger Jahre haben zwar insgesamt weniger Menschen teilgenommen, die Friedliche Revolution ist bezogen auf die teilnehmenden Menschen ein in der Geschichte der Aufstände absolut singuläres Ereignis. Rechnet man aber die Zahlen absolut zusammen, stehen den 222 Protesten der Friedlichen Revolution 1030 Proteste der vier folgenden Jahre gegenüber. Man muss sich also den Osten in jenen Jahren als ein in Aufruhr befindliches Land vorstellen. Haben wir je daran erinnert? Ist diese Erfahrung je in irgendeinem Geschichtsbuch erwähnt worden? Die Ostdeutschen haben durchaus versucht, sich gegen Betriebsschließungen und Abwicklungen zu wehren. Bedeutet das nicht auch, dass die Ostdeutschen, denen man gern Demokratieuntauglichkeit attestiert, von dieser Demokratie schon sehr früh und sehr aktiv Gebrauch gemacht haben?

WE: War diese Gegenwehr auch nur vereinzelt von Erfolg gekrönt?

JH: Nein, war sie nicht. Diese Aufstände blieben einerseits ohne Erfolg und andererseits ohne Gedächtnis. Die Nachwendezeit durfte offenbar kein positives Erbe der DDR haben, nur das Negative wurde über die Brucherfahrung hinaus weiter konstatiert. So ließ sich über die Ostdeutschen immer wieder behaupten, sie seien in der Nachwendezeit zu einer Gemeinschaft alles passiv erduldender Wohlfahrtsempfänger geworden.

WE: Dazu passt die Geschichte der Kirow-Werke. Sie gehörten und gehören zu den größten Industriebetrieben Leipzigs. Stellen Spezialkräne für Schienen her und bauen derweil auch Straßenbahnen, haben ein paar Hundert Beschäftigte. Das Unternehmen ist weltweit unterwegs, bis weit nach Asien, China vor allem, es belieferte den Weltmarkt schon vor 1989. Den heutigen Chef der Kirow-Werke kenne ich schon sehr lange. Er kam ganz früh in den Osten, gleich nach dem Mauerfall. Sein Vater war Unternehmer im Westen. Um auch im Osten Deutschlands Fuß zu fassen, entsandte er seinen Sohn in die Treuhand. Der arbeitete dort in der größten Abteilung, wo die Abwicklung der Betriebe vonstattenging. Ich besuchte ihn neulich wieder einmal in seinem Unternehmen, und wir kamen wie so oft auf die Nachwendezeit zu sprechen. Er berichtete lebhaft, wie es in der Treuhand damals zuging. Wie junge Leute aus dem Westen, meist ohne jeden wirtschaftlichen Sachverstand, dort anheuerten und die wirtschaftliche Hinterlassenschaft der DDR verscherbelten. »Klar, das waren aufregende Jahre«, sagte er. »Ein Abenteuer, wenn ich das von heute aus betrachte. Man traf als junger Mensch Entscheidungen oder wirkte daran mit, deren Tragweite für die Betroffenen kaum abzuschätzen war. Gerade wenn ich mir die Menschen anschaue, die heute in den Kirow-Werken arbeiten. Viele von ihnen stammen aus dem Osten, arbeiteten schon damals für das Unternehmen. Erstklassige Fachleute. Hätte man ihnen seinerzeit die Chance gegeben, das Werk in die Zukunft zu führen, sie hätten das gepackt. Bekamen aber keine Chance.« Diese krasse Ungleichverteilung von Gestaltungsmöglichkeiten des gesellschaftlichen Umbruchs zählt zu den Grunderfahrungen der Ostdeutschen, in der Wirtschaft ebenso wie im Rechtssystem, in Bildung und Wissenschaft, in den Massenmedien. Politische Karrieren waren möglich und desto aussichtsreicher, wenn es Mentoren aus dem Westen gab. Auch auf kulturellem Feld eröffneten sich Betätigungsmöglichkeiten, zur Freude derer, die ihre Interessen und Fähigkeiten erst jetzt richtig ausleben konnten.

JH: Gibt es auch etwas auf der Habenseite?

WE: Natürlich, auch davon zeugt die schon erwähnte Dokumentation. Es gab zahlreiche Menschen in Ostdeutschland, die ihre Arbeit behielten oder neue fanden, zeigten, was in ihnen steckte, aufstiegen, Ansehen und einigen Wohlstand erwarben. Frauen, ein wirklich interessanter, noch nicht hinreichend beleuchteter Punkt, fanden oftmals leichter Anschluss an die neuen Gegebenheiten. In höherem Maße im öffentlichen Dienst, in Kindergärten, Schulen, der Pflege oder im kommerziellen Dienstleistungssektor beschäftigt als Männer, überlebten sie den Umbruch vielfach ohne gravierende Einschnitte in ihre Arbeitsbiografie. Zum doppelten Leidwesen ihrer aus dem Job gedrängten Männer. Die standen jetzt nicht nur ohne Arbeit da, was an sich kränkend genug war, sie mussten sich auch noch von ihren Frauen durchfüttern lassen. Innerfamiliärer Transfer der ganz besonderen Art. Das hat dann viele restlos umgehauen, Beziehungen, Ehen ökonomisch, pekuniär zersetzt. Man lebt im Transfer, als Kostgänger, gleich welcher Art, nicht gut und besonders schlecht, wenn man gewohnt war, auf eigenen Beinen zu stehen.

JH: Lassen Sie uns noch einmal auf den Umbau der ostdeutschen Städte zurückkommen.

WE: Geht man heute durch ostdeutsche Städte, dann findet man reichlich Grund zur Freude, zur Genugtuung: Das haben wir mal gerettet für die nächsten dreißig, vierzig, fünfzig Jahre, bis wieder Hand angelegt werden muss. Das war die Mühe, war das Geld wert. Wiederum, etwas anzuschauen, das man aus eigenen Ressourcen, in eigener Regie vollbrachte, befriedigt dann doch auf andere Weise. Der Blick des Selbsthelfers, Geldgebers, Planers, des Eigentümers, der sich in seinem Werk genüsslich spiegelt, ist ein anderer.

Eigentümer waren die Ostler in der DDR nicht, nicht auf die ihnen zugeschriebene Weise, und wurden sie auch nachher nicht. Der Architekturkritiker Wolfgang Kil hat dieses Dilemma in einem Vortrag über den städtebaulichen Umbruch im Osten Deutschlands nach 1990 auf den Punkt gebracht: »Wer Architektur und Gesellschaft in ihren Zusammenhängen zu denken versucht, wird in den östlichen Bundesländern unentwegt auf ein schreiendes Missverhältnis stoßen: Was haben all die eleganten, geschniegelten, oft genug einfach angeberischen Neubauimplantate mit der tatsächlichen Realität ihres Umfeldes zu tun? […] Wo sich der ›neue Chic‹ Wand an Wand mit den Baurelikten einer ärmlicheren Vergangenheit reibt, setzt er die Letzteren auch noch demonstrativ herab.«

JH: Das bestätigt meine Wahrnehmung.

WE: Und weiter heißt es bei Kil: »Die ›Neuen Länder‹ wurden von einer architektonischen Importlawine schlicht überrollt, ihre baukulturelle Selbstentdeckung und Selbstentfaltung damit verhindert. Nicht einmal neue Repräsentanzbauten der jungen ostdeutschen Demokratie – weder das Landratsamt von Bitterfeld noch das Rathaus von Dessau oder gar der Landtagsneubau am Dresdner Elbufer, um nur drei bekanntere Fälle zu nennen – sind von Architekten gemacht worden, die als Bürger an der Herstellung dieser Demokratie unmittelbar beteiligt waren. Wenn aber nicht einmal solche Bindungen des Gebauten an gesellschaftliche Umstände eine Rolle spielen, worin liegt dann noch die *kulturelle* Essenz von ›Bau*kultur*‹?«

JH: Fehlende Repräsentanz von Ostdeutschen …

WE: Das kollektive Selbstbewusstsein speist sich nicht zuletzt aus Erfolgsgeschichten, wirtschaftlichen, sportlichen, kulturellen. Als ich 2005 ins Amt des Rektors gelangte, war ich der Erste mit ostdeutscher Biografie überhaupt, der im universitären Bereich eine solche Position, zumindest in Berlin, innehatte. Später gab es einen Zweiten, an der Musikhochschule, dann einen Dritten als Präsident der Humboldt-Universität. Zwischenzeitlich wurde die Ernst-Busch-Schule komplett von Ostdeutschen geleitet. Prorektorin ostdeutsch, Kanzler ostdeutsch, ich ostdeutsch. Völliges Novum im gesamten deutschen Raum. Als ich aus meinem Amt schied, im vergangenen Jahr, war die »Normalität« wiederhergestellt: alle Berliner Universitäten und Hochschulen abermals durchgehend westdeutsch geführt.

JH: Deshalb ist ja auch die Initiative zum Erhalt der Volksbühne so überaus wichtig gewesen. Binnen weniger Wochen kamen 40 000 Unterschriften zusammen!

WE: Ich habe mich, entgegen meiner sonstigen Zurückhaltung in diesen Dingen, als Erstunterzeichner gewinnen lassen.

Das war mir eine Herzensangelegenheit. Das »OST«, das zu Castorfs Zeiten über der Volksbühne prangte, habe ich immer gern gesehen, wenn ich, vom Alex kommend, auf das Haus zusteuerte. Ost, Osten nicht im provinziellen, sondern im weiten Sinne dieser Himmelsrichtung, das war ihr Programm, Dostojewski der Shakespeare dieser Bühne, für viele Jahre, unvergesslich. Überdies wirkten Theaterleute aus dem Westen von Anfang an zahlreich mit an diesem Ort. Und dann die Abwicklung des Hauses im politischen Handstreich. Piscator, Besson, Karge, Langhoff, Heiner Müller, Castorf, war da was? Beenden wir dieses Kapitel. Schreiben ein neues. Entsorgen dieses Ostgedöns! Muss ja nicht gleich Theater sein, was da künftig stattfindet. Lieber etwas für den kulturellen Jetset.

JH: Das Interessante ist, dass die westdeutschen Akteure sich ihres eigenen ideologischen Tuns und Tons nicht bewusst zu sein schienen. Als Chris Dercon die Volksbühne vor ein paar Monaten dann wieder verlassen hat, was ja *irgendwie* vorhersehbar gewesen ist, ist mir kein Text aufgefallen, und das sind alles kluge Herren gewesen, die darüber geschrieben haben, der noch einmal den eigentlichen ideologischen Kern der Auseinandersetzung benannt hätte. Der das Ideologische, das Kulturkämpferische darin gesehen hätte, nicht nur in der Ablösung von Frank Castorf, sondern auch in der Benennung von Chris Dercon. Vor allem, und das fand ich wirklich schockierend, gab es keinen einzigen Text, der ein positives Wort für den Widerstand gegen Dercon verwandt hätte. Mir schien, die Kommentatoren hatten dafür nur Spott übrig, sprachen von kleingeistigem und lächerlichem Hassgebaren. Ich halte diesen Widerstand gegen Chris Dercon für eine ganz wichtige Erfahrung. Eine Erfahrung des zivilgesellschaftlichen Widerstands, der hoffentlich im Erfolg endet.

WE: Ja, hoffen wir, dass die Schwelle, so etwas noch einmal zu wagen, durch den Protest, den Widerstand gegen dieses Banausentum, sehr hoch gelegt ist. Mal schauen, wie es dort weitergeht.

JH: Ich komme gleich noch einmal auf die fehlende Repräsentanz von Ostdeutschen in der gesamtdeutschen Elite zurück. Aber bleiben wir noch kurz bei der Causa Volksbühne. Wenn man dem damaligen Kultursenator von Berlin, Tim Renner, der Frank Castorfs Intendanz beendet hat, heute vorwerfen würde, er wäre darin ideologisch tätig gewesen, weil die Volksbühne ein erfolgreich identifizierter Ost-Ort gewesen ist, die meisten würden einem immer noch widersprechen. Kaum jemand würde einem beipflichten. »Ost« meine ich hier in einem urbanen, postmodernen, äußerst anschlussfähigen Sinne, ein Ort, an dem Sophie Rois oder Martin Wuttke quasi ostdeutsch werden konnten.

WE: Ostdeutsch mit Anbindung an die Weltgeschichte. Das »OST« war die symbolische Besetzung einer Leerstelle im Nachwendediskurs. Was damals mit einem Schlag entwertet, abgewickelt wurde, die Russische Revolution und ihre Folgen, das »Zeitalter der Extreme«, hier kam es wieder auf die Tagesordnung, provokativ, ruppig, ungeschlacht, ohne jede Rücksicht auf den offiziösen Konsens in diesen Dingen. Für mich und viele andere war das »OST« auf dem Dach des Hauses ein Kürzel, das ausgeschrieben »Nichts ist vergessen!« lautete.

JH: »Es ist ein bestimmtes Theater«, sagte Leander Haußmann unlängst in der »Berliner Zeitung« über die Volksbühne. »Es steht an einem Ort, der es definiert, […] der einmal in Ost-Berlin gelegen hat. Das ist der politische, identifikatorische Aspekt.« Und noch einmal: Dem Westen seine eigenen ideologischen Denkmuster und Denkfallen wie einen

Spiegel vorzuhalten kann noch immer als ein ordentlicher Tabubruch angesehen werden. Daran hat sich, und deshalb komme ich an dieser Stelle darauf, in den vergangenen dreißig Jahren kaum etwas verändert. Tim Renner konnte die Volksbühne ähnlich entsorgen, wie man in der Nachwendezeit eigentlich alles DDR-hafte entsorgt hatte. Kaum jemandem schien diese Parallele aufzufallen. Ideologie ist unser Geschäft, in ideologische Denkfallen tappen wir angeblich die ganze Zeit. Ich habe, als Dercon ging, getwittert, dass es jetzt das mindeste wäre, einen oder eine Ostdeutsche als Nachfolger zu besetzen, schließlich werden alle vier weiteren großen Berliner Theater von Westdeutschen, wenngleich das Gorki von Shermin Langhoff, einer Westdeutschen mit Migrationshintergrund, geleitet. Obwohl sich vier dieser fünf Theater im Ostteil der Stadt befinden! Aber auf so eine Debatte mag sich niemand ernsthaft einlassen. So eine Forderung zu stellen ist noch immer nicht satisfaktionsfähig. Gleichwohl, wenn es um die fehlende Präsenz von Ostdeutschen in der gesamtdeutschen Elite geht, löst das immer große Betroffenheit aus.

WE: Und dann geht man zur Tagesordnung über. Oder räsoniert, wie dieser Tage, über eine Ostquote für gehobene Positionen in der Politik, im öffentlichen Dienst. Folgenlos, wie zu erwarten steht.

JH: Konkrete Schritte werden nicht unternommen. Konkrete Namen nicht ins Spiel gebracht. Denn durch so eine Forderung wird sichtbar gemacht, worum es im Kern geht: um Verteilungskämpfe. Die Volksbühne ist nur ein Beispiel von vielen. Ich glaube tatsächlich, dass die ostdeutsche Erfahrung gar nicht als wert empfunden wird, repräsentiert zu sein. In der Wissenschaft, in der Politik, in der Kunst, in den Medien. Im Prinzip ist es eine Art Marginalisierungskreislauf: Sie wird nicht erkannt, sie wird nicht erinnert, sie wird nicht repräsentiert. Vor ein paar Jahren diskutierte ich mit dem Ressortleiter einer Tageszeitung darüber, warum es so wenige migrantische und ostdeutsche Redakteure in den großen Zeitungen gibt. Er sagte zu mir, ja, migrantische Stimmen bräuchte es, da gebe er mir recht. Aber auf ostdeutsche Redakteure könne man verzichten.

WE: »Wer braucht den Osten?«, fragte der MDR neulich in einem Themenschwerpunkt. Klingt wie eine Suchanzeige nach irgendwie Verschollenen.

JH: Ja, leider. Dennoch ist es richtig, dass der MDR nun immer öfter auch solche eher diskursiven Dokus produziert. »Wem gehört der Osten?« ist eine weitere gewesen. Vielleicht muss ich dem Ressortchef, mit dem ich damals sprach, für seine Offenheit auch dankbar sein. Denn was er eigentlich meinte, wurde mir erst später bewusst: Mit der Marginalisierung der ostdeutschen Erfahrung haben große Teile der Mehrheitsgesellschaft nicht das geringste Problem.

V. Emanzipation von rechts.
Über den Aufstieg von Pegida und AfD

Jana Hensel: Fremdenfeindlichkeit und Rassismus erscheinen im Osten, anders als in Westdeutschland, immer auch als Träger oder Ausdruck einer umfassenderen Systemkritik.

Wolfgang Engler: Wie kompensieren Menschen dieses Elend, diese Leere um sich herum und in ihrer Seele? Durch vaterländische Gesinnung? Nicht glücklich, aber deutsch? Das ist zumindest eine Möglichkeit.

Jana Hensel: Der Pegida-Protest formuliert, neben vielem Befremdlichem, in einer trivialen Variante, was auch wir in unseren Texten an Gesellschaftskritik, wenn man das mal so nennen will, üben, was auch wir bereits schon einmal in der einen oder anderen Form gesagt oder geschrieben haben. In dem Vorwurf der Lügenpresse zum Beispiel, den ich nicht unterstützen will und den ich als Journalistin so überhaupt nicht teilen kann, spiegelt sich dennoch auch meine Kritik: nämlich, dass die ostdeutsche Gesellschaft medial zu wenig, oft einseitig und von zu wenig Sachkenntnis geprägt abgebildet wird. Im Jahr 2010 habe ich einen Text mit dem Titel »Wir sind anders« geschrieben. Darin stelle ich zehn Thesen über die Ostdeutschen in den Medien auf.

Wolfgang Engler: Können Sie mal einige nennen?

JH: Moment. Die hat natürlich niemand von Pegida gelesen, das ist mir schon klar, aber eine Skepsis gegenüber den großen, noch immer stark westdeutsch geprägten Medien findet sich auch in ihnen. Betrachtet man die Berichterstattung über den Osten Deutschlands in den überregionalen Medien, lassen sich drei Muster feststellen: Sie findet sprunghaft statt kontinuierlich statt, folgt einer häufig ausschließenden statt integrierenden Absicht und ist oft von Emotionalität statt von Sachkenntnis geprägt. Der Vorwurf der Lügenpresse ist dann das, was das Bauchgefühl, was die Straße aus so einer Kritik zu formulieren imstande ist. Oder irre ich mich da?

WE: Dem stimme ich zu. Mit dem Zusatz, dass vielfach mehr im Spiel war als »Emotionalität«. Ungezügelte Affekte, purer Widerwille gegen die neuen Mitbürger. Das fing schon früh an. Im Oktober 1990 schrieb Thomas Schmid einen Artikel für die »Kommune«. »Es findet heute die Besetzung der Bundesrepublik durch die DDR statt«, hieß es darin, und: »Man wird ja wohl noch feststellen dürfen: die meist familial organisierten Kauf- und Spähkommandos, die trabibewehrt bis in den letzten Winkel der Republik vordringen, importieren keine ›demokratische Revolution‹, sondern Vergangenheit. Sie sind es, die Potentiale der Ellenbogengesellschaft stark machen. Ihre unbeirrt zielgerichtete Fortbewegungsart, die an Einsätze in Feindesland erinnert, enthält ein Moment der Missachtung und fast auch der Missbilligung all des nicht in Mark und Pfennig zu rechnenden ›Luxus‹, den die Bundesrepublik sich im Laufe der Jahre zugelegt hat.«

JH: Schrecklich.

WE: Weiter heißt es: »Überspitzt formuliert: Den materiellen Reichtum, dessen sie auch habhaft werden wollen, werfen sie uns natürlich nicht vor – sie lassen aber erkennen, daß sie alles Weitere eher für Firlefanz und für skurrile und dekadente Marotten von Leuten halten, die so übersättigt sind, dass sie den wesentlichen Dingen des Lebens, dem Reich des Notwendigen also, nicht mehr die gebührende Aufmerksamkeit schenken. So weht eine altdeutsche materialistische Sittlichkeit herüber, der heroisch gewendete Alptraum vom Überlebenskampf als der letzten Bestimmung des Menschen.« Ich habe Thomas Schmid an selber Stelle sogleich und energisch widersprochen. Daraufhin beraumte die »Kommune« ein Streitgespräch mit uns in ihren Redaktionsräumen in Frankfurt am Main an. Ich vertrat zu der Zeit, noch vor der formellen Wiedervereinigung, eine Professur an der Goethe-Universität und hatte also einen kurzen Weg. In der anschließenden Diskussion ging es hoch her. Invektive dieser Art lebten mit Pegida wieder auf. Man schlug mit groben Stereotypen auf den Osten, die Ostler ein, konnte oder wollte nicht sehen, dass da ein Protest offen zutage trat, der schon länger im Verborgenen schlummerte. Beleibe kein rein ostdeutsches Phänomen. Nun war es hier, im Osten, in Dresden, Montag für Montag zu besichtigen. Und plötzlich wurde der Osten wieder Mode.

JH: Wenn man diesen Befund ernst nimmt, dann muss man leider konzedieren, ich sagte es eingangs bereits, dass wir es bei Pegida und der AfD auch mit einer Emanzipationsbewegung zu tun haben. So schwer mir diese Einschätzung fällt, denn wir wünschen uns Emanzipationsbewegungen ja immer mit einem progressiven Kern, mit einem Veränderungswillen zum Guten, zu mehr Gerechtigkeit, zu mehr Teilhabe. Aber in den Augen ihrer Anhänger sind Pegida und die AfD eine im Moment höchst erfolgreiche Emanzipationsbewegung. Nun schaut man genauer auf den Osten, fragt nach Gründen und Ursachen. Pegida und der AfD-Wahlerfolg stellen so eine neuerliche Umgrenzung dar, geben dem Nachdenken über den Osten einen neuen Rahmen. Schließlich will ja niemand, dass diese Bewegungen noch größeren Zulauf bekommen. Man konnte das bereits im Frühjahr dieses Jahres sehen, kurz nachdem die ersten Mitglieder der Bundesregierung bekanntgegeben wurden und erneut kein ostdeutscher Minister und keine ostdeutsche Ministerin dabei war.

WE: Es hagelte Protest.

JH: Das war absolut neu. Nicht, dass wir nicht schon länger gewusst hätten, dass die Ostdeutschen in der gesamtdeutschen Elite unterrepräsentiert sind, nicht, dass wir das nicht schon vorher versucht hätten zu thematisieren, aber stets ohne größere Resonanz, ohne sichtbaren Erfolg. Die Nominierung der ursprünglich aus Frankfurt/Oder stammenden Neuköllner Bezirksbürgermeisterin Franziska Giffey als Familienministerin, die wohl vor allem auf zähes Bestreben von Manuela Schwesig zustande kam, ist nun ein erster sichtbarer Erfolg. Ist es zynisch, zu sagen, man muss Pegida dafür danken? Auch dass die ostdeutschen SPD-Politiker sich jetzt, ebenfalls unter der inoffiziellen Führung von Manuela Schwesig, beraten, abstimmen und koordinieren, ist ein solcher Erfolg. Ostdeutschen Politikern hat es immer, wie ich fand, an dem Bestreben gemangelt, sich als Netzwerk zusammenzuschließen, gern auch einmal über die Parteigrenzen hinaus.

WE: So weit ist es noch nicht, aber wer weiß.

JH: Man muss sich aber dennoch fragen, warum der Osten eine rechte Revolte, eine Rebellion von rechts brauchte, damit solche Effekte eintreten konnten? Rassismus und Fremdenfeindlichkeit spielen dabei leider eine zentrale Rolle, fürchte ich. Sich gegen Fremde, mitunter sogar mittels Gewalt, aufzubäumen, hat im Nachwendeosten eine traurige Tradition. Fast so, als würde das die ostdeutsche Gesellschaft enger zusammenrücken lassen, als könnte sie sich so auf ihre, freilich falsch verstandenen, Stärken besinnen, ein Gefühl von Zusammenhalt erlangen. Sie wissen, was ich meine: ich rede von den Anschlägen auf Flüchtlingsunterkünfte in den frühen neunziger Jahren, ich rede von Hoyerswerda und Rostock-Lichtenhagen. In letzterem Fall spricht die Wissenschaft längst von einem Pogrom, und der Definition nach entsprachen die sich über mehrere Tage hinziehenden Ereignisse tatsächlich einem solchen Pogrom. Fremdenfeindlichkeit und Rassismus erscheinen hierbei, anders als in Westdeutschland, immer auch als Träger oder Ausdruck einer umfassenderen Systemkritik. Die Pegida-Kritik an Merkels Flüchtlingspolitik war immer mehr als nur das, sie war als eine sehr ganzheitliche Kritik an unserem demokratischen System gemeint und fraglos zu verstehen. Was glauben Sie, woher das kommt?

WE: Über einige Motive dieser »ganzheitlichen Kritik« haben wir uns bereits verständigt. Hinzu kommt die verbreitete Staatsverdrossenheit im Osten Deutschlands, die weit über das hinausging, was man im Westen »Politikverdrossenheit« nennt. Kritik nicht allein am politischen Betrieb, am Alltagsgeschäft von Politik, vielmehr am Politischen an sich. Ihr da oben, wir hier unten – keine Organe, keine Medien, keine Foren, die einen Ausgleich der Interessen bewerkstelligen könnten. Diese eingefleischte Haltung fand nach dem Umbruch in den neunziger Jahren neue Nahrung, sonst wäre sie abgestorben. Der radikaldemokratische Gestus, mit dem die Ostdeutschen ihr politisches System 1989 hinwegfegten, war in hohem Maße anschlussfähig für die Üblichkeiten der parlamentarischen Demokratie. Über deren Gebrechen machte man sich keine großen Illusionen. Der Blick der Ostler war, was politische Vorgänge anbetraf, stärker gen Westen gerichtet als auf die eigene Szene. Wer im Osten kannte schon einen Minister in der DDR, von Margot Honecker abgesehen. Dagegen kannte man viele Politiker, die in der Bundesrepublik das Sagen hatten. Nahm wahr, wie sie sich in Parlamentsdebatten und vor der Kamera zofften und dann die Hände schüttelten, wenn die Lichter ausgingen. Verfolgte die Skandale um Uwe Barschel und Björn Engholm, die die dortige politische Landschaft erschütterten. Begrüßte den politischen Systemwechsel von der Einparteienherrschaft zur parlamentarischen Demokratie. Was in der Wahrnehmung vieler zu kurz kam, war das *demokratische* Element in diesem Arrangement, die *Mitbestimmung* über den eigenen Weg, über das eigene Schicksal auch jenseits von Wahlen, das Gehörtwerden, Gefragtwerden, Mitreden, Mittun. Als man dann im Herbst 2015 in einer Streitfrage von Rang abermals weder gehört noch gefragt wurde, trug man dieses Unbehagen auf die Straße.

JH: Ach, das weiß ich nicht. Es gab ja sowohl im Osten wie auch im Westen schon andere Migrationswellen: die größtenteils türkischen, aber auch italienischen und griechischen Gastarbeiter in der Bundesrepublik und die größtenteils vietnamesischen, aber auch kubanischen, angolanischen und aus Mosambik stammenden Vertragsarbeiter in der DDR. Gastarbeiter und Vertragsarbeiter sind zwei Begriffe, die eigentlich gar nicht so verschiedene Prozesse abbilden. Von beiden Gruppen wurde im Grunde genommen erwartet, dass sie wieder in ihre Heimatländer zurückgingen. Wenngleich natürlich das Leben der DDR-Vertragsarbeiter, das sagt ja bereits der Name, vertraglich genauestens geregelt wurde: der Lohn, die Wohnortfrage, aber auch private Fragen wie Eheschließungen oder Schwangerschaften. Es war den Vertragsarbeiterinnen verboten, Kinder zu bekommen. Entweder sie trieben heimlich ab, oder sie wurden nach Hause geschickt; es gibt vor 1989 nur sehr wenige Geburten und eine Handvoll Eheschließungen zwischen DDR-Bürgern und Vertragsarbeitern. Alles in allem ein sehr dunkles Kapitel der DDR-Geschichte. Mit einer Willkommenskultur, das will ich sagen, wurden weder die Gastarbeiter noch die Vertragsarbeiter empfangen. Aus vielen Studien und Umfragen wissen wir, dass die Mehrheit der Westdeutschen gegen den Zuzug der Gastarbeiter war; hätte man in der DDR solche Umfragen durchgeführt, wären sie sicherlich zu einem ganz ähnlichen Ergebnis gekommen. Die Willkommenskultur des Jahres 2015 ist dagegen eine wirkliche Zeitenwende, ein Paradigmenwechsel, der Versuch einer Abkehr von allem Nationalistischen. Die Welt zu Gast bei Freunden, das ein bisschen spaßige Motto der Fußballweltmeisterschaft von 2006, sollte nun auch politische und gesellschaftliche Realität werden. Ich finde das, um es noch einmal zu betonen, eine sehr faszinierende politische Vision, die so noch kein anderes Land versucht hat. Migrationsbewegungen wurden immer skeptisch beäugt, selten stießen die, die kamen, in der aufnehmenden Gesellschaft auf offene Arme oder auf den Vorsatz, wenn die Fremden bei uns heimisch werden sollen, müssen auch wir uns ändern, nicht nur die, die zu uns kommen. Auch das hat Philipp Ther in seinem zuletzt erschienenen Buch »Die Außenseiter. Flucht, Flüchtlinge und Integration im modernen Europa« wunderbar dargelegt. Aber genau gegen diese Zeitenwende stemmen sich viele in Ostdeutschland. Das hat ökonomische, mentale, aber auch, sagen wir einmal, psychologische, ja, seelische Gründe. Haben viele von ihnen selbst das Gefühl, nicht willkommen zu sein? Keinen Platz in der Gesellschaft zu finden? Ich vermute das. Ich wehre mich zwar gegen die absurde These, die einige ostdeutsche Publizisten, unter anderem der »Spiegel«-Autor Stefan Berg in seinem Essay »Seid endlich still«, 2015 vertraten, dass gerade die Ostdeutschen, weil sie selbst einmal nach dem Mauerfall irgendwie Flüchtlinge gewesen seien, jetzt die Neuankömmlinge offenherzig begrüßen müssten. Nein, Flüchtlinge sind die Ostdeutschen nicht, aber es gibt dennoch eine Art Spiegeleffekt, keine Frage.

WE: Der Rassismus alter Prägung in der Bundesrepublik und der von heute, im Osten wie im Westen Deutschlands, unterscheiden sich markant. Der rechtsradikale Flügel der

AfD hat zur neuen Gemeinsamkeit erheblich beigetragen, sie aufgestachelt. Ganz sicher spielen bei vielen, die dafür ansprechbar sind, soziale Ausschlusserfahrungen, Konkurrenznöte und -ängste eine bestimmende Rolle. Das war im Osten schon wenige Jahre nach der Wiedervereinigung zu beobachten. Aber auch im Westen wurden zeitgleich Häuser angesteckt, eine ganze türkische Familie verbrannte 1993 in Solingen bei lebendigem Leibe. Mit einem pauschalen »ihr« und »wir« kommt man der Sache nicht bei. Was zwischen 1991 und 1994 an mehreren Orten im Osten geschah, unter offenkundiger Billigung Ortsansässiger, war unsäglich, beschämend. Ich habe damals darüber geschrieben, und noch heute erinnere ich mich lebhaft meiner Bestürzung. Im Englischen gibt es eine Bezeichnung für Menschen, die in ihrem Protest gegen was auch immer die Grenzen des allgemein Tolerierbaren militant auf die Probe stellen: »ugly citizen«, hässliche Bürger. Diese Grenze wurde eindeutig überschritten, und es fehlte sichtlich an couragierten Bürgern, die dem Einhalt geboten. Selbst einschneidende Abstiegserfahrungen rechtfertigen so etwas nicht, weder Massenarbeitslosigkeit noch Hartz IV.

JH: Die es aber, als es zu den Ausschreitungen in Hoyerswerda, Rostock-Lichtenhagen, Magdeburg, Mölln und in anderen Orten kam, noch nicht gegeben hat. All das passierte in den frühen neunziger Jahren.

WE: Ja, die Hartz-Reformen gab es damals noch nicht. Die soziale Entwurzelung im großen Maßstab war jedoch in vollem Gange. Unter Millionen Ostdeutschen tat sich gleichsam der Boden auf. Das Schauerliche, das damals geschah, weist aber auch in die DDR zurück. Vor einigen Jahren habe ich an einem Buch mitgewirkt, das hieß »Stadionpartisanen« und beschäftigte sich mit jugendlicher Gewalt, eigentlich mit Hooligan-Gewalt, beim Fußball. Sie schwappte in den späten siebziger Jahren nach Ostdeutschland herüber, Züge wurden demoliert, in der »dritten Halbzeit« traf man sich zur Schlägerei, es gab Verletzte, auch unter Ordnungshütern. Irgendwann berichtete sogar das DDR-Fernsehen entsetzt darüber. Das war der »ugly citizen« par excellence. So forderte man einen Staat heraus, der das Gewaltmonopol ohne Wenn und Aber praktizierte, für den es eine einzige Kränkung war, dass junge Leute sich anmaßten, seiner zu spotten, indem sie in aller Öffentlichkeit brutal aufeinander losgingen. In den achtziger Jahren gesellten sich in einigen Stadien Nazisprüche und NS-Symbolik dazu. Die Jugendlichen und jungen Erwachsenen wussten genau, was sie taten. Sie provozierten den Staat an seinem wundesten Punkt, seinem antifaschistischen Selbstverständnis. Das wussten auch die Neonazis, die 1987 die Umweltbibliothek im Prenzlauer Berg überfallen haben.

JH: Einen Staat, dessen Hoffnung und auch erklärtes Ziel es ist, mit dem Nationalsozialismus ein für alle Mal gebrochen zu haben, fordert man mit rechten Parolen und Einstellung maximal heraus!

WE: Als sich plötzlich Jugendliche in der dritten, vierten DDR-Generation als Neonazis in Szene setzten, stand null Überzeugung dahinter, aber das Maximum an Provokation. Systemkritik der unversöhnlichsten Art: Ihr da oben, euch führen wir vor, euch kriegen wir, da, wo euch das Herz blutet, und zeigen euch, dass ihr uns nicht gewonnen habt.

JH: Rechtsextreme Gewalttaten in der DDR führten aber auch zu einem der größten Missverständnisse in der westdeutschen Lesart.

WE: Dieser Hooliganismus war nur die Spitze, der gewaltbereite Vorposten der allgemeinen Staatsverdrossenheit.

JH: Genau. Der westdeutsche Blick glaubt ja gern, dass der

Neonazismus in der DDR an der fehlenden Aufarbeitung des Nationalsozialismus liegen würde. Ich halte diese Einschätzung eher für eine Übertragung. Viele Westdeutsche können sich die Allgegenwart des antifaschistischen Narrativs in der DDR nicht vorstellen: Selbst ich bin als Kind noch mit der ständigen Präsenz des Zweiten Weltkrieges aufgewachsen. Dieser Krieg war ja auch mehr als vierzig Jahre nach seinem Ende noch überall sichtbar. Welche Linien sich von dort aus ins Heute ziehen, ist meiner Kenntnis nach viel zu wenig erforscht, weil es keine gesamtdeutsche Anerkennung dieses antifaschistischen Narrativs gegeben hat. Kürzlich habe ich einen Vortrag des Seelsorgers Hans Bartosch gehört. Er stammt aus dem Rheinland und arbeitet seit ein paar Jahren in Magdeburg. Er erzählte mir, dass für ältere Menschen aus der DDR, wenn sie vom Krieg erzählen, also inzwischen jene Alten, die den Krieg als Kinder oder Jugendliche erlebt haben, die Schuld der Deutschen stets im Zentrum der Erinnerung steht. Aus dem Westen kennt er das nicht, sagte er mir. In seinem Vortrag heißt es: »Deutlich wird im Osten unseres Landes ausgesprochen, dass der Krieg 1944 und 1945 in jenes Land zurückkam, das ihn säte. Auf westlicher Seite als Pendant: erschütternd große Leerstellen.« Außerdem sagt Bartosch: »Auch vom ›Russen‹ höre ich anderes: viel Heftiges und Brutales. Zugleich wird immer auch von menschlich starken Erfahrungen mit dem ›Russen‹ erzählt. Im Westen gab es sehr lange sehr böse Reden über den ›Russen‹, durchaus auch über den ›Polen‹ und den ›Tschechen‹.«

WE: Das war im sowjetisch besetzten Osten nicht salonfähig. So etwas äußerte man nur hinter vorgehaltener Hand. Und für die Soldaten der Roten Armee, die ihren Dienst in der DDR versahen, versehen mussten, unter Bedingungen, mit denen kein NVA-Soldat auch nur eine Stunde getauscht hätte, hegte man Mitgefühl. Kaserniert, Jahre in der Fremde, kaum Urlaub, nur selten Ausgang, was waren das für seltsame Besatzer? Wie hatten sich dagegen deutsche Soldaten in Russland aufgeführt? Wie *hätten* sie sich aufgeführt, wenn *sie* den Krieg gewonnen hätten?

JH: Aber das ist doch zum Beispiel eine Leistung der antifaschistischen Erzählung.

WE: Dass sie eingewurzelte Affekte, Phobien, wenn schon nicht besiegte, so doch in ihrem Ausdruck hemmte, ja.

JH: Eine durchaus begrüßenswerte Entwicklung ist auch, dass wir Rassismus, Fremdenfeindlichkeit und Antisemitismus heute stärker markieren. Unser Kampf für offene Gesellschaften oder unser Diskurs über offene Gesellschaften wird heute weitaus offensiver und lauter geführt als früher. Das ist ja nicht zuletzt auch eine positive Erfahrung aus all diesen älteren Migrationswellen; inzwischen sind es die Kinder und Enkelkinder der Migranten, oft längst in Deutschland geboren, die sich einmischen und die Diskurse prägen. Ich verfolge deren Arbeit mit einem großen Interesse und stelle oft fest, dass vieles, was sie an Fremdheitserfahrungen beschreiben, mir auch sehr bekannt vorkommt. Also ich rede von Schriftstellern wie Feridun Zaimoglu oder Navid Kermani, von Publizisten wie Mely Kiyak oder Kübra Gümüşay, der Intendantin des Gorki-Theaters Shermin Langhoff, dem Filmregisseur Fatih Akin oder der Sozialwissenschaftlerin Naika Foroutan. Vieles, was wir heute völlig zu Recht als rassistisch, fremdenfeindlich und nationalistisch markieren, hat vor dem Mauerfall an den Rändern der großen westdeutschen Parteien friedlich vor sich hin existiert. Denken wir an Figuren wie den bayrischen Ministerpräsidenten Franz Josef Strauß, denken wir an die dauernden Vaterlandsverräter-Vorwürfe, die Willy Brandt zu hören bekam (dass ausgerechnet er von einem Spion der DDR zu Fall gebracht wurde, gehört zu den ganz großen tragischen Geschichten der deutsch-deutschen Geschichte vor 1989), denken wir an die geistig-moralische Wende eines Helmut Kohl oder an sein Diktum von der Gnade der späten Geburt.

WE: So etwas wäre von Staats wegen in der DDR nicht denkbar gewesen. Allerdings formierte sich in den letzten Jahren der DDR in bestimmten Milieus und Subkulturen ein ungutes Gebräu aus Frust, Deutschtümelei und Nazigehabe, das nach dem Umbruch freieren Auslauf fand.

JH: Was meinen Sie damit?

WE: Ich denke hier besonders an die Protagonisten in den Dokumentarfilmen von Thomas Heise, der die Wurzeln des ostdeutschen Rechtsextremismus zeitig aufspürte. Bereits 1992 erscheint Heises erster Film »Stau, jetzt geht's los« zu diesem Thema. Im Jahr 2000 folgt Teil 2 von »Stau« mit dem Titel »Der Stand der Dinge«, gedreht in Halle-Neustadt, und als Höhepunkt 2002 »Vaterland«. Eine Chronologie der Vor- und Frühgeschichte des ostdeutschen Rassismus. Heises Arbeiten haben den großen Vorzug, dem Publikum rein durch die Auswahl der Szenen, durch die Organisation des Materials, seine Haltung zu vermitteln, aber eben nicht aufzudrängen. Das Publikum muss nicht an der Leine fortgesetzter Kommentare und Richtigstellungen durch die Dokumentation geführt werden. Man kann selber sehen und verstehen. Und versteht bestens, was Heise zeigen und sagen will, wenn die Kamera in »Vaterland« Stragut, einen Ort in Sachsen-Anhalt, erkundet. Da saß sein Vater, der Philosoph Wolfgang Heise, während des Krieges als Gefangener der Nazis ein. Nun hausen da die Menschen, junge Menschen, als herrschte dort noch immer Nachkriegszeit. Alles mit einem Schlag verschwunden, was ihrem Leben Reiz und Würze geben könnte, Arbeit, Kneipen, Cafés, Klubs. Wer Beine hat, die einen tragen, ergreift die Flucht. Die Dagebliebenen bestärken sich in ihrem Gefühl der Hoffnungslosigkeit, Vergeblichkeit. Und das mit Anfang, Mitte zwanzig. Eine junge Frau steht mir noch heute vor Augen, ich habe den Film damals mit Heise in der Akademie der Künste vorgestellt, als sie sich selbst fragt: »Ja, muss ich denn hier glücklich sein?« Und antwortet: »Nee, muss ich nicht.« Da ist man am Boden, wenn man diese Hoffnungslosigkeit sieht. Wie kompensieren Menschen dieses Elend, diese Leere um sich herum und in ihrer Seele? Durch vaterländische Gesinnung? Nicht glücklich, aber deutsch? Das ist zumindest eine Möglichkeit. Wenn die junge Frau aus Stragut nach diesem Angebot greift, dann vor dem Hintergrund ihrer *Nachwende*erfahrungen in Ostdeutschland. Die Jugendlichen und jungen Erwachsenen der ersten beiden Filme Heises zu diesem Thema mobilisieren dagegen frustrierende Erfahrungen aus *zwei* Systemen, aus der Endzeit der DDR einerseits, der Frühzeit der Bundesrepublik andererseits. Sie suchten schon *vor* 1989 nach einem Glücksersatz, nach etwas, auf das sie wirklich stolz sein konnten. Die DDR kam dafür nicht in Frage, so viel stand fest. Die eigenen Fähigkeiten, Leistungen? Eher auch nicht, da sind sie ehrlich genug, das einzugestehen. Sie suchten nach Surrogaten und fanden Ältere, die in der DDR verfemte Texte, Bücher weiterreichten. Gerade das Verbotene daran reizte, verband, war »cool«. So entwickelten sie Stolz auf ihr Deutschsein. Und hielten an ihrer neugewonnenen Überzeugung umso hartnäckiger fest, je unerbittlicher der Umbruch sie aus der Bahn warf, jener sozialen Sicherheiten beraubte, die das alte Land auch denen gewährte, die nicht mitkamen, aus dem Tritt gerieten, zu stranden drohten. Drifteten ab in solche Kreise und verblieben darin. Zum Kummer ihrer Väter und Mütter, die gleichfalls zu Wort kommen, einige der DDR durchaus gewogen. Jetzt ratlos, hilflos bezüglich ihrer Kinder. Viel zu eingespannt in ihr neues Leben, um Zeit und Kraft zu finden, ihren Nachwuchs eindringlich zur Rede zu stellen, gar wieder einzufangen. Zu erschöpft, zu müde. Stolz, Glück, du liebe Güte! Fragt uns jemand, ob wir stolz, zufrieden, glücklich sind?

JH: Systemwechsel sind natürlich immer auch Aufforderungen zur Glückssuche. Das Leben wird auf die Probe gestellt, es soll sich erweisen. Wenn alles scheinbar auf null gesetzt wird, kann sich das anfühlen wie eine Wiedergeburt. Insofern ist eine Zäsur wie 89 auch ein Imperativ, sich das Glück zu suchen.

WE: Richtig. Die Pflicht zum Glücklichsein, ein Imperativ der neuen Zeit.

JH: Wenn sich das Glück dann erneut nicht einstellt, bleibt man in einer großen Leere zurück. Auch in dem Dokumentarfilm »Montags in Dresden«, von dem ich schon erzählt habe, ist das gut zu sehen. Die Lebenslinien der drei Protagonisten weisen so tiefgreifende Zäsuren auf. Nicht nur in ihrer eigenen Biografie, auch in den Geschichten ihrer Familien. In Wahrheit sind diese Menschen herausgefordert, drei grundsätzlich verschiedene Systeme zu verstehen, zu analysieren und sich selbst darin zu verorten. Den Nationalsozialismus, die DDR und die Nachwendezeit. Man kann es förmlich fühlen, wie sie dabei an ihre Grenzen stoßen. Die Lebensnetze, wenn wir sie uns wie Fischernetze vorstellen wollen, der Ostdeutschen sind übervoll. Da ist so viel angeschwemmt und hineingetrieben worden, was es zu sichten, zu ordnen und zu verstehen gilt. Im Grunde ist Agonie dabei fast selbstverständlich, wie bei der jungen Frau in dem Film von Thomas Heise, von dem Sie gerade sprachen. Ich bin mir auch ziemlich sicher, dass die Pegida-

Demonstranten oder auch die AfD-Wähler in genau diese Agonie zurückfallen werden, irgendwann. Ich sehe eigentlich kein Zukunftsszenario für diesen Raum. Also eine Zukunft im Sinne einer inneren Heilung. Wer sollte die stiften können? Eine neue Ideologie? Eine neuerliche Diktatur?

WE: Anfang der 2000er Jahre hielt ein Vertreter des schönen Fachs politische Geografie einen Vortrag über die Bevölkerungsentwicklung in Ostdeutschland nach 1989 und projizierte eine Karte an die Wand, die sogenannte »aufgelassene Gegenden« weiß markierte. Damit wollte er zeigen: Hier wohnen nur noch so wenige, dass sie kaum mehr zählen, Sieg der Natur über den Menschen. Je weiter der Blick auf dieser Karte zum Osten und Norden Deutschlands hin schweifte, desto heller wurde es. Als wäre da Geschichte nie passiert. Normalerweise bringen nur grassierende Seuchen oder verheerende Kriege solche Entwicklungen hervor, zuletzt im Dreißigjährigen Krieg, so lautete der Kommentar des Referenten. Wer sich in solchen aufgelassenen Räumen wiederfindet, wo alle, die noch einigermaßen fit sind, das Weite gesucht haben, Frauen, speziell junge, mehr als Männer, was diese zusätzlich deprimiert, ihre Männlichkeit trotzig hervorkehren lässt, so dass man sich etwas unwohl fühlt, sobald es dunkel wird, bekommt eine Vorstellung von sozial befreiten Zonen.

JH: »Der Sog des Bevölkerungswandels erfasst alle Lebensbereiche: die Arbeit wie den Alltag, das Geld – und sogar die Liebe«, schreibt Uwe Müller in seinem bereits erwähnten Buch »Supergau Deutsche Einheit«.

WE: Zur Jahrtausendwende diskutierte man landauf, landab am Beispiel des Ostens über soziale Schrumpfung. Schrumpfende Städte, schrumpfende Bevölkerungen. Wie baut man Städte so zurück, dass sie für ihre Bewohner lebenswert bleiben? Hoyerswerda, Halle-Neustadt rückten als besonders aussagekräftige Exempel dieser Problematik in den Fokus der gesamtdeutschen Debatte. Sie erstreckte sich auch auf Teile des Westens, selbst, heute kaum mehr zu glauben, auf die östlichen Stadtteile von Berlin und Leipzig. Man schloss dort damals Schulen, Kindertagesstätten, sogar im Prenzlauer Berg. Unter Architekten, Städteplanern und Kommunalpolitikern machte das Wort »Trauerarbeit« die Runde. Gelegentlich luden engagierte Einheimische, Künstler und Wissenschaftler dazu ein, sich gemeinsam von dem zu verabschieden, was dann beim Abriss dieses oder jenes Wohnquartiers für immer verschwand, und darüber nachzudenken, wie es weitergehen sollte.

JH: Ja, es geht um Trost. Eigentlich suchen viele Menschen Trost. Allerdings finde ich auch den Gedanken schwer erträglich, das Menschen, die so sehr auf Trost hoffen, ihn anderen nicht zugestehen können.

WE: Es fällt vielen Menschen schwer, Trost zu spenden. Auch vielen Älteren. Was haben sie nicht schon alles erlebt – und mit angerichtet! Mein Vater ist 1914 geboren. Im Kaiserreich. Dann kam die Weimarer Republik. Dann ging er in den Krieg für die Nazis. Wurde im russischen Lager umerzogen. Irgendwie zu einem Kommunisten gemacht. Ohne gefestigte Überzeugung zunächst. Die eignete er sich später an. Dann lebte er in der DDR, setzte sich ein für dieses Land. Dann geht auch das zu Ende. Die letzten fünfzehn Jahre verbrachte er in der Bundesrepublik. Er hatte fünf Staatsformen in seinem Leben, in seiner Biografie.

JH: Irgendwann weiß man nicht mehr, wer man ist.

WE: »Wer einmal seinen Staat verschwinden sah, betrachtet aktuelle Mächte ohne letzten Ernst«, hat Christoph Dieckmann in seinem Deutschlandreise-Buch »Mich wundert, daß ich fröhlich bin« geschrieben.

JH: Lassen Sie mich noch einmal auf die Glückssuche zurückkommen. Es gibt natürlich auch Teile Ostdeutschlands, die prosperieren, auf einem anderen Niveau freilich als in Westdeutschland. Die »Zeit im Osten« hat im vergangenen Jahr eine größere Reihe gemacht, die den, wie ich fand, wunderbaren Titel trug: »Das neue Glück im Osten«. Man reagierte damit auf eine aktuelle Studie des Deutschen Instituts für Wirtschaftsforschung, die besagte, die Ostdeutschen seien so glücklich wie nie zuvor. Martin Machowecz, der Leipziger Büroleiter, schrieb damals in seinem Text: »Wir haben die Bewohner der ostdeutschen Landeshauptstädte einfach gefragt: Was ist Ihr Glück, was läuft gut bei Ihnen, was schlecht? Das Ergebnis hat uns selbst überrascht, und es gibt ein Wort, das uns jetzt, ganz am Ende, eingefallen ist. Es lautet: Gleichzeitigkeit.« Was er damit meint, schreibt er auch: »Das eine Gefühl folgt vielmehr aus dem anderen, und beide sind zusammen da. Nach dem Pegida-Schock, nach den AfD-Jahren, nach dem Gefühlschaos, in das der Osten sich in den vergangenen Jahren gestürzt hat – ist eine neue Zeit angebrochen. Eine Zeit, in der die vielen Zufriedenen nicht mehr wollen, dass aus ihren Orten nur schlechte Laune ausgesandt wird.« Was Machowecz hier als Gleichzeitigkeit beschreibt, könnte man natürlich auch als eine Polarisierung beschreiben, aber auch das trifft es nicht im Kern. Es bleibt immer eine Kippfigur. Ich glaube auch, dass viele der Pegida-Anhänger stolz auf die Fahrradwege in ihrer Stadt sind. Es gibt also eine Zufriedenheit mit dem, ich nenne es einmal, kommunalen oder regionalen Ich. Die Menschen leben gern in ihren Kommunen, sind stolz auf die Parks, die Fahrradwege, die Museen, die Theater und Opernhäuser. Die Leipziger sind stolz auf ihr Leipzig. Die Potsdamer auf ihr Potsdam. Die Erfurter auf ihr Erfurt. Die Dresdner auf ihr Dresden und so fort. Das kann man ja fühlen, wenn man in ostdeutschen Städten ist. Sie freuen sich über ihre Städte und sind stolz, wenn Touristen kommen und all das besichtigen wollen.

WE: Das ist die touristische Zweitverwertung weiter Areale im Osten, begleitet von einer oftmals rabiaten Entsorgung ostdeutscher Stadt- und Architekturgeschichte. Beim Abriss der ostdeutschen Moderne stehen zugereiste Westdeutsche in vorderster Linie der Befürworter, Betreiber dieses Kahlschlags. Sie schaffen sich Städte nach *ihrem* Bilde, beklagte neulich eine Westdeutsche, Esther Slevogt, in einer Kolumne für »nachtkritik.de« die Verwandlung der »Stadt Potsdam in ein historisches Disneyland [...] frei nach dem Joachim-Meyerhoff-Motto ›Wann wird es endlich wieder so, wie es nie war?‹. – Freilich ist dieser so federleicht formulierte Satz viel zu schade für den eher traurigen Vorgang, dass sich eine Handvoll westdeutscher Oligarchen der Stadt und ihrer Geschichte bemächtigt hat. Und für deren Schöner-Wohnen-im-alten-Preußen-Traum trotz nachhaltiger Proteste noch immer wertvolle Architektur der DDR-Moderne abgerissen wird, aktuell die Fachhochschule am Alten Markt, die immerhin auf einem Entwurf von Mies van der Rohe beruht.« Sie kommt dann auf andere Sünden zu sprechen, auf das Stadtschloss in Berlin zum Beispiel, und schließt: »Die DDR-Geschichte ist auch Teil meiner Geschichte, mit der ich gern wiedervereinigt worden wäre. Stattdessen wurde die beschränkte westdeutsche Sicht einfach dem ganzen Land übergestülpt.«

JH: Ja, da haben Sie natürlich recht, gleichwohl habe ich gerade etwas anderes zu beschreiben versucht.

WE: Ein Lob an dieser Stelle für Dresden, die Dresdner. Sie gaben der Waldschlösschenbrücke den Vorzug vor der restlosen Musealisierung ihrer Stadt und ließen sich auch von der UNESCO nicht einschüchtern.

JH: Dennoch. Es gibt auch ein Glück an und in diesen sanierten ostdeutschen Innenstädten.

WE: Ja, sicher. Noch ein, zwei Jahrzehnte, und die Menschen hätten in vielen Orten wieder in Zelten gelebt, wie es Peter Sodann einmal sarkastisch formulierte.

JH: Das Glück im Osten *und* Pegida muss man als eine Denkfigur ansehen. Das steht nicht nur in Opposition zu einander, das wäre zu einfach. Es bedingt sich auch, ist vielfältig miteinander verflochten, denn schließlich kann eine Stadtgesellschaft nur dann rebellieren, wenn sie Selbstbewusstsein empfindet. Pegida hat sich ja nicht irgendwo versammelt, sondern im Herzen der Stadt, direkt vor der Semperoper. Dafür braucht es auch Selbstbewusstsein.

WE: Die Dresdner lieben ihre Stadt, auch das ein Grund für das Pro und Kontra auf den Straßen.

JH: Es gehört alles zusammen. Wahrscheinlich muss man auch davon ausgehen, dass einige Kinder derer, die mit Pegida durch die Straßen laufen, in anderen europäischen Ländern leben und dort glücklich verheiratet sind. Dass die Kinder ein Teil jener globalen Elite sind, gegen die die Eltern protestieren. Vielleicht gehen sie auch deshalb auf die Straße, weil sie ihre Kinder zu selten sehen, weil sich das Leben der Kinder in ihrem nicht spiegelt, Verbindungen abgerissen sind. Weil sie nicht an ihrem Erbe teilhaben können. Weil ihr Erbe sozusagen woanders stattfindet. Auch in diese Richtung sollten wir denken. Aber noch einmal zu dem Zitat von Christoph Dieckmann. Ist die Erfahrung der Ostdeutschen ein Grund dafür, dass sie »aktuelle Mächte ohne letzten Ernst« betrachten?

WE: Als Erwartung an Politik schwingt mit, dass sie einen Ausgleich schafft zwischen den Bewegungsspielräumen, die die Einzelnen beanspruchen, wofür sie erfolgreich gestritten haben, und dem sozialen Zusammenhalt, der im

Osten stärker betont wird als im Westen. Die Wir-Ich-Balance neigt in Ostdeutschland stärker der Wir-Seite zu als im Westen unseres Landes. Dahinter verbirgt sich keine Geringschätzung persönlicher und bürgerlicher Freiheiten, mitnichten, sondern eine Gewöhnung an jene als positiv erlebten Aspekte sozialer Gleichheit, die wir bereits besprachen. So erbittert sie darüber waren, dass Leute über ihnen standen und ihnen vorschreiben wollten, wie sie zu denken und zu handeln haben, so wenig mochten sie sich damit abfinden, wenn andere ihresgleichen zu kurz kamen, benachteiligt wurden, nicht im selben Maße geschätzt wurden wie sie. Noch heute tun sich Ostler schwer, für Aufgaben, die sie selber erledigen können, Dienstpersonal anzustellen. Was Anrufungen der neuen Rechten, »Ihr seid das Volk!«, ihr seid »the forgotten people, the invisible people«, Zulauf verschafft, ist nicht zuletzt der kritische Zustand der gesellschaftlichen Mitte als ein Grundpfeiler des demokratischen Wertekonsenses.

JH: Im Grunde hat sich diese Mitte in den neuen Ländern nie richtig konstituieren können, oder?

WE: Ja. Über die Ursachen geben Statistiken nur unzureichend Auskunft. Von amtlicher Seite ernennt man Alleinstehende mit einem Nettoeinkommen von 1400 Euro zu Mitgliedern der gesellschaftlichen Mitte. Das ist natürlich Unsinn. Rein quantitativ lässt sich kaum erklären, was die Mitte von der Unter- und von der Oberschicht unterscheidet. Dazu muss man die Gesamtheit der Lebensbedingungen in Betracht ziehen und qualitativ argumentieren. Die Mitte wird fasslich, wenn man Unter- und Oberschicht von ihr abzieht. Man gehört zur Unterschicht, wenn man über wenig mehr verfügt als über sich selbst, gezwungen ist, sein Arbeitsvermögen zu vermarkten, Monat um Monat, Jahr um Jahr, ohne je durchatmen, Pausen machen zu können.

Man gehört zur Oberschicht, sofern man nicht allein dieser Mühe entrinnt, sondern es rein materiell gesehen gar nicht nötig hat, sein Leben der Arbeit zu widmen. Der sozialen Mitte zugehörig sind all jene, die über Reserven verfügen. Reserven, finanzieller, gegenständlicher und kultureller Art, dank derer sie Umbrüchen und Krisen nicht gänzlich sorglos wie die weiter oben begegnen können, wohl aber gelassener als die weiter unten. Man tritt dann gleichsam neben sich, überlegt, wie man jetzt weiter verfahren soll, schmiedet Pläne, erfindet sich neu oder versucht es wenigstens, ohne handfeste Besorgnis um die nächste Raten- oder Mietzahlung. Im momentanen Scheitern Zeit zur Antwort zu finden, das war und ist das Spezifikum der sozialen Mitte. Den Hintergrund dieser recht kommoden Art zu leben, bilden Sicherheiten unterschiedlicher Art: Ersparnisse, Erbschaften, Aktien, Immobilienbesitz, Bildung nicht zu vergessen. Damit sind die Ostdeutschen, Letzteres ausgenommen, weit überwiegend nicht gestartet, einige Handwerker und populäre Künstler bestätigen die allgemeine Regel, und diesen Abstand zu ihren Brüdern und Schwestern im Westen holten sie bis heute überwiegend auch nicht auf. Das ökonomische Startkapital der Ostler nahm sich sehr bescheiden aus. Es schmolz zunächst sogar noch weiter, infolge des Arbeitsplatzverlustes bei steigenden Lebenshaltungskosten. Wenn es richtig arg kam, und das war keine Seltenheit, verloren sie auch noch Haus und Hof an Alteigentümer, die der Einigungsvertrag mit seiner Klausel »Rückgabe vor Entschädigung« zu Abertausenden in Marsch gesetzt hatte. Das beschreibt den Ausgangspunkt und zugleich die heutige Lage, eine Lage, in der sich seit Jahren auch viele Westdeutsche wiederfinden.

Wenn man in einer Stadt wie München lebt, mit einem ganz guten Einkommen, und die nächste Mieterhöhung bekommt, dann wird einem urplötzlich bewusst, dass das Leben in der Komfortzone schon länger brüchig war, und dann siedelt man mit allen Konsequenzen in die Zone um, die einen bereits umfing, in die Zone der effektiven Verwundung des eigenen Lebens. Das betrifft längst nicht nur die Krankenschwester, den Polizisten, wissenschaftlichen Mitarbeiter, die Angestellte bei der Stadt, sondern Personen, deren Herkommen, Ausbildung und beruflicher Entwicklungsgang auf gehobene Mittelschicht verwies. Auch sie sind jetzt Kandidaten des Übergangs von einer Zone in die andere, und für sie ist das ein Schock. München, Hamburg, bald auch Berlin, sind auf dem Weg, für Normalbürger unbewohnbar zu werden, wie London, oder in diesem Stadium bereits angekommen. Wie zynisch hören sich da die Klagen über die mangelnde Widerstandsfähigkeit der gesellschaftlichen Mitte aus dem Mund von Politikern an, die diese Fähigkeit durch ihre Tatenlosigkeit schwächten und noch weiter schwächen. Viele, viel zu viele, die vor gar nicht so langer Zeit die Zumutungen der Welt noch abpuffern konnten, stehen jetzt mit dem Rücken zur Wand. Gestern noch in Lohn und Brot, ordentlich bezahlt, heute arbeitslos, und binnen Jahresfrist den Ämtern ausgeliefert, im Eiltempo vom Bürger zum Klienten des Sozialstaats, von diesem, ein Zynismus mehr aus dem Arsenal des neoliberalen Neusprech, als »Kunde« angesprochen. Sie alle sind verwundbar. Und denken, so geht das nicht, nicht auf lange Sicht, das kann nicht dauern.

JH: Sie alle sind verwundet.

WE: Man muss sich dann nicht mehr so furchtbar darüber wundern, dass die gesellschaftliche Rückversicherung gegen Anfechtungen zivilisatorischer Errungenschaften nicht mehr zuverlässig funktioniert. *Dieses* Kapital wurde mutwillig vermindert oder, wie im Osten, gar nicht erst akkumuliert. Und dann den Menschen im Osten Standpauken außer der Reihe zu halten, »Contenance, ihr Lieben!«, wo prekäres Leben zu den Grunderfahrungen des Umbruchs zählt – wie verpeilt muss man da eigentlich sein?

JH: Prekäres Leben *ist* im Osten Realität.

WE: Diese Realität wird aber von der Politik verdrängt. »Ein pikiertes Bürgertum möchte, dass die Ungewaschenen sich doch bitte erst einmal waschen, bevor sie am Diskurstisch Platz nehmen dürfen. Dass man, solange das nicht geschieht, auch über ihre Inhalte nicht weiter zu sprechen braucht, ist dann nur ein ganz angenehmer, aber natürlich völlig unbeabsichtigter Nebeneffekt.« Das Zitat entnehme ich einem Debattenbeitrag von Philip Manow in der Aprilausgabe 2018 der Zeitschrift »Merkur«. »Dann wählen wir uns ein anderes Volk… – Populisten vs. Elite, Elite vs. Populisten« heißt der Artikel bezeichnenderweise. Ich finde Manows Beschreibung sehr zutreffend.

JH: Ich muss noch einmal auf den Unterschied zwischen Szenario und Realität bestehen. Das Prekäre ist im Osten Realität, indem beinahe jede ostdeutsche Arbeitsbiografie von Etappen des Draußenseins gekennzeichnet ist. Insofern überschneiden sich Erfahrungsräume eines westdeutschen und eines ostdeutschen Prekariats, aber diese Erfahrungsräume wurden leider nicht zusammengebracht. Nicht real, aber auch nicht abstrakt. Sie haben von den Kumpeln, von der Schließung der Zechen im Ruhrgebiet gesprochen. Man konnte das zuletzt wieder im Wahlkampf beobachten, mit welchem Pathos beispielsweise Martin Schulz von seiner Herkunft aus einfachen Verhältnissen schwärmte, auch Sigmar Gabriel hat seine Herkunft stets zu einem politischen Kapital zu machen versucht. In diese Art von Pathosgenuss ist der ostdeutsche Arbeiter nach 1990 zu keinem Zeitpunkt gelangt; auch weil niemand in der SPD nach

Regine Hildebrandt diese Töne noch angeschlagen hat, für eine derartige Aufsteiger-Biografie gestanden hätte. Im Gegenteil, eher sah sich die ostdeutsche Arbeiterschaft nicht nur einer ökonomischen, sondern auch ideellen Entwertung ausgesetzt. Eine Kraft für etwas Gemeinsames, ich will ja gar nicht gleich von Arbeitskampf reden, sondern erst einmal von einer gemeinsamen Identität, konnte so nie entstehen.

WE: Die Probleme, die nach einer gemeinsamen Bestandsaufnahme und Analyse riefen, mutierten unter westdeutscher Diskurshegemonie zu immer neuen Indizien für die Rückständigkeit des Ostens. Diese Vorherrschaft sehen auch Westdeutsche und kritisieren sie mit ebenso klaren Worten, wie wir das taten. Um das zu untermauern, möchte ich noch einmal etwas ausführlicher aus Philip Manows »Merkur«-Essay zitieren: »Bei der Kontrastierung unterschiedlicher AfD-Affinitäten der west- und ostdeutschen Wählerschaft sollte man in Rechnung stellen, dass das ›historische Glück der Wiedervereinigung‹ im sogenannten Beitrittsgebiet untrennbar mit einem radikalen ökonomischen Schock verbunden war. […] Es sollte nicht überraschen, dass vor diesem konkreten Erfahrungshintergrund die im Zuge der Agenda 2010 drastisch verkürzte Frist, bis man sich als Arbeitsloser faktisch auf Sozialhilfeniveau wiederfindet, anders als in Westdeutschland bewertet wurde. Und wenn man vor dem Hintergrund solch einschneidender biografischer Erfahrungen anders auf die §§1–4 des Asylbewerberleistungsgesetzes und die Flüchtlingskrise von 2015ff. schauen würde, wäre das ebenfalls nicht gänzlich verwunderlich. Wenn sich nun die zahllosen Hobbyethnologen und Küchenpsychologen über den ›ostdeutschen Mann‹ beugen und kein Faktor zu abstrus ist, um nicht für die Erklärung seiner faschistischen Prädisposition herhalten zu müssen […], sagt das viel über die Machtverteilung im bundesdeutschen Politikdiskurs.«

JH: Aber lässt sich auf diese Weise erklären, warum der Osten eine Rebellion von rechts brauchte, um sich zu emanzipieren? Ich finde nicht.

WE: Leider eben doch, will mir scheinen.

VI. Herkunft als Auftrag? Über unsere Biografien

Jana Hensel: Es ist ein unbeschreiblicher Moment, wenn die Geschichte mit solcher Wucht und Unmittelbarkeit in einen hineindrängt, noch dazu, wenn man 1989 noch ein halbes Kind war.

Wolfgang Engler: Für mich wurde 1968 zum Referenzereignis, um Gesamtschau über diese Epoche zu halten, um herauszufinden, warum was auf welche Weise so schrecklich schiefgegangen war.

Jana Hensel: Mein Vater wollte, dass ich Journalistin werde, oder anders gesagt, er hat öfter in diese Richtung Scherze gemacht, als ich noch weit davon entfernt war, mir zu überlegen, was aus mir einmal werden könnte. Als ich selbst noch von einer Karriere als Tennisprofi träumte. Ich habe als Kind leidenschaftlich gern und sehr viel Tennis gespielt, was wiederum eine Idee meiner Mutter gewesen ist. Sie wollte mich dadurch dem DDR-Leistungssportsystem entziehen, was ich anfangs, als ich eigentlich noch Leichtathletin werden wollte, gar nicht gut fand. Zu Beginn dieses Jahres ist mein Vater mit gerade einmal achtundsechzig Jahren leider sehr plötzlich gestorben. Es fällt mir jetzt etwas leichter, über ihn zu sprechen, als in den Jahren zuvor. Er hat mich schon früh zu Höchstleistungen in der Schule animiert – was freundlich ausgedrückt ist. Er erwartete einfach von mir, dass ich zu den Besten gehörte. Das hatte natürlich Licht- und Schattenseiten. Sinngemäß sagte er immer zu mir: »Du kannst denken, denk für die anderen! Du kannst reden, red für die anderen! Du kannst schreiben, schreib für die anderen!« Mich hat das damals eher genervt, auch weil es seine Art gewesen ist, sich am Gegebenen zu reiben. Ich wollte mich aber als Kind an gar nichts reiben.

Wolfgang Engler: Ihr Vater war ein ehrgeiziger Mann.

JH: Ja. Er konnte und wollte keine Grenzen akzeptieren, er wollte, dass wir, also meine Schwester und ich, aus den uns gegebenen Möglichkeiten das Beste machten, während meine Mutter, die als Chemielaborantin gearbeitet hat, all die großen Ziele meines Vaters mit einem praktischen Sinn erfüllte. Sie hat mit uns Hausaufgaben gemacht, ist mit mir zu den Tennisturnieren gefahren, in die Bibliothek gegangen, hat meine Schwester zur Musikschule begleitet. Aber mein Vater hatte auch für sich selbst große Ziele – und er erreichte sie in der DDR. Mitte der achtziger Jahre arbeitete er als Betriebsdirektor eines mittelgroßen Baubetriebes. Das bedeutete Zugriff auf knappe Ressourcen. Das wusste ich natürlich damals noch nicht. Aber es war ungefähr die Zeit, als wir ein Haus im Leipziger Süden bezogen. Deswegen war er auch stolz darauf, dass ich als Pionier Gruppenratsvorsitzende wurde.

WE: Stolz?

JH: Ja, das klingt absurd, aber er war wirklich stolz darauf, weil das aus seiner Sicht bedeutete, dass ich in der Lage war, mich an die Spitze zu setzen. Und an dieser Spitze hatte ich mich um andere zu kümmern, das verstand sich irgendwie von selbst. Ich habe den anderen Kindern die Hausaufgaben nach Hause gebracht, ich habe mit schlechteren Schülern geübt, ich habe mich um Kinder gekümmert, die zu Hause Probleme hatten. Darin verbanden sich die Erwartungen meines Vaters und die pragmatische Sicht meiner Mutter. Ich glaube, so könnte man es sagen. Und vielleicht ist das ja auch eine ganz typische DDR-Herkunft. Jedenfalls ist mir diese Herkunft immer ein Auftrag gewesen. Und ich sage bewusst nicht, meine ostdeutsche Herkunft, sondern erst einmal, meine Herkunft ist mir ein Auftrag gewesen. Habe ich auch deshalb »Zonenkinder« geschrieben? Vielleicht. Als ich zu schreiben begann, war ich vierundzwanzig Jahre alt, als das Buch erschien, sechsundzwanzig – und hatte also jeweils genau dreizehn Jahre in beiden Systemen verbracht. Nachdem das Buch erschienen war, gab es, wie schon erwähnt, eine heftige Debatte. Vor allem über die Abwehr habe ich sehr lange nachgedacht, auch, weil sie mich unvorbereitet getroffen hat und genauso verletzte wie irritierte. Ich hatte in meinem Buch nicht nur eine ostdeutsche Perspektive eingenommen, sondern eine explizit selbstbewusste ostdeutsche Perspektive, und in der anschließenden Debatte spürte ich nun, wie fragil meine Sprecherposition war. Und ich war zudem eine Frau, eine junge Frau damals noch, was die Sache, glaube ich, nicht einfacher machte. Ich erinnere mich jedoch, dass vor allem männliche Kritiker ganz besonders herablassend über das Buch urteilten; vielleicht haben sie sich an dem Selbstbewusstsein gestört, mit dem ich schrieb. Aber dieses Selbstbewusstsein, und darauf will ich eigentlich hinaus, habe ich nicht aus Kalkül gewählt, sondern es steckte einfach in mir drin, kommt vielleicht von den Erwartungen, die mein Vater an mich herangetragen hat, aber es stammte auch aus einer ganzen Menge von realen Erfahrungen.

WE: Welchen denn?

JH: Ich hatte bereits ein Jahr in Aix-en-Provence studiert und gerade ein paar Monate in Paris verbracht, wo ich bei einem übrigens jüdischen Literaturagenten gearbeitet habe. Bei Boris Hoffman in der Agence Hoffman, dessen Vater einst die Rechte von Henry Miller, John Steinbeck und anderen vertrat. Boris sprach zig Sprachen, oft wechselte er in ein und demselben Gespräch zwischen ihnen hin und her; auch konnte er die Stadtpläne von Paris, New York, Jerusalem und einigen anderen Städten auswendig, was er stolz jedem erzählte, der vorbeikam. Wenige Jahre später ist er dann ausgerechnet auf der Frankfurter Buchmesse, die er gehasst hat und deren Abende er am liebsten bei McDonald's im Hauptbahnhof verbrachte, an einem Herzinfarkt gestorben. Die Agentur lag auf dem Boulevard Saint-Michel, und ich konnte von meinem Zimmer direkt auf den Jardin du Luxembourg blicken; meine Wohnung befand sich nur ein paar Straßen vom Friedhof Montparnasse entfernt. Bis zum Erscheinen der »Zonenkinder« also war mir die Fragilität meiner eigenen Sprecherposition, die ja nichts anderes als eine Fragilität meiner Biografie war, nicht wirklich bewusst. Als ich danach anfing, als Journalistin zu arbeiten, es begann mit einem halbjährigen Praktikum beim »Spiegel«, zuerst in der Berliner Politikredaktion, dann in Hamburg in der Kultur, bin ich wieder mit dieser Fragilität konfrontiert worden. Meine Position war stets eine, für die sich keine Mehrheiten fanden, die stets drohte, marginalisiert zu werden.

WE: Ist mir vertraut.

JH: Aber diese Erfahrung, auf die mich niemand vorbereitet hatte und die mich deshalb fast wie ein Schock ereilte, hatte mindestens zwei Effekte: Ich merkte, dass ich für meine Sprecherposition kämpfen musste, und je mehr ich dafür kämpfen musste, desto deutlicher wurde mir, wie notwendig sie war. Und gar nicht, weil ich mit dem Kopf durch die Wand und unbedingt recht behalten wollte, sondern weil ich ein Gespür dafür entwickelte, was Sie bereits beschrieben haben, nämlich, wie sich in Mehrheiten, durch Mehrheiten Denkbewegungen formieren und organisieren. Wir alle wollen unsere Erfahrungen und Gedanken in denen von anderen gespiegelt sehen, das ist ein sehr menschliches Bedürfnis. Insofern ist mir das Ostdeutsche, also meine ostdeutsche Herkunft, mit den Jahren immer wichtiger geworden, auch, weil sie mich in die Pflicht nimmt, nicht nur über die Ostdeutschen zu sprechen, sondern diese beiden

Fragilitäten, die zwei eher ungünstigen Voraussetzungen, nämlich Frau und Ostdeutsche zu sein, irgendwie zusammen zu denken und dabei stets auf eine Solidarität mit anderen, die, wie soll ich das sagen, auch mit Minderheiteneigenschaften ausgestattet sind, zu achten. Ja, meine Herkunft verpflichtet mich geradezu, mich solidarisch gegenüber *allen* Erscheinungsformen von Minderheiten zu zeigen. Ich glaube, ich könnte gar nicht anders. Ich misstraue sogar Mehrheiten.

WE: Was meinen Sie mit »allen« Erscheinungsformen von Minderheiten?

JH: Ich stelle tatsächlich fest, dass *meine* Erfahrungen als Ostdeutsche sehr anschlussfähig sind, zum Beispiel im Gespräch mit anderen Gruppen, die Minderheitenerfahrungen gemacht haben, die Ausgrenzungserfahrungen erlebt haben. Der migrantische Kern der ostdeutschen Erfahrung ist extrem anschlussfähig. Wahrscheinlich ist dieser migrantische Kern am besten mit Heimatlosigkeit zu beschreiben, mit einem Unbehaustsein, das viele Facetten kennt. Das sich nicht jeden Tag übergroß vor einem aufstellt, aber das immer spürbar ist, nie weggeht. Jens Spahn, der Gesundheitsminister, ist kürzlich einmal in einer dieser im Moment so furchtbar angesagten Diskussionen über den Begriff »Heimat« gefragt worden, was Heimat für ihn bedeutet, und er sagte: »Heimat ist dort, wo ich mich nicht erklären muss.« Er zitiert damit übrigens Johann Gottfried Herder, oder zumindest hat Herder es ähnlich formuliert. Aber in genau diesem Sinn sind die Ostdeutschen nach der Wiedervereinigung heimatlos geworden, genau diese tiefe Verwurzelung spüre ich nicht. Ich musste mich immer erklären, ich gehörte nirgendwo einfach so dazu. In den vergangenen Jahren bin ich hin und wieder gefragt worden, was Heimat für mich bedeutet, und mir ist bis heute keine passende Antwort eingefallen. Ich muss mir langsam eingestehen, dass ich diese Frage nicht beantworten kann. Ich finde in mir kein passendes Gefühl dafür. Und mein Freundeskreis besteht inzwischen fast ausschließlich aus Menschen, denen es ähnlich geht. Das meine ich mit Anschlussfähigkeit. Da sind meine ostdeutschen Freunde, da ist meine westdeutsche Freundin, die als Kind aus der DDR ausgereist ist, da ist meine andere westdeutsche Freundin, deren Eltern noch vor dem Mauerfall Sachsen gen Westen verlassen haben, die in Schwaben aufgewachsen ist, aber besser sächselt als ich, die ihre ganze Kindheit, obwohl im Westen geboren, dort ein Gefühl von Fremdheit hatte. Da sind meine jüdischen Freunde, ostdeutsche, westdeutsche, ukrainische, russische, israelische, ein sehr guter Freund ist halber Schwede und so weiter. Mit diesen Menschen verstehe ich mich blind, weil auch sie sich an vielen Konventionen reiben, vieles in Frage stellen, schwer zu Ritualen und Vereinbarkeiten finden, die anderen ganz selbstverständlich sind. Eigentlich haben alle diese Menschen auf mitunter langen und umständlichen Wegen ihren Platz im Leben gesucht, und, ich glaube, das kann ich so sagen, sie sind sich nie sicher gewesen, ihn wirklich gefunden zu haben. Einfach, weil es dieses Urvertrauen in Orte und Dinge und Staaten und Länder und Ideologien nicht gibt, entweder nie da war oder irgendwann einmal verloren gegangen ist, zerstört wurde. Deshalb empfinde ich es als meine Pflicht, anderen ihr Anderssein zu lassen, aber nicht nur das, anderen ihr Anderssein sogar zu ermöglichen. Man kann im Anderssein so viele Gemeinsamkeiten finden, wenn man will. Auch in diesem Sinne ist mir meine Herkunft zu einem Auftrag geworden.

WE: In meiner Jahrgangsgemeinschaft taucht das Thema Anderssein zum ersten Mal im Zusammenhang mit 1968 auf. In der Regel wird '68 abgefeiert, und wenn es gut kommt, heißt es dann, das gab es im Osten auch irgendwie, als Randerscheinung. Das ist zu simpel. Ein Freund von mir hat in einer eher peripheren Berliner Zeitschrift mit dem Titel »Sklaven«, der Namensgeber war Franz Jung, vor Jahren eine sehr schöne Unterscheidung getroffen, und zwar zwischen Kultur-68ern im Osten und politischen 68ern im Osten. Wenige Jahre gaben den Ausschlag, zu welcher Gruppe man gehörte. Wenn du sechzehn warst, wie ich 1968, in die 10. Klasse einer Polytechnischen Oberschule gegangen bist und hauptsächlich mit Gleichaltrigen Umgang hattest, dann bildete das im engeren Sinn Politische den Hintergrund für das, was primär von Interesse war: andere Klamotten, andere Haare, andere Musik, Aufbruchsstimmung, Flowerpower-Atmosphäre.

JH: Diese Stimmung haben Sie damals sicherlich über das Radio, also den RIAS mitbekommen?

WE: Na klar, und über die anderen Westsender, die sich natürlich darauf nicht beschränkten, sondern auch berichteten, was in Paris und Westberlin abging, die Demonstrationen, die Straßenschlachten mit der Polizei, dann die Schüsse auf Rudi Dutschke – jetzt fünfzig Jahre her. Das war der Hintergrund. Der eigentliche Fokus des Weltgeschehens lag bei denen, die sich im Osten auch politisch interessierten, auf Prag, auf dem Prager Frühling. Um sich dafür zu engagieren, musste man in der Regel schon etwas älter, so achtzehn, neunzehn, zwanzig sein. Wenn man recherchiert, wer damals protestierte, junge Arbeiter, Lehrlinge, teilweise auch Studenten, die Flugblätter verteilten, Losungen an Hauswände schrieben, »Hände weg von Prag!«, sieht man, das waren junge Erwachsene, und dazu gehörte ich nicht. Ich kenne auch niemanden meines Alters, der damals durch politische Aktionen aufgefallen wäre. Aber es gab weit mehr von diesen jungen Aufmüpfigen, als man heute gemeinhin denkt, und etliche, auch das ein Spezifikum der DDR, kamen aus Funktionärshaushalten und rieben sich an ihren Eltern. Da krachte es ganz gewaltig. Anders als im Westen fragten sie nicht: »Was habt ihr im Dritten Reich gemacht?« Hier ging es um den Stalinismus! »Warum habt ihr das mitgetragen?«, »Warum verurteilt ihr den Aufbruch in Prag?«, »Warum nennt ihr euch Kommunisten und seid nicht wie wir in Aufbruchsstimmung? Jetzt könnte sich etwas ändern, auch im eigenen Land!« *Das* waren die Debatten am Küchentisch. Daran erinnere ich mich äußerst lebhaft, weil auch ich wieder und wieder mit meinem Vater stritt, der die Demonstrationen in Prag als konterrevolutionäre Umtriebe betrachtete. Da kam so vieles zusammen. Du bist in einem Alter, in dem du für alles Neue empfänglich bist, nicht fertig mit deiner Entwicklung, und dann stürmt alles auf dich ein, elektrisiert dich, der kulturelle Aufbruch und das politische Geschehen, in Prag, aber natürlich auch in Paris und Westberlin. Das war doch gleich um die Ecke, ich wohnte damals in der Dunckerstraße im Prenzlauer Berg, Westberlin war nur einen Steinwurf entfernt. Was vor dem Springer-Haus und an anderen Orten passierte, bekamen wir aus unmittelbarer Nähe mit. Es war eine irre Zeit, auch im Osten, vor allem in Ostberlin. Das in Abrede zu stellen oder zu marginalisieren wird den Ereignissen nicht gerecht, auch wenn die Folgen überschaubar blieben. 68 bildete den Auftakt zur durchgreifenden kulturellen Modernisierung der Bundesrepublik. Zwischenzeitlich entgleiste der Prozess in Gewalt und Terrorismus, ausgebremst wurde dieser Schub dadurch nicht. Der Aufbruch im Osten endete jäh, am 21. August, als wieder einmal Panzer rollten, diesmal durch Prag und die ganze Tschechoslowakei. Das war *schrecklich.*

JH: Aber man muss leider sagen: 68 waren in der DDR eher Ereignisse, die nicht an die Oberfläche drangen.

WE: Es gab in der DDR keine öffentliche Resonanz, selbstverständlich nicht. Der Protest wurde totgeschwiegen. Ich habe für mein erstes Buch über die Ostdeutschen Polizeiberichte vom August und September 1968 über Vorkommnisse, Verhöre und Verhaftungen nachgelesen, Berichte, die an die SED-Führung gingen. Die Genossen im Politbüro hatten allen Grund, beunruhigt zu sein. Aber das blieb unter Verschluss.

JH: Diese Unsichtbarkeit macht es westdeutschen Interpreten sicher leichter, das ostdeutsche 68 zur Seite zu schieben. Aktionen wie die von Thomas Brasch sind leider nur sehr wenigen bekannt. Meine Freundin Julia Franck hat mir zum ersten Mal davon erzählt, ihre Tante gehörte zu dem Kreis um Brasch.

WE: Der SED-Funktionär Horst Brasch zeigte seinen eigenen Sohn Thomas an, als er mit anderen jungen Leuten 1968 Flugblätter gegen die sowjetischen Panzer verteilte.

JH: Dieser Gruppe gehörten ja zum Beispiel auch Frank und Florian Havemann, die Söhne von Robert Havemann, an. Brasch wurde damals zu mehr als zwei Jahren Haft verurteilt, nach ein paar Monaten entlassen, und musste sich dann als Fräser in einem Betrieb bewähren. An diesem Punkt funktionierte die DDR als geschlossene Gesellschaft. Durch solche Restriktionen konnte schwer ein Funke auf den Rest des Landes überspringen.

WE: Nach innen geschlossen. Es sollte nichts ruchbar werden vom Aufbegehren der Jungen gegen die Alten. Die gewaltsame Abwicklung des »Sozialismus mit menschlichem Antlitz« war niederschmetternd. Für die Aufbruchsgeneration der DDR eine Katastrophe. Viele begruben am 21. August 1968 jegliche Hoffnung auf einen demokratischen Sozialismus.

JH: Genau, das ist ein wichtiger Punkt: In der DDR, also, nein, im gesamten Ostblock markiert das Jahr 1968 eine verheerende Niederlage. Die Zukunft wurde beerdigt. Oder nicht?

WE: Politisch war es eine Niederlage. Die Niederschlagung des Prager Frühlings leitete die Stagnationsphase des Staatssozialismus ein, auch in der DDR. Daran änderten auch die frühen Honecker-Jahre nichts. Der Geist von 1968 blieb, anders als im Westen, in der Flasche. Als ich 1973 mein Philosophiestudium an der Berliner Humboldt-Universität begann, waren die »Säuberungen« von 1968 dort weitgehend abgeschlossen. Die kritischeren Gemüter, die sie überlebt hatten, gaben sich bedeckt. Die Orthodoxie triumphierte. Ich studierte in einer Atmosphäre des allgemeinen Verdachts, von kaum mehr als einer Handvoll Dozenten zum Selberdenken ermutigt. Ihnen bin ich noch heute dankbar. Gerade, weil sie wussten, was sie mit ihrer klaren Haltung riskierten.

JH: Wenn Sie so etwas erzählen, frage ich mich, auch weil ich diese Zeit selbst nicht miterlebt habe, unterschied sich eigentlich der DDR-Opportunismus von damals vom heutigen Opportunismus?

WE: In der Arbeiterschaft war Opportunismus sehr viel weniger verbreitet. Wenn man in den Brigaden zusammenkam und Resolutionen zugunsten der militärischen Lösung in Prag abnicken und erklären sollte: »Jetzt machen wir das durch fleißige Arbeit wieder gut«, dann geschah das mit verbissener Mühe, der man ansah, was der andere wirklich dachte. Oder es geschah nicht. Dann wurde staatlicherseits auf das Bekenntnis gedrungen, aber es ließ sich nicht erzwingen. Denn wer hätte die Arbeit dann geleistet? Das wussten die Leute, besannen sich auf ihre Unersetzbarkeit und sagten: »Nö, das machen wir nicht.« In Kultur und

Wissenschaft sah es etwas anders aus. Hier war der Druck von oben wirksamer, weil glaubwürdiger. Hier konnte man sich nur allzu gut ausmalen, was einem bei anhaltender Renitenz drohte: Strafversetzung in die führende Klasse, malochen in der Industrie. Das schüchterte ein.

JH: Jetzt sind Sie meiner Frage aber ausgewichen.

WE: Ob es Opportunismus gab?

JH: Nein, ob es Unterschiede zwischen dem damaligen und dem heutigen Opportunismus gibt?

WE: Wenn wir Opportunismus weit auslegen, als Pragmatismus derart, dass man sich starkem politischem Druck um der eigenen Existenz, der eigenen sozialen Laufbahn willen beugt, dann ja. Aber konnten Westdeutsche denselben Druck für sich in Anspruch nehmen, der auf den Ostdeutschen lastete, wenn sie wegweisende Entscheidungen für ihr Leben trafen? Unterlagen sie auf vergleichbare Art und Weise einem moralischen Dauertest? Dem Zwang, sich diesbezüglich zu beweisen, vor anderen, vor sich selbst?

JH: Verstehe. Können Sie sich selbst noch an die Niederschlagung des Prager Frühlings erinnern? Sie waren damals ja noch sehr jung. Wissen Sie noch, was Sie empfunden haben?

WE: Ich war schwer erschüttert, wie meine damaligen Freunde und Klassenkameraden, soweit sie politisch dachten, auch. Mit sechzehn reagierst du anders auf eine solche historische Niederlage. Wie man weiß, hat es danach keinen durchgreifenden Reformprozess in auch nur einem einzigen sozialistischen Land gegeben. Dass 1968 das Finale einer längeren Vorgeschichte war, ist schon gelegentlich in unser Gespräch eingeflossen. Der Arbeiteraufstand vom Juni 1953 mündete in einen gewissen Kotau der Regierenden vor dem werktätigen Volk. Sie hatten begriffen, dass sie es sich mit allen in der DDR verderben konnten, nur nicht mit den Arbeitern, und so ruderten sie ökonomisch zurück. Politisch, die entscheidenden Machtverhältnisse betreffend, blieb alles beim alten. Dasselbe 1956, nach dem Aufstand der Ungarn gegen ihre Führung. In der DDR blieb das Aufbegehren auf intellektuelle Kreise beschränkt und konnte daher leicht eingedämmt werden. »Leicht« von oben gesehen, unten wurde hart durchgegriffen, Erich Loest, Walter Janka, Wolfgang Harich saßen viele Jahre im Gefängnis. 1968 bildete den Endpunkt dieser Entwicklung. Richtiger Sozialismus auf deutschem Boden, damit war es jetzt definitiv vorbei, und die Klagen darüber wollten bis zum Ende der DDR und über sie hinaus kein Ende nehmen, man lese Volker Braun, Christa Wolf oder Stefan Heym. Für diese Generation brach damals eine ganze Welt zusammen. Nichts charakterisiert die Niedergeschlagenheit, die sich nun breitmachte, gerade unter Intellektuellen, nachdrücklicher als der Umstand, dass Uwe Johnson, der die DDR schon 1959 verlassen hatte, den letzten Band seiner »Jahrestage« mit dem 20. August 1968 beschloss. Letzter Eintrag. Letzter Jahrestag. Was dann kam, war für ihn nicht mehr erzählenswert.

JH: Ich kann mich an den Schluss der »Jahrestage« sehr gut erinnern. Gesine Cresspahl ist mit ihrer Tochter Marie auf dem Weg von New York nach Prag und trifft während eines Zwischenstopps in Dänemark ihren ehemaligen Englischlehrer: »Beim Gehen an der See gerieten wir ins Wasser. Rasselnde Kiesel um die Knöchel. Wir hielten einander an den Händen: ein Kind; ein Mann unterwegs an den Ort, wo die Toten sind; und sie, das Kind, das ich war.«

WE: Der Schmerz über diese historische Zäsur trieb ihn noch in seinem englischen Exil um, hat seinen frühen Tod möglicherweise sogar mit bewirkt. Aber mit sechzehn Jahren kannst du dir diese Stimmung unmöglich zu eigen machen und erklären: Jetzt ist es vorbei. Die Sache ist gelaufen. Für mich, für eine ganze Reihe politisch Interessierter aus meiner Kohorte, wurde 1968 zum Referenzereignis, um Gesamtschau über diese Epoche zu halten, um herauszufinden, warum was auf welche Weise so schrecklich schiefgegangen war.

JH: Wie viel Sinn macht es eigentlich, die Geschichte der DDR an den Daten der Aufstände entlang zu erzählen? Wie viel vom normalen Leben bildet man damit ab?

WE: Die Geschichte dieser kritischen Momente zu erzählen – 1953, 1956, 1961, 1968, 1976 – heißt, Stationen einer Misere zu erzählen. Ich möchte diesen Gedanken noch einmal aufgreifen: Arbeiter und Kulturschaffende kamen einfach nicht zusammen. Mal begehrten jene auf, und diese standen abseits, mal verhielt es sich genau umgekehrt. Anders als in der ČSSR oder in Polen litt das Verhältnis dieser beiden Gruppen unter wechselseitigem Misstrauen. Von hier aus begreift man auch den latenten Bruch in der Volksbewegung vom Herbst 1989, der sich alsbald manifestierte. Es waren Schriftsteller und Intellektuelle, die den Aufruf »Für unser Land« in Umlauf setzten, als dieses auf der Kippe stand. Das Gros der Arbeiter und Angestellten nahm das zur Kenntnis und optierte davon ungerührt für »Deutschland, einig Vaterland«. Die Intellektuellen reagierten tief beleidigt auf die kalte Schulter, die die Mehrheit ihnen zeigte: D-Mark und Bananen als Volkes letzter Wille – wie beschämend! Das neuerliche Zerwürfnis ließ den Traum von einer reformierten DDR so jählings platzen, wie er aufgekommen war.

JH: Wie würden Sie denn heute die Unterschiede und Gemeinsamkeiten zwischen 1968 im Osten und im Westen beschreiben?

WE: Die kulturelle und politische Stoßrichtung dieser Bewegung war im Osten und im Westen eindeutig dieselbe: Angriff auf die Autoritäten in Familie, Gesellschaft und Staat. Das geschah im Westen durchgreifender als im Osten. Dort vollzog man im Nachlauf dieses Ereignisses einen großen Schritt von der formellen zur realen, gelebten Demokratie. Der Obrigkeitsstaat verlor ein Gutteil seiner Verankerung in den Köpfen und Gewohnheiten. Abschied von der »bleiernen Zeit«, Beginn einer neuen, bewegteren, offen für Experimente bis hin zum Rechtsbruch, wie bei den Hausbesetzungen. Nichts dergleichen auf den ersten und selbst den zweiten Blick im Osten. Ultimative Befestigung vielmehr der autoritären Herrschaft. Ende aller auf das eigene Staatswesen gerichteten Hoffnungen, Einläuten der letzten Phase, der spätsozialistischen. Mit ihren forcierten politischen Zielen scheiterte die Jugend- und Studentenrevolte freilich auch im Westen, und zwar auf ganzer Linie. Rein funktional betrachtet führte sie dem verhassten Kapitalismus sogar neue Kräfte zu, verjüngte ihn in Form gebildeter, auf ihre Selbstverwirklichung bedachter junger Erwachsener. Die kreierten immer neue Lebensstile, die alsbald zu Moden wurden, und verliehen, ohne das zu beabsichtigen, dem Konsumismus Flügel. Im Osten wiederum ließ sich der allgemeine Autoritätsverfall nicht einfach auf Geheiß von oben stoppen. Die Gewaltlösung, zu der die Staatslenker gegriffen hatten, bedeutete ihren politischen Offenbarungseid. Man begriff sie jetzt unmissverständlich als das, was sie seit je gewesen waren, als Usurpatoren der Macht, und kündigte ihnen weithin den letzten Gehorsam, den Gehorsam aus innerer Überzeugung. Sozial und kulturell hat 1968 Modernisierungsprozesse im Osten beschleunigt, die seit längerem im Gange waren, vielfach länger als im Westen: Die Jungen blieben aufmüpfig gegenüber ihren persönlichen wie kollektiven Eltern, Ordnungswächtern aller Art. Erwachsen geworden, taten sie sich zusammen, später auch gleichgeschlechtlich, wenn ihre Gefühle dafür sprachen, und trennten sich, wenn das nicht mehr zutraf. Impermanenz der intimen Beziehungen, hohe Scheidungsquote auf Betreiben vor allem von Frauen, die ein eigenes Leben führten, Wachstum alleinerziehender Haushalte, Patchworkfamilien, zeitige Nestflucht der Kinder, Rock- und Punkbands, die nur so aus dem Boden sprossen, sich um keine Lizenz scherten. Im vergangenen Jahr erschien eine CD mit ein paar Stücken von einigen dieser Gruppen. Da stockt einem beim Hören noch im Nachhinein der Atem: Die liefen alle frei herum? Taten sie, ganz unbekümmert. Für diese Gruppen hatte der Staat seinen Schrecken verloren. Des Weiteren gab es zahlreiche Verbindungslinien zwischen West- und Ost-68ern, Schriften und Bücher, die auf diversen Kanälen in den Osten gelangten. Diesseits der Mauer las man Gramsci, Poulantzas, Althusser, jenseits ebenso, und lancierte den einen oder anderen DDR-kritischen Text zwecks anonymer Veröffentlichung auf die Gegenseite. Man bewegte sich auf gemeinsamem Terrain, teilte ähnliche Überzeugungen und Bestrebungen, wobei die Ostler auch in diesem sozialen Segment lebhafteren Anteil an dem nahmen, was auf der anderen Seite des Eisernen Vorhangs vonstattenging, als die Westler, sofern diese überhaupt mit echtem Interesse zurückblickten. Aber wie dem auch sei: Mit einem schlichten »Dort gelungen, hier gescheitert« kommt man dem vielgestaltigen Phänomen nicht auf die Spur.

JH: Sie sagten, es hätte zwischen Ihnen und Ihren Eltern, wie in vielen anderen Funktionärshaushalten auch, Auseinandersetzungen über den Prager Frühling gegeben. Setzten sich diese Meinungsverschiedenheiten später fort?

WE: Der Streit eskalierte, als ich mehr als ein Jahr später zwei meiner Lehrlingskollegen dazu überredete, auf dem Hof unseres Ausbildungsbetriebes unsere FDJ-Ausweise zu verbrennen. Als Hommage an Prag 1968. Am Nachmittag nach unserer Aktion standen zwei Herren vor unserer Wohnungstür, ich war allein. Sie nahmen mich mit zum Berliner Hauptstandort der Polizei, in die Keibelstraße. Mein Vater erhielt davon Kenntnis und boxte mich und meine beiden »Mittäter« am selben Abend wieder heraus, wenig begeistert darüber, was seinem Sohn da eingefallen war.

JH: Die Tatsache, ein Kind von Funktionären zu sein, hatte offenbar mehrere Seiten. Einerseits trug man die Konflikte am Abendbrottisch aus, andererseits hatte man immer die Chance, dass sich die Alten für einen verwendeten, wenn es brenzlig wurde.

WE: So war es. Aber mit der Maßgabe: »Das machst du nie wieder! Am Ende verliere ich noch meine Arbeit. Und du deine Lehrstelle. Was für eine Dummheit!«

JH: Welche Arbeit hätte Ihr Vater denn im Zweifel verloren?

WE: Er war in unterschiedlichen Staatsfunktionen tätig. Zuerst im FDGB, Freier Deutscher Gewerkschaftsbund, dann wechselte er von Dresden nach Berlin in die Staatliche Plankommission und von dort ins Staatssekretariat für Körperkultur und Sport, wo er es bis zum Abteilungsleiter brachte. Er war zeitig Reisekader und hat die halbe Welt gesehen. Mein Vater stammte aus einem sozialdemokratischen Haushalt, war gelernter Brauer, und dann, noch vor dem Krieg, Soldat. 1939 war er beim Frankreichfeldzug mit dabei und dann an der Ostfront. Als er 1946 aus der Gefangenschaft nach Deutschland zurückkam, hatte man ihn, wie gesagt, eingeschworen auf den neuen Kurs, dem er bis zu seinem Tod die Treue hielt. Geistig durchaus rege, aber ideologisch doch sehr befangen, kein Reformkommunist.

JH: Ich höre an Ihrer Stimme: für Sie kein sympathischer Mensch?

WE: Nein, in dieser Hinsicht nicht. Deshalb waren es auch unerfreuliche Debatten, unfruchtbare. Sie führten zu nichts. Er dachte orthodox, linientreu, 1968 ebenso wie 1989. Er sah jeweils die Konterrevolution auf dem Vormarsch. Irgendwann gab ich es auf, mit ihm zu diskutieren. Er starb mit neunzig Jahren. Ganz gut versorgt mit seiner Rente, schloss er seinen Frieden weniger mit dem wiedervereinigten Deutschland als mit seinem Leben.

JH: Und Ihre Mutter?

WE: Meine Mutter war und blieb, von einer kurzen Episode abgesehen, Hausfrau, recht untypisch für eine Ostdeutsche. Saß daheim und wartete auf das Leben, das jedoch an ihr vorbeizog.

JH: Aber Sie mochten sie?

WE: Ja, irgendwie schon. Emotional hatte ich keine besonders intensive Beziehung zu meinen Eltern. Verspürte keinen Auftrag, der von ihnen auf mich übergegangen wäre. Keinen Auftrag in *Ihrem* Sinne: Sei dir bewusst, was du kannst, und sprich, schreibe, denke für die anderen. Dass mein Weg zum Abitur und Studium nicht ganz geradlinig war, damit hatten meine Eltern kein Problem. Sie vertrauten darauf, dass ich schon etwas aus mir machen würde.

JH: Aber die allergrößten Hoffnungen setzte man nicht in Sie, weil schon früh klar war, dass Sie nicht die Nachfolge Ihres Vaters antreten würden?

WE: Das war ihnen relativ schnell klar, spätestens, als mein Vater mich aus dem Polizeigewahrsam erlösen und wohl auch die Stasi besänftigen musste. Das war ein harter Schlag für ihn. Er begriff in diesem Moment wohl intuitiv, dass wir geistig verschiedene Wege gingen. Aber das blieb unausgesprochen. Er hoffte, dass ich mich wieder berappeln würde, und fürchtete, sich darin gründlich zu täuschen. Dieser Möglichkeit mochte er nicht ins Auge sehen. Wir gingen gemeinsam über diesen wunden Punkt hinweg, brachen Gespräche ab, die allzu schmerzlich hätten enden können.

JH: Das klingt, wenn ich das einmal so sagen darf, nach einer typischen Nachkriegskindheit. Man sagt ja auch über Ihre Generation, dass viele eine emotional eher resonanzarme Kindheit erlebt haben. Würden Sie das auch so sehen? Und wie fanden Sie dann dennoch zum Schreiben?

WE: Resonanzarm, das trifft es. Bei mir und den meisten meiner Mitschüler. Unsere Eltern kamen alle aus dem großen Krieg. Die Väter hatten als Soldaten Grauenhaftes angerichtet, aber auch Grauenhaftes erlebt, die Mütter hatten die Bombardements durchlitten. In Bunkern, Luftschutzräumen um ihr nacktes Leben und das ihrer Kinder gebangt. Im Osten hielten dann die Russen Einzug, machten sich über Frauen her, das verhärtet, verschließt die Seele. Wir Kinder spürten die Anstrengung, die es die Erwachsenen kostete, emotional aus sich herauszugehen. Wir wurden früh flügge, mit achtzehn verließen die meisten von uns ihr Elternhaus. Das Schreiben ergab sich organisch, als eine Folge des Lesens. Während des Studiums schrieb ich ganze Hefte voll, indem ich kommentierte und reflektierte, was ich gelesen hatte. Darauf griff ich noch viele Jahre später wiederholt zurück. Mit der Veröffentlichung des Geschriebenen hatte es seine Not in der DDR. Glücklicherweise gab es Zeitschriften, die nicht so sehr im Fokus der Zensur standen, »Sinn und Form«, »Weimarer Beiträge«, »Zeitschrift für Germanistik« – da publizierte ich meine ersten Texte. Mein erstes kleines Buch erschien 1989 in einem Wiener Wissenschaftsverlag und ging auf Vorträge und Seminare zurück, die ich seit 1987 an der Klagenfurter Universität gehalten hatte. So begann es.

JH: Mein Vater ist irgendwann zu Beginn der achtziger Jahre aus der SED rausgeflogen. Davon habe ich damals, ich muss etwa fünf Jahre alt gewesen, natürlich nichts mitbekommen. Aber die Unterlagen darüber gehörten zu den Dingen, die nach seinem Tod in meinen Besitz kamen. Er wurde im Jahr 1949 geboren, war also drei Jahre älter als Sie. Mir ist auch im Nachhinein erst aufgefallen, mit welch hoher Rasanz und Zielstrebigkeit er ins Leben gestartet sein muss. Er hat Pädagogik studiert, kurz als Lehrausbilder gearbeitet, um sich dann in verschiedenen Betrieben bis zum Betriebsdirektor vorzuarbeiten. Mein Vater war vierzig Jahre alt, als die Mauer fiel, also eigentlich so alt wie ich heute.

WE: Ein ideologisch eher unbelasteter Beruf?

JH: Das weiß ich nicht, aber ich glaube im Nachhinein sagen zu können, dass die Idee des Sozialismus meinen Vater nicht besonders interessierte, obwohl ich ihn immer als einen politisch denkenden Menschen erlebt habe. Der Sozialismus entsprach einfach nicht seinem Charakter, er setzte keine Hoffnung in ihn, darin entsprach er ganz seiner Generation. Mein Vater konnte mit dieser Art Leben im Falschen nicht viel anfangen. Er bewertete den Sozialismus nach den Möglichkeiten, die er ihm bot. Und die waren bekanntermaßen begrenzt. Mein Vater ist in die Partei eingetreten, um seine Spielräume zu erweitern. Nach einer Handgreiflichkeit mit einem Arbeiter, dessen Vorgesetzter er war, musste er die Partei verlassen. Das ist keine Heldengeschichte. Sie passierte meinem Vater eher aufgrund seines mitunter hochfliegenden Temperaments. Es war meine Mutter, die handfeste Prinzipien hatte. Sie hätte nie auch nur die kleinste Funktion angenommen. Mitglied der SED zu werden kam für sie nicht in Frage, sie hielt zum politischen System der DDR eine sehr ernsthafte Distanz. Bei den letzten Kommunalwahlen der DDR im Mai 1989 strich sie den Wahlzettel durch, im Herbst nahm sie mich zu den Montagsdemonstrationen mit. Auch zum ersten Konzert von Wolf Biermann nach seiner Ausbürgerung im Jahr 1976 sind wir damals gemeinsam gegangen. Es fand am 1. Dezember 1989 in einer Messehalle statt. Ich weiß noch, dass ich ein wenig erhöht neben einem Scheinwerfer stand und von dort aus die Bühne sehr gut sehen konnte. »Sindermann, du blinder Mann«, hat Biermann damals gesungen, und alle haben aus voller Kehle mitgesungen. Es war irre. Eine unfassbare Energie und Euphorie. Dafür, dass meine Mutter mich zu den Montagsdemonstrationen mitnahm, bin ich ihr noch heute sehr dankbar. Sie gehören zu den wichtigsten Erfahrungen meines Lebens.

WE: Den meisten Eltern erschien es vermutlich zu riskant, ihre Kinder zu den Demonstrationen mitzunehmen.

JH: Ich war damals die Einzige in meiner Klasse, die zu den Montagsdemonstrationen mitgenommen wurde. Und ich kann mich noch gut erinnern, wie ich am nächsten Morgen in die Schule kam und alle von mir wissen wollten, wie es gewesen war. Und ich konnte es nicht erzählen, weil es zu groß war, weil die Eindrücke zu überwältigend waren. Ich weiß noch, wie ich beim ersten Mal eine ganze Weile zwischen meiner Mutter und einem jungen Mann, wahrscheinlich einem Studenten, den Ring entlanggelaufen bin. Ich hätte ihn gern an seiner Hand gefasst, aber habe mich das natürlich nicht getraut, obwohl es dort möglich gewesen wäre. Er hätte mich sicher an die Hand genommen. Vom damaligen Karl-Marx-Platz hinunter zum Hauptbahnhof sind wir gelaufen, und an den Straßenrändern standen die bewaffneten Soldaten. Und die waren ja nicht gekommen, um uns zu beschützen. Wie die Menschen die ersten Parolen ausprobiert haben, wie es gar nicht gelang, sofort laut zu rufen oder zu schreien, wie man sich selbst so ganz langsam Mut anschrie. Wie bewegend das war, weil man ringsum in offene und glückliche Gesichter schaute. Ich bin noch immer tief bewegt, wenn ich mich daran erinnere. Es ist ein unbeschreiblicher Moment, wenn die Geschichte mit solcher Wucht und Unmittelbarkeit in einen hineindrängt, noch dazu, wenn man noch ein halbes Kind ist. Später habe ich festgestellt, dass mein Freund Clemens Meyer, der ja noch ein Jahr jünger ist als ich, damals auch mit seiner Mutter bei den Montagsdemonstrationen war, er demnach auch eines der wenigen Kinder war, die daran teilnehmen durften. Clemens' Mutter war in kirchlichen Kreisen engagiert, und er stand, wie er mir später einmal erzählte, mit einem Transparent bewaffnet vor der Runden Ecke. Ich muss also damals an ihm vorbeigezogen sein. Ich glaube ganz fest, dass uns das irgendwie verbindet, dass wir beide eine sehr reale Erinnerung an den Herbst 1989 haben, dass da auch in ihn etwas hineingefahren ist, was man nicht wieder loswird. Ich treffe sehr selten Menschen, die so alt sind wie ich und die Erfahrung kennen, 1989 auf der Straße gestanden zu haben. Es hat lange gedauert, bis ich verstanden habe, dass viele DDR-Bürger all das ja nur aus dem Fernsehen kannten, also mit der Friedlichen Revolution als Akt selbst gar nicht in Berührung gekommen waren. Lange Jahre habe ich irgendwie geglaubt, wir seien doch damals alle auf der Straße gewesen. Aber, nein, die Magie dieses Augenblicks kennen gar nicht so viele. Wie haben Sie denn den Herbst 1989 erlebt?

WE: In Berlin, den Blick auf Leipzig gerichtet. Wie viele werden sich an diesem Montag wieder auf die Straße wagen? Wird der Strom der Demonstranten anschwellen? Wird der Protest ohne Gewalt stattfinden, ohne Blutvergießen? Später gab es auch in der Hauptstadt erste Demonstrationen, von der Polizei eskortiert, zweitausend, dreitausend Menschen waren damals unterwegs. Ihnen schloss ich mich an.

Wir zogen durch den Prenzlauer Berg und skandierten: »Auf die Straße! Auf die Straße! Schließt euch an!« Überall gingen die Fenster auf, mehr und mehr Menschen reihten sich in den Zug ein, es war überwältigend.

Man konnte übrigens, wie Sie es ja bei Ihrem Vater beschreiben, aus sehr unterschiedlichen Gründen in die Staatspartei geraten. Die Verbrennung der FDJ-Ausweise hatte unmittelbar zur Folge, dass ich meine Lehre unterbrechen und drei, vier Wochen irgendwelche Räume fegen musste, auch das Abitur an der Volkshochschule durfte ich eine Weile nicht fortsetzen. Irgendwann in diesem Interregnum kam ein Programmierer aus meinem Betrieb zu mir und sagte: »Wir haben von Ihrer Aktion gehört. Sie war politisch natürlich nicht das richtige Mittel, um auszudrücken, dass sich etwas ändern muss in diesem Land. Aber junge Menschen wie Sie, die unzufrieden sind, die sich mit dem Erreichten nicht zufriedengeben, suchen wir.« Woraufhin er mich fragte, ob ich Kandidat der SED werden wollte, und sich als Bürgen anbot. Ich fühlte mich geschmeichelt. Wenn solche gestandenen Leute mir zutrauten, an der Veränderung und Verbesserung der Verhältnisse mitzuwirken, warum nicht zu ihnen stoßen?

JH: Dann sind Sie in die Partei eingetreten?

WE: Ja. 1969 wurde ich Kandidat, 1971 Mitglied. Anfangs habe ich es nicht bereut. Später wurde die Partei für mich mehr und mehr zum Gefängnis. Aber in dem Betrieb, in dem ich meine Lehre absolvierte und dann arbeitete, dem »VEB Maschinelles Rechnen Berlin«, herrschte auf den Parteiversammlungen ein offener Ton. Man stellte dort weder die Machtfrage, noch zog man die Wirtschaftsweise als solche in Zweifel. Wohl aber problematisierte man die tagtäglichen Abläufe, deren Einbettung in den wiederauflebenden staatlichen Dirigismus nach dem kläglichen Ende der

Wirtschaftsreformen nach Honeckers Machtantritt 1971, die mangelnde Abgrenzung der Kompetenzen von Partei, Staat und Gewerkschaft und manches mehr. In diesem Umfeld bewegte ich mich ohne innere Beklemmungen. Während meiner Armeezeit erlebte ich die Partei als ein einziges Disziplinierungswerkzeug, die längste Zeit meines Studiums über gleichfalls. Vor allem wenn man mit seinen Ansichten nicht auf der offiziellen Linie der Partei lag, war man doppelt verwundbar: als Bürger des Staates und als Mitglied der Staatspartei. Wer als Parteimitglied in Ungnade fiel, bekam oft umgehend als Bürger Probleme, konnte vom Studium ausgeschlossen, beruflich degradiert werden oder seine Arbeit verlieren. Arbeiter und normale Angestellte waren da weniger angreifbar. Sie konnten den Mund aufmachen und machten ihn auf.

JH: Aber Ihre Mitgliedschaft in der SED ist Ihnen später doch noch ein bisschen zum Verhängnis geworden, oder? Als Sie Rektor werden wollten, gab es Proteste.

WE: Proteste würde ich es nicht nennen. Aber tatsächlich wurde mein Amtsantritt als Rektor der Hochschule für Schauspielkunst hier in Berlin von einigen Auseinandersetzungen begleitet. Das war im Jahr 2005. Zuvor hatten mich Kollegen der Hochschule, an der ich ja als Dozent schon langjährig tätig war, gefragt, ob ich mir vorstellen könnte, für das Amt des Rektors zu kandidieren.

JH: Warum fragte man Sie?

WE: Aus den Abteilungen heraus, Schauspiel, Regie, Puppenspiel, fand sich niemand anderes, der auf eine verlässliche Mehrheit in den Wahlgremien hätte rechnen können. Ich unterrichtete in zwei Abteilungen der Schule und lehrte zudem wissenschaftliche Fächer, deshalb traute man mir zu, das Amt unvoreingenommen, im Interesse der Gesamtschule zu versehen. Ich habe mich kurz besonnen, ich verdankte dieser Schule viel, und dann meine Bereitschaft erklärt. Es dauerte gar nicht lange, bis ein Gerücht aufkam: Da war doch mal was mit diesem Menschen?! Hatte er nicht im Herbst 1989 Studenten diszipliniert, die sich für das »Neue Forum« begeisterten? Bald darauf erschienen zwei Artikel in der »Morgenpost« und in der »Welt«. Darin wurde eine »Lex Engler« unterstellt, um mich an die Spitze der Hochschule »hieven zu können«. Gleichzeitig wurde angedeutet, ich hätte in der DDR mit den Herrschenden, vielleicht sogar mit der Stasi, gekungelt. Äußerst unangenehm, so eine Doppelseite zu sehen. Diese Vorwürfe brachen dann insofern schnell in sich zusammen, als sich ein Kollege, mein Gedächtnis ist leider miserabel, präzise an die Begebenheit erinnern konnte, bei der ich angeblich Studenten eingeschüchtert haben soll.

JH: Aber wie entstand denn das Gerücht um diese »Begebenheit«?

WE: Man schaut einfach in die Akten, die die Staatssicherheit über mich angelegt hat, oder bittet jemanden, der Zugang hat, hineinzuschauen, ob sich nicht etwas Belastendes über Wolfgang Engler finden lässt.

JH: Haben Sie die über Sie erschienenen Artikel damals gelesen?

WE: Die habe ich natürlich gelesen. Ich habe dann eine neuerliche Überprüfung in eigener Sache bei der Behörde für die Stasi-Unterlagen beantragt. Die Dokumente, die ich nach einiger Zeit bekam, bestätigten, was ich ohnehin schon wusste. Mir war die Stasi seit meiner frühen Studentenzeit, als man versuchte, mich für die Firma zu werben, zutiefst zuwider. Ich gab diesen Leuten damals zu verstehen, dass ich menschlich nicht dazu imstande bin, in ihre Dienste zu treten, nicht für mich behalten könnte, was man mir auftragen würde. Und genau so stand es in den Akten: Der

Mann ist als IM untauglich. Punkt. Was den Vorgang selbst betraf: In der DDR mussten die Studenten im zweiten Studienjahr vor Beginn des Semesters für einige Wochen ins Militärlager beziehungsweise in ein Lager für Zivilverteidigung, eine blöde Zeit für die jungen Frauen und Männer. In der Mitte dieser Zeit besuchte dann eine Abordnung der jeweiligen Hochschule ihre Studenten. Man trank zusammen Kaffee und richtete Grüße von daheim aus. Und so fuhr ich im September 1989 mit dem besagten Kollegen in das Zivilverteidigungslager der Frauen. Die Lagerleitung hatte sich über unsere Studentinnen bereits mokiert, weil sie für das »Neue Forum« geworben hatten. Ich selbst hatte einige Texte für den Verteiler des »Neuen Forum« geschrieben, und so sagten wir ihnen dann sinngemäß: »Lasst euch hier nicht in die Enge treiben. Das ganze Land ist in Bewegung. In zwei Wochen seid ihr wieder in Berlin, und dann packen wir das gemeinsam an.« Daran konnte sich mein Kollege noch viele Jahre später bestens erinnern. Ich leider nicht. Damals passierten so viele Sachen gleichzeitig, die in meiner Erinnerung verschwammen. Im Grunde handelte es sich um eine gezielte Denunziation, die sich auf nichts weiter stützte als auf den Unmut der Lagerleitung über unsere Studentinnen und uns unterstellte, wir hätten uns die Haltung der Kommandeure des Camps zu eigen gemacht. Was in keiner Weise zutraf.

JH: Konnten Sie die Situation im September 1989 beruhigen?

WE: Ich wurde 1987 Prorektor für Gesellschaftswissenschaften an der »Ernst Busch«, in dieser Eigenschaft besuchte ich im Frühherbst 1989 unsere Studentinnen …

JH: … und das konnte man von außen als eine Art Disziplinierungsmaßnahme werten?

WE: Das konnte man, wenn man das *wollte*. Man nahm das Amt für die Person und schrieb ihr eine entsprechende

Meinung zu. Was ist von einem Mitglied der Hochschulleitung schon anderes zu erwarten als Staatstreue? Aber bitte, wir sprechen über das Jahr 2005. Diese Vorwürfe hätten wir doch ruhigeren Bluts besprechen können. Dass es nicht so war, zeigt, …

JH: … dass man mit einer DDR-Biografie erpressbar war? Erpressbar blieb? Verwundbar war?

WE: Eher moralisch verhaftbar. Verhaftbar für seine Biografie. Für den Fall, dass man in der DDR Ämter bekleidet, Verantwortung übernommen hatte. Was mir 2005 widerfuhr, war zuvor auch anderen Ostdeutschen mit »Vorgeschichte« widerfahren, die sich anschickten, im wiedervereinigten Deutschland eine mehr oder weniger öffentliche Rolle zu spielen. Man musste in der Regel nicht lange warten, bis Vermutungen gestreut wurden, Verdächtigungen die Runde machten.

JH: Warum war das naheliegend?

WE: Es war naheliegend, weil diese Vorgehensweise probat erschien. Sie hatte in viel zu vielen Fällen tatsächlich verschwiegene Kapitel von Ostbiografien zutage gefördert. Denken wir nur an Personen, die zu Wendezeiten Führungspositionen in den neugegründeten Parteien innehatten und dann einer nach dem anderen aufflogen als IMs oder als Offiziere im besonderen Einsatz. Alle hatten gewartet. Worauf eigentlich? Enttarnt zu werden? Offenbar. Dann wurden sie enttarnt und dementierten und dementierten, bis nichts mehr half und das ganze Elend ans Licht kam. Wie habe ich das verachtet! Vor allem weniger Belastete hätte nur ein zeitiges Coming-out vor dem Schlimmsten bewahrt. Aber die damals vorherrschende Atmosphäre blockierte das.

JH: Was genau haben Sie verachtet?

WE: Diese jammervolle Art des Versteckspiels: »War ich nicht«,

»Ist eigentlich nichts Verwerfliches passiert«, »Keiner kam zu Schaden«.

JH: Sie haben die Heuchelei und den Selbstbetrug verachtet. Würden Sie sagen, dass große Teile der Ostdeutschen mit ihrer eigenen Biografie nicht verantwortlich umgegangen sind?

WE: Große Teile? Einfach zu viele! Dazu gehörten leider auch diejenigen, die sich nicht trauten, obgleich sie sich durchaus zu ihrer Biografie hätten bekennen können. Die in ihren jungen Jahren in das Spitzelsystem hineingeraten waren, sich dann aber daraus gelöst hatten. Oder zeitweise beim falschen Arbeitgeber in untergeordneten Funktionen beschäftigt waren, in der Küche oder an der Pforte. Es gab so einen Fall an meiner Hochschule. Dieser Person wurde gekündigt, weil sie nicht angegeben hatte, dass sie im Wachregiment »Feliks Dzierzynski« in der Kantine gearbeitet hatte. Ich finde es nach wie vor richtig, dass die Akten schnell zugänglich gemacht wurden, und war selbst einer von denen, die am 15. Januar 1990 vor der Stasi-Zentrale standen und darauf drangen, dass sie geöffnet wird. Gerade wenn man an andere osteuropäische Länder denkt, die die Akten länger unter Verschluss gehalten haben oder bis heute unter Verschluss halten, ist diese Praxis nur zu begrüßen. Dort herrscht ein Klima von Erpressung und Erpressbarkeit bis in die höchsten Positionen. Wenn einem in diesen Ländern etwas zur Last gelegt wird, kann man sich nicht verteidigen, nichts kann verifiziert oder eben widerlegt werden. Zumal die meisten Unterlagen, die für mehr Klarheit sorgen könnten, unterdessen entweder vernichtet wurden oder in Privatbesitz übergingen. Ich habe selber Akteneinsicht beantragt, das sagte ich bereits, wurde mehrfach überprüft, im Rahmen der Regelanfrage, die im öffentlichen Dienst verbindlich war, und fand das ganz in

Ordnung. Dennoch muss man sich auch noch einmal vergegenwärtigen, wie sehr der öffentliche Dialog in dieser Zeit verkümmerte, allein die Akten sprachen und die Entscheidung über Sein und Nichtsein oft genug ohne eingehende Anhörung der davon Belasteten fiel. Ich kann anhand meiner Hochschule beschreiben, was 1990/91 geschah, als die Überprüfungsmaschinerie anlief und auch »Staatsnähe« plötzlich zu einem großen Thema wurde. Das war seltsam, gespenstisch. 1987 bestand die Hochschulleitung der »Ernst Busch« aus vier Personen. Im Zuge der Evaluierungen verschwanden alle Mitglieder dieses Leitungsgremiums außer mir von der Schule. Auch andere Mitarbeiter aus verschiedenen Bereichen verschwanden von einem Tag auf den anderen. Das löste keine Debatte aus. Sie waren einfach weg.

JH: Das erinnere ich von meiner Schule auch. Die Lehrer verschwanden von heute auf morgen. So wie jene, die früher einen Ausreiseantrag gestellt hatten, auch von heute auf morgen verschwunden waren. Eine äußerst beklemmende Situation.

WE: Die Frage »Who's next?« stand permanent im Raum.

JH: Wussten Sie, warum Ihre ehemaligen Kollegen verschwanden?

WE: Der ehemalige Rektor meiner Hochschule war wegen seines Sohns erpressbar. Er hieß Kurt Veth, eine sehr interessante, sehr gebildete Person übrigens, und hat eine ganze Reihe von Filmen gedreht, einen großen fünfteiligen Luther-Film zum Beispiel.

JH: Aber was heißt »erpressbar wegen seines Sohns«?

WE: Ja, die genauen Umstände weiß ich nicht mehr. Kurt Veth konnte seinen Sohn jedenfalls nur schützen, indem er fortan mit der Stasi im Gespräch blieb.

JH: Wäre dieser Fall nicht vermittelbar gewesen?

WE: Ich finde, er wäre vermittelbar gewesen. Damals gab es für Personen in Spitzenfunktion – und er war als Rektor so jemand – die Praxis des goldenen Handschlags. Als ich 2005 ins Amt kam und Näheres über seinen plötzlichen Abgang wissen wollte, offiziell war er wegen einer Gürtelrose ausgeschieden, und bei der Senatsverwaltung nachfragte, erklarte mir ein hoher Beamter der Wissenschaftsverwaltung: Ja, da gibt es leider gar nichts mehr, was Ihren Rektor angeht. Ich habe Ihren Rektor damals in Ihrer Schule abgeholt, draußen in Schöneweide, dann sind wir ein bisschen Auto gefahren, und ich habe zu ihm gesagt: Lieber Herr Veth, ich habe hier Ihre Akte. Die gebe ich Ihnen persönlich, damit können Sie machen, was Sie wollen, unter der Bedingung, dass Sie morgen nicht mehr zum Dienst erscheinen. Und dann hatte Kurt Veth seine Gürtelrose – und war krank. Und blieb es. Kein Wort von keiner Seite über den Bruch in seinem Leben. Verschwand in seiner Berliner Wohnung, in seiner Datsche im Oderbruch. Brach ab und an auf von dort, arbeitete frei am Theater, gelegentlich auch als Lehrbeauftragter an der Schule, die ich dann leitete. Dieses in jeder Hinsicht befremdliche Revival beendete ich dann. Das fiel mir persönlich nicht leicht. Ich mochte Veth. Kommunist in seiner Grundhaltung zur Welt, war er zugleich vielseitig gebildet, von vornehmer Umgangsart, sofern er nicht auf Menschen traf, deren Ansichten den seinen diametral gegenüberstanden. Dann verlor er seine Contenance und fuhr rigoros auf sie nieder. Sein Beispiel zeigt, dass es in diesem frühen Aufarbeitungsprozess sehr an Fingerspitzengefühl und Weisheit mangelte, an einer Atmosphäre der Ermutigung. Ich betrat meine Hochschule in den frühen neunziger Jahren stets mit einem unguten Gefühl. Die Entmutigung rechtzeitiger Coming-outs bedeutete ein Unglück für die Einzelnen wie für die deutsche Nachwendegesellschaft im Ganzen.

JH: Es ist schwierig, sich als Jüngere zu diesem Thema zu äußern. Andererseits kann man sich aus solchen Erklärungszusammenhängen nicht einfach verabschieden, zumal sie ja eine ganz wichtige Umbruchsepoche betreffen. Aber ich merke immer wieder, wie wenig ich mich im Umgang mit Geschichten, wie Sie sie erzählten, auf mein Gefühl oder meinen gesunden Menschenverstand verlassen kann. Ich erinnere mich aber noch gut, wie sehr mich diese Heuchelei, von der Sie auch sprachen, als Jugendliche, ich muss das so deutlich sagen, angekotzt hat. Plötzlich traf man niemanden mehr, der dabei gewesen ist, der dafür gewesen ist. Das hinterlässt in einer Jugendlichen ein sehr schales Gefühl, vor allem, weil es niemanden mehr gibt, an den man seine Fragen adressieren konnte. Überall stieß man auf Abwehr, Schweigen oder Ausflüchte. Ich habe mich nur einmal sehr intensiv mit diesem Thema auseinandergesetzt, und zwar für mein Buch »Achtung Zone«. In diesem Buch gibt es ein Kapitel, das sehr ausführlich die Geschichte der beiden Schauspieler Jenny Gröllmann und Ulrich Mühe erzählt. Kurz nachdem »Das Leben der Anderen« im Jahr 2006 in die Kinos gekommen ist, hat Ulrich Mühe die IM-Tätigkeit seiner ehemaligen Ehefrau und Mutter der gemeinsamen Tochter Anna-Maria Mühe öffentlich gemacht. Jenny Gröllmann war zu diesem Zeitpunkt bereits schwer an Krebs erkrankt, auch war sie anders als Ulrich Mühe eine Schauspielerin, die schon lange nicht mehr in den ganz großen Rollen zu sehen gewesen war, während Mühe, »Das Leben der Anderen« gewann den Oscar, zu diesem Zeitpunkt der wohl berühmteste deutsche Schauspieler gewesen ist. Die ganze Geschichte zerreißt einem das Herz, aber sie ist auch, schaut man mit einem etwas kälteren Blick darauf, ein ganz großer Stoff, eigentlich ein Filmstoff mit shakespeareschen Qualitäten. Nur ein Detail von vielen: Jenny Gröllmann stirbt am 9. August 2006, an ihrer Beerdigung auf dem Französischen Friedhof in Berlin nehmen mehrere Hundert Trauergäste teil, zahlreiche ehemalige DDR-Schauspieler hatten sich in der Auseinandersetzung mit Ulrich Mühe hinter sie gestellt, die Trauerfeier ist in Wahrheit eine stumme Protestveranstaltung gegen das, was, wie die meisten fanden, Ulrich Mühe ihr angetan hatte, während sich Mühe selbst nach der Oscar-Verleihung beinahe völlig aus der Öffentlichkeit zurückgezogen hat. Auch bei ihm wurde Krebs diagnostiziert; nachdem er aus Hollywood zurückkehrte, musste er sich einer ersten Operation unterziehen. Außer dem Schauspieler Thomas Thieme hatte sich mit ihm niemand aus der ehemaligen DDR solidarisch erklärt. Auf der Höhe seines Ruhmes ist Ulrich Mühe eigentlich allein, nur der Schauspieler Tom Cruise, das berichten die Zeitungen damals, kommt ihn besuchen. Er stirbt ungefähr ein Jahr später, am 22. Juli 2007, in seinem Haus im sachsen-anhaltinischen Walbeck, dort wird er auch im allerkleinsten Kreis seiner Familie begraben. Beide wohnten bis zu ihrem Tod eigentlich nicht weiter als zweihundert Meter voneinander entfernt. Sie hätten miteinander reden können, aber sie haben es nicht getan, kein einziges Mal. So weit konnten sich zwei Ostdeutsche, die sogar einmal ein Liebespaar gewesen sind und eine gemeinsame Tochter haben, beinahe zwanzig Jahre nach dem Mauerfall noch über die Vergangenheit entzweien. Wie aber erklären Sie sich die Motivation derer, die Ihre Berufung zum Rektor damals verhindern wollten?

WE: Da bin ich selbst auf Vermutungen angewiesen. Eine gut vernetzte Mitarbeiterin meiner Hochschule hatte das initiiert oder mit initiiert und ihre Kontakte politischer wie medialer Art spielen lassen, um mich zu Fall zu bringen. Weil sie, das wurde mir erst nach und nach bewusst, offenkundig fand, dass jemand wie ich, der einen solchen Blick auf die DDR wirft und eine solche Haltung zu Ostdeutschland hat, wie sie in meinen Büchern zum Ausdruck gelangen, niemals Leiter dieser Schule werden darf. Sie tat das aus Überzeugung, wie ich Ihrer Kritik meines Buches »Die Ostdeutschen als Avantgarde« entnahm. Sie verurteilte es in Bausch und Bogen, dichtete mir einen Ulbricht-Jargon an, der mit kühlem Gemüt aus dem Buch nun wirklich nicht herauszulesen ist. Sie verwarf das Buch und bekämpfte seinen Autor mit den ihr ratsam erscheinenden Methoden der persönlichen Verunglimpfung.

JH: Bekämpft man so jemanden?

WE: Ja, klar. Man kann sich dann verkrümeln oder den Kampf annehmen. Ich habe mich für Letzteres entschieden, mich vor meine Schule gestellt und das, was zu meiner Rechtfertigung zu sagen war, gesagt. Die Studierenden und Lehrenden meiner Hochschule haben mir vertraut, mich in dieser aufgewühlten Stimmung mit klarer Mehrheit gewählt und hernach zweimal im Amt bestätigt. Damit ist die Sache für mich erledigt.

JH: Insofern würden Sie für sich reklamieren, dass Ihre Geschichte eine Ausnahme ist?

WE: Ja, wahrscheinlich schon. Ich hätte mich auch nie nach vorne gewagt im Bewusstsein einer Karriere als Freizeitspion im Auftrag des MfS.

JH: Wie Andrej Holm beispielsweise?

WE: Das ist doch ein interessanter Fall. Der letzte Fall dieser Art.

JH: Der *vorerst* letzte!

WE: Vorerst, ja, vermutlich. Ich kenne Andrej Holm lange, und ich weiß, dass er wirkliche Expertise auf seinem Feld erworben hat, das heute zu den politisch wichtigsten gehört: Wohnen und Stadtentwicklung. Als er dann zum Staatssekretär ernannt und öffentlich bekannt wurde, dass er während seines Wehrdienstes beim Wachregiment »Feliks Dzierzynski« seine Bereitschaft erklärt hatte, für die Stasi tätig zu werden, war das eigentlich kein Ausschlussgrund. Er war damals kaum volljährig, und zu einer Zusammenarbeit kam es dank des Umbruchs der politischen Verhältnisse nicht mehr. Er hätte sich offenbaren können, hat er auch, als er sich für einen Job an der Humboldt-Universität bewarb, nur nicht im vollen Umfang. Schließlich lebten wir nicht mehr am Beginn der neunziger Jahre.

JH: Sie meinen, die Zeiten haben sich geändert, heute wäre das vermittelbar gewesen?

WE: Sicherlich. Selbst seine kleinen biografischen Aussetzer wären korrigierbar gewesen. »Das war blöd von mir, hier der ganze Bericht, und nun urteilt über mein Leben«, etwas in der Art.

JH: Andrej Holm hat eine solche Aussage aber nicht gemacht. Leider gibt es kein Beispiel für Ihre Annahme, dass eine solche Biografie vermittelbar wäre. Dieser Beweis ist noch nicht erbracht worden. Vielleicht gehört das ja auch zu der von mir schon einmal aufgeworfenen Frage nach der Möglichkeit, öffentlich Ostdeutscher zu sein.

WE: Vielleicht können andere Gemeinwesen, wenn sie in vergleichbare Turbulenzen geraten, aus diesen Erfahrungen lernen. Denkbar wäre ein Moratorium, das die öffentliche Aufklärung der Vergangenheit unter den Primat der Erzählungen stellt. Die Akten werden gesichert, aufbereitet, bleiben aber – mit Ausnahme strafrechtlich relevanter Befunde – so lange unter Verschluss, bis die vorab gesetzte Frist für Offenbarungen, persönliche Erklärungen abgelaufen ist.

JH: Interessanter Gedanke.

WE: Andrej Holm jedenfalls hatte seine Chance, aber er hat dieselben Fehler wie viele andere gemacht. Genau wie diejenigen, die ihn im Dezember 2016 für das Amt des Staatssekretärs für Wohnen ausersehen hatten. Alle wirkten irgendwie verdruckst, erzählten verdrehte Geschichten. Ich dachte damals: »Lieber Andrej, *forget it.* Du musst es von dir aus beenden. Selbst wenn du dir nichts hast zuschulden kommen lassen, ist deine Kampagne *extrem* schlecht gelaufen. Und deine Scheiß-Partei hat dich *extrem* schlecht beraten.« Das lief wie schon früher, wenn in deutschen Parlamenten wieder eine neugewählte Fraktion der Linkspartei zusammenkam. Dann gibt es eine konstituierende Sitzung, und nur ein paar Tage darauf erweist sich, der oder die Abgeordnete der Linken hat mit der Stasi zusammengearbeitet und es bislang verschwiegen. Das ist doch lästig, oder? Das muss nach dreißig Jahren doch endlich einmal aufhören. Es kotzt mich an!

JH: Sehr gut – das ist ein guter letzter Satz!

VII. Verlust und Wiederaneignung. Über ostdeutsche Diskurse

Jana Hensel: Die Aneignung einer Lebensphase ist durchaus möglich, wenn sich die eigene Erinnerung und fremde Perspektiven widersprechen. Dieser Widerspruch kann sogar produktiv machen.

Wolfgang Engler: Die Ostalgieshows verströmten Aasgeruch. Die komödiantische Vergangenheitsbetrachtung hingegen bedeutete einen Fortschritt in der öffentlichen Selbstverständigung über die Nachwendezeit.

Wolfgang Engler: In einem kleinen Text, »Ein soziologischer Selbstversuch« betitelt, versucht Pierre Bourdieu herauszufinden, wie er zu dem wurde, der er als einer der einflussreichsten Intellektuellen seiner Zeit geworden war.

Jana Hensel: Wie denn?

WE: Es war ihm nicht in die Wiege gelegt. Er kam nicht aus Paris, aus keinem Elternhaus, das ihn für seinen Werdegang prädestiniert hätte, gehörte nicht zur geistigen Szene, die seit je das öffentliche Wort führte. Er musste sich von seiner Herkunft abstoßen, um seinen Weg zu gehen. In der Pariser Gesellschaft sprach man anders, kleidete sich anders, ging anders miteinander um, trat anders auf. Jemand, der von Haus aus nicht dazugehörte, wurde sogleich erkannt. Gab sich Mühe, das zu verbergen, so gut es ging. Nahm die Sitten, die Umgangsformen, die dort herrschten an, spielte sich in sie hinein wie Julien Sorel, der tragische Held in Stendhals Jahrhundertroman »Rot und Schwarz«. Verleugnete seine Vorgeschichte, übte so etwas wie Klassenverrat. Die zentrale Frage Bourdieus in diesem Text, die auch Eribon in seinem Buch aufgreift, lautet: Wie eignet man sich wieder an, was man von sich abgespalten hatte? Indem man *bewusst* mit seiner Herkunft bricht, lautet beider Antwort. Von einer Seite des Bruchs zurück auf die andere blickt, vom Nachher auf das Vorher. Indem man die geistigen Werkzeuge, die man sich durch den Bruch erworben hat, benutzt, um sich ohne Selbstverleugnung, ohne Selbstüberhebung in den Menschen hinzuversetzen, der man einmal war. Um die Welt, der man entstammte und in gewisser Weise entkam, ihre Üblichkeiten, Normen und Regeln, wenn schon nicht wertzuschätzen, so doch zu begreifen und ihr Recht wiederfahren zu lassen. Was für Bourdieu, Eribon und viele andere sozial »Abtrünnige« eine außergewöhnliche persönliche Anstrengung bedeutete, die Fremdheit ihrer Herkunft gegenüber zu thematisieren, fiel den Ostdeutschen sozusagen in den Schoß. In den Schoß ihrer eigenen kollektiven Abstoßung von ihrer vormaligen Lebenswirklichkeit. Wie aber schaut man auf seine Vergangenheit, wenn man durch einen historischen Bruch, den man selbst mit bewirkt hat, von ihr getrennt ist?

JH: Daraus entsteht Melancholie, glaube ich, Traurigkeit auch, man gerät ins Grübeln, nicht nur, weil durch Systembrüche immer auch Schweigeräume entstehen. Sondern weil das Bisherige auf den Prüfstand gestellt wird, nach Bilanzierung ruft. Härter und unnachgiebiger vielleicht, als wenn einfach nur Zeit vergeht, Zäsuren weniger spürbar sind und meist erst Jahre später als solche erkannt werden können. Durch historische Brüche jedoch ist den Dingen fortan, ganz neutral formuliert, eine tiefe Vergeblichkeit eingeschrieben, weil man einmal erlebt hat, wie schnell alle Vereinbarungen ausgetauscht und erneuert werden können, weil viele Werte sich buchstäblich über Nacht in ihr Gegenteil verkehren können.

WE: Der Einschnitt von 1945 ist zugleich ähnlich und anders gelagert. Da wurde der Bruch von außen herbeigeführt. Die große Mehrheit erlebte ihn als Niederlage, als Zusammenbruch, nicht als Akt der Befreiung, der auch den Blick auf den gerade vergangenen Geschichtsabschnitt öffnete.

Man hatte ein falsches Leben geführt, unter einem verbrecherischen Regime, so das Fazit, aber was dachten die Menschen damals wirklich, was empfanden sie? Die Mehrheit der Ostdeutschen ließ im Eifer des Systemumbruchs kaum etwas von dem gelten, was ihr Leben noch eben bestimmte. Ihnen musste man gar nicht erst einreden, dass ihr altes Leben ein falsches Leben war. Und so dauerte es geraume Zeit, ehe sich viele Ostdeutsche den großen Bruch zunutze machen konnten, um den je persönlichen zu reflektieren. Die Erfahrung, dass das neue Leben sie auf brachiale Weise aus dem alten warf, spielte dabei sicher eine ausschlaggebende Rolle.

JH: Im Zuge von Umbrüchen werden Menschen von einem Tag auf den nächsten zu anderen, das kann, je nach Perspektive, ein beinahe gespenstischer Vorgang sein. Manchmal werden sie sich dabei selbst zu Fremden. Außerdem hofft natürlich die Einsicht, im Falschen gelebt zu haben, stets auf einen Moment der Erlösung. Diesen Moment hat es, anders als nach 1945, nach 1989 für viele im Osten nicht gegeben. Das hängt auch damit zusammen, dass die Deutschen nach dem Zweiten Weltkrieg eine ungleich größere, oftmals auch sehr große persönliche Schuld abzutragen gehabt hätten. Sie werden froh gewesen sein, dass man sie mit den alten Realitäten nicht mehr allzu sehr behelligt hat. Diese Schuld konnte zumindest in Westdeutschland sehr erfolgreich verdrängt werden: Das Wirtschaftswunder brach an, die Wohlstandsexplosion der alten Bundesrepublik besänftigte die alten Dämonen, und mit den Jahrzehnten hat man sogar die Demokratie schätzen gelernt. In der DDR wurden die Dämonen mit Hilfe der antifaschistischen Erzählung zu bannen versucht. Nach 1989 hatten die Ostdeutschen das Bedürfnis, sich auch weiterhin in ihren Erfahrungen von vor 1989 spiegeln zu können, es gibt also ein anderes Bedürfnis nach Kontinuität über den Bruch hinaus. Manchmal denke ich allerdings, dass der Bruch nach 1945 für Westdeutschland gar nicht so groß gewesen ist.

WE: Inwiefern?

JH: Ich frage mich, ob nicht die beiden Brüche, von 1945 und von 1989, im Osten in Wahrheit jeweils tiefgreifender und einschneidender waren? Imre Kertész hat 1991 in seinem »Galeerentagebuch« geschrieben: »Vor dem Selbstmord hat mich jene ›Gesellschaft‹ bewahrt, die mir nach der Erfahrung des KZs in Form des ›Stalinismus‹ bewies, dass von Freiheit, von Befreiung, von großer Katharsis und so weiter [...] überhaupt nicht die Rede sein konnte; diese Gesellschaft garantierte mir die Fortsetzung des Lebens in Knechtschaft und sorgte so dafür, dass viele Irrtümer gar nicht erst möglich wurden.« Er meint damit die Selbstmorde von Jean Améry, Tadeusz Borowski, Paul Celan und Primo Levy. Aber das ist ein sehr weites Themenfeld, und der Versuch, eine solche Frage zu beantworten, konfrontiert einen sofort mit einer Reihe von Widersprüchen. Aber, ja, ich gebe Ihnen vollends recht, die Jahre 1945 und 1989 spiegeln sich auffällig ineinander. So auffällig, dass ich mich oft wundere, wie selten diese beiden Zäsuren miteinander ins Verhältnis gesetzt werden. Mir ist das schon während einer längeren Lesereise mit den »Zonenkindern« durch die USA und Kanada aufgefallen. Nach den Veranstaltungen kamen öfter ältere Männer und Frauen, die meist aus privaten Gründen aus Deutschland in die USA gegangen waren, auf mich zu und sagten, dass sie den Umbruch, wie ich ihn für 1989/90 beschreibe, sehr gut kennen. Nach dem Krieg nämlich sei es ihnen genauso gegangen. Hier in Deutschland ist mir das nie passiert. Das ist doch auffällig und sehr interessant.

WE: Ich habe in letzter Zeit häufiger mit Menschen geredet, die 1989, ähnlich wie Sie, um die dreizehn Jahre alt gewesen sind. Mein Sohn war damals neun, er kann die Ereignisse des Jahres 1989 aus seiner eigenen Erfahrung heraus nur blitzlichtartig rekapitulieren. Die Erinnerung eines ihm zugewiesenen falschen Lebens, zu dem er sich ins Verhältnis setzen musste, hatte er nicht. Bei mir waren schon viele, viele Jahre mehr verstrichen, und anders als bei den meisten Ostdeutschen wurde der historische Bruch bei mir kein biografischer Bruch. Ich behielt meine Arbeit, tat, was ich vordem getan hatte und noch immer tue, Studentinnen und Studenten in Kultursoziologie zu unterrichten, gehe denselben Weg zu meiner Arbeitsstelle, der Schauspielschule »Ernst Busch«, treffe dort Kolleginnen und Kollegen, mit denen ich vielfach schon zu DDR-Zeiten zusammengearbeitet habe. Aber wie ist das mit dreizehn oder vierzehn Jahren? Wie setzt man sich zu einer wegbrechenden Realität in Beziehung, von der gesagt wird, das war ein falsches Leben in einer falschen sozialen Welt?

JH: Ja, das ist interessant, weil Sie mit Ihrer Arbeitsbiografie wirklich eine Ausnahme sind. Es wäre freilich einmal interessant, zu erfahren, wie viele DDR-Bürger nach 1989 tatsächlich noch dasselbe machten wie vorher. Aber zu Ihrer Frage: Historische Zäsuren wie die Friedliche Revolution, der Mauerfall und die Wiedervereinigung, die sich innerhalb von ganz kurzer Zeit vollzogen haben und damit das Gegenteil einer langsamen, vielleicht sogar schleichenden Veränderung sind, begleiten einen nicht, sondern sie treffen einen momenthaft, fast wie ein Schlag, wie ein Einbruch auf jeden Fall. Deshalb ist es sehr wichtig, wie alt man zum Zeitpunkt des Einbruchs einer neuen Realität ist, wenige Jahre Altersunterschied bekommen plötzlich eine enorme Wichtigkeit. Ich habe mich damals an jener

Schwelle befunden, an der ein beginnendes Bewusstsein bereits eingesetzt hatte, ohne dass es in irgendeiner Weise schon geformt oder gefestigt war. Als wir über die Entstehung von »Zonenkinder« sprachen, erwähnte ich das schon einmal. Ich konnte von einer quasi glücklichen Kindheit erzählen.

WE: Indem Sie manches ausgeblendet haben?

JH: Was meinen Sie damit genau?

WE: Die politischen Begleitumstände einer Kindheit und frühen Jugend in der DDR, die ideologische Beeinflussung der Heranwachsenden, die Formung ihres Denkens und Fühlens. Das ragte doch hinein in die Kindergärten, die Schulen, die diversen Organisationen. Und das kommt bei Ihnen ja auch vor, aber so, als handele es sich dabei um Naturtatsachen.

JH: Doch, natürlich, all das hat eine Rolle gespielt, von alldem wird ausführlich berichtet. Ein ganzes Kapitel widmet sich dem Thema Erziehung und trägt den Titel »Ja, das geloben wir«, aber es schloss für mich eine glückliche Kindheit nicht aus. Weil ich mich einerseits auf das Unschuldige, Kindhafte in mir noch berufen konnte und andererseits auf das zu Kritisierende, insofern ich es bereits wahrgenommen hatte. Ich würde sagen, ich konnte ambivalent erzählen. Und ich bin auf solche Erzählerweisen übrigens vorher und nachher immer wieder gestoßen. »Zonenkinder« beginnt mit den Worten: »Am letzten Tag meiner Kindheit…« Das war eine bewusste Setzung und leise Hommage an die Schriftstellerin Ingeborg Bachmann. Sie hat einmal in einem Interview sinngemäß gesagt, dass an jenem Tag, an dem die Nationalsozialisten in ihre Heimatstadt Klagenfurt einmarschiert sind, ihre Kindheit vorbei gewesen ist. Bachmann ist Jahrgang 1926, der Anschluss Österreichs fand 1938 statt, sie war damals gerade einmal elf, zwölf Jahre alt.

In ihrer autobiografischen Erzählung »Jugend in einer österreichischen Stadt« schreibt sie: »Die Kinder haben keine Zukunft. Sie fürchten sich vor der ganzen Welt. Sie machen sich kein Bild von ihr, nur vom Hüben und Drüben, denn es lässt sich mit Kreidestrichen begrenzen. Sie hüpfen auf einem Bein in die Hölle und springen mit beiden Beinen in den Himmel.« Genauso ist es: Als Kind ist man ein Niemand und dennoch überall dabei. Auch bei Imre Kertész finden sich ähnliche Motive immer wieder. Sein »Roman eines Schicksallosen« erzählt den Holocaust aus der Perspektive eines jugendlichen Kindes. Er wird als Vierzehnjähriger im Juli 1944 nach Auschwitz deportiert, gelangt von dort nach Buchenwald und schließlich in ein Außenlager in der Nähe von Zeitz. Als er im April 1945 dort befreit wurde, war er fünfzehn Jahre alt. Was ich damit sagen möchte, ohne die biografischen Erfahrungen von Bachmann und Kertész mit meiner eigenen vergleichen zu wollen: Kindliche Sprecherpositionen finden sich in der Literatur immer wieder, aus solchen Perspektiven wurden und werden immer wieder Umbrüche erzählt. Sie können aus der Perspektive eines jugendlichen Kindes wahrscheinlich nicht gänzlich erfasst werden, erscheinen auf den ersten Blick als zu groß und zu komplex, aber genau darin liegt letztlich der Sinn dieser Erzählweise.

WE: Dennoch erscheint es mir schwierig, sich eine selbst als glücklich empfundene Phase seines Lebens anzueignen angesichts einer vorherrschenden Lesart, die dieses Glück eher kindisch als kindlich, wenn nicht gar blind oder verlogen nennt.

JH: »Kindheitsmuster« ist das Buch in der DDR gewesen, in dem Christa Wolf zum ersten Mal die Schuldfrage ihrer Elterngeneration aufgeworfen hat. »Kindheitsmuster« vermischt ständig den Blick der Erwachsenen mit dem des

Kindes, insofern ist es anders erzählt als »Zonenkinder«. Christa Wolf war zum Zeitpunkt des Erscheinens siebenundvierzig Jahre alt. Insofern standen ihr mehrere biografische Zeitebenen zur Verfügung, und doch stellt auch sie die Erfahrungen eines Kindes im politischen System des Nationalsozialismus ins Zentrum der Erkenntnissuche. Ich hoffe, das beantwortet ein Stück weit Ihre Frage. Die Aneignung einer Lebensphase ist durchaus möglich, wenn sich die eigene Erinnerung und fremde Perspektiven darauf widersprechen. Dieser Widerspruch kann die Aneignung sogar produktiv machen.

WE: Ich kam auch deshalb auf diese Frage, weil Petra Köpping, die Staatsministerin für Gleichstellung und Integration in Sachsen, etwas Wichtiges getan hat. Zahlreiche ihrer Kollegen in der SPD fanden das überflüssig oder nicht so bedeutsam. Köpping ging im Vorfeld der jüngsten Wahlen zum Bundestag wiederholt in Gesprächskreise, in denen, mit einem Mal und enormer historischer Verzögerung, Menschen unterschiedlicher Generationen aus dem Osten einander ihre Geschichten erzählten und sich dadurch auch ihres Lebens vor und nach dem Umbruch vergewisserten. Da fragte ich mich schon: Warum eigentlich erst jetzt? Warum kommen diese Geschichten mit einer so enormen Verspätung in Fluss? Warum bedurfte es dazu derartiger semiöffentlicher Foren? Was hemmte den Erzählfluss bis dato?

JH: Da fällt einem vieles ein.

WE: Die Menschen waren über Jahre rund um die Uhr damit beschäftigt, ihr Leben zu organisieren, in den Griff zu bekommen. Da hätten ihnen erbitterte Auseinandersetzungen im Familienkreis gerade noch gefehlt. Und was hätten die Jüngeren den Älteren ernstlich vorwerfen sollen? Dass sie die DDR nicht verlassen haben, nicht früher auf die Straße gegangen sind? Später weder Kraft noch Muße fanden, ihr ganzes Leben aufzurollen? Fragen wie diese waren zu kurz gekommen, wie sich nun erwies. Nach fast dreißig Jahren brach es aus den Menschen heraus. Besser spät als nie.

JH: Die Initiative von Frau Köpping fand ich auch sehr bemerkenswert und richtig. Aber dennoch würde ich sagen, dass das ostdeutsche Selbstgespräch immer und gleichzeitig in verschiedenen Etappen, Formen und mit verschiedenen Resonanzen stattfand. Es war vielleicht nie zuvor so dringend notwendig oder ist als so dringend notwendig erachtet worden wie heute. »Erinnerung ist das wichtigste analytische Instrument, das wir haben«, hat Hannah Arendt einmal geschrieben. Das Interessante ist allerdings, dass das ostdeutsche Erinnern sich nach einer kurzen Atempause, in der sich wirklich niemand erinnern wollte, eigentlich immer gegen Widerstände behaupten musste, dass es also einen immer stärkeren subversiven Charakter bekam, auch, da sind wir wieder bei den Spiegelungen von 1945 und 1989, weil das Jahr 1989 eigentlich eine große Einladung war, zu vergessen. Zuerst übrigens beidseitig, die Mehrheit der Ostdeutschen hat nach 1989 die Einladung des Westens, alles was gewesen ist, zu vergessen, das Leben noch einmal quasi von null zu beginnen, dankbar angenommen. Die Menschen haben ihr bisheriges Leben ideell auf dem Schrottplatz der Geschichte zu entsorgen versucht und alles andere praktisch gleich mit auf den Müll geworfen.

WE: Richtig.

JH: Es dauerte ungefähr ein Jahrzehnt – von einigen Ausnahmen wie dem Schelmenroman »Helden wie wir« von Thomas Brussig aus dem Jahr 1995 einmal abgesehen –, dann setzte die erste große Erinnerungswelle an die DDR ein, und ein bisschen später wurden auch die neunziger Jahre als ein Erfahrungsraum entdeckt. Alexander Osang allerdings hatte in seinen Reportagen für die »Berliner Zeitung« immer, und auch mit einem großen Erfolg, über die DDR *und* die Nachwendezeit geschrieben.

WE: Aber Ingo Schulzes »Simple Stories. Ein Roman aus der ostdeutschen Provinz« war so ein Beginn.

JH: Das Buch erschien 1998. Und zum 50. Jahrestag der DDR, ja, genau so war es tatsächlich gedacht und wurde es auch kommuniziert, kam dann »Sonnenallee« in der Regie von Leander Haußmann am 7. Oktober 1999 in die Kinos. Kurz darauf, am 9. November 1999, der Film »Helden wie wir« in der Regie von Sebastian Peterson. An beiden Drehbüchern wirkte der Schriftsteller Thomas Brussig mit, für beide Filme bildeten Romane von ihm die Grundlage. Brussig war damals allgegenwärtig. Aber, wie gesagt, vor allem »Sonnenallee« war eine Zäsur, und Haußmann hat damals in den Interviews immer wieder erzählt, dass vorher kaum jemand in der Filmbranche an dieses Projekt geglaubt hatte. Die DDR als eine sehr klamaukige Nummernrevue, das hatte es vorher nicht gegeben und war offenbar auch nicht denkbar gewesen. Anders als spätere Filme über die DDR konnte dieser Film wahrscheinlich nur von einem ostdeutschen Regisseur realisiert werden, weil er für ein offenbar dringendes Bedürfnis der Ostdeutschen stand: Man wollte über früher auch lachen können. Auch in »Go Trabi Go« hatte man schon einmal gelacht, aber eher über sich selbst, die eigene Naivität und Unbeholfenheit der ersten Jahre nach der Wende. Das Lachen in »Go Trabi Go« war noch ein eher unpolitisches gewesen.

WE: Die Normalisierung in den Nullerjahren, diese relative Entspannung und die damit einhergehende Möglichkeit, etwas beruhigter erzählen zu können, drücken sich am allerdeutlichsten darin aus, dass das Genre der Komödie eine mögliche Erzählform wird. Vergleichbares findet man in den unterschiedlichsten Geschichtsepochen. Die Erzählform der Komödie signalisiert einen hinreichenden Abstand. Jetzt kann man Geschehnisse, die teilweise auch bestürzend und höchst dramatisch waren, als sie sich ereigneten, in eine andere Perspektive rücken.

JH: Man kann sie als eine Anekdote erzählen. So hat sich Leander Haußmann damals auch gegen die Vorwürfe der Bagatellisierung der DDR verteidigt. Er hat sinngemäß in Interviews immer wieder gesagt, früher war die DDR schrecklich, aber heute können wir drüber lachen. Psychologen sagen ja, wenn Erlebnisse zu einer Anekdote werden, sind sie im Grunde verarbeitet.

WE: Drei Jahre später kam dann der Film »Halbe Treppe« von Andreas Dresen heraus, der sich bereits mit der Nachwendetristesse auseinandersetzte.

JH: Der Film spielt in Frankfurt/Oder, und Dresen wird vielleicht gehofft haben, dass sich mit »Halbe Treppe« der Nachwendealltag ebenfalls bereits anekdotisch erzählen ließe; die schönen lakonischen Bilder, skurrile Figuren und liebenswerte Dialoge zeugen davon. Aber diese Zeit würde nicht so schnell vorbeigehen. Auf eine gewisse Art und Weise hat sie sich bis heute konserviert. Solche Matratzenverkäufer wie damals in dem Film gibt es heute noch. Und dann, nicht zu vergessen, 2003 »Good Bye, Lenin!«. Ich erinnere mich noch sehr genau, dass die Produzenten des Films mich damals einluden, mir den Film vor dem Kinostart anzusehen. Ich nahm eine Handvoll Freunde mit in ein großes Kino, in dem der Film nur für uns lief. Wir waren unglaublich stolz und notierten fleißig alles, was uns auffiel beziehungsweise missfiel. So groß muss unsere Skepsis gewesen sein, dass wieder andere unsere Erfahrungen erzählen wollten.

WE: Der Film wurde ein gigantischer Erfolg.

JH: Interessanterweise ist mir der Film, als ich ihn zur Vorbereitung auf unser Gespräch noch einmal anschaute, viel stärker als ein Film über die Nachwende erschienen als früher. Damals hielt ich ihn für einen Film über die DDR, aber das stimmt eigentlich gar nicht. Denn man sieht den aufwendigen Versuchen des Protagonisten Alexander Kerner, wunderbar gespielt von Daniel Brühl, die DDR für seine kranke Mutter zumindest als Kulisse oder Attrappe aufrechtzuerhalten, dem rasanten Wandel, der parallel stattfindet, aus Liebe zu seiner Mutter zu trotzen. Man sieht, wie die Kaufhallen sich leeren, weil niemand mehr DDR-Produkte kaufen will, man sieht, wie die Leute ihre Möbel auf den Müll schmeißen, und man sieht auch massenhaft Leute, die bereits ihre Jobs verloren haben. Insofern rafft der Film bereits viele erst Jahre später gemachte Erfahrungen und verlegt sie in die ersten Wochen nach dem Mauerfall. Die neunziger Jahre spulen sich in »Good Bye, Lenin!« in einer Art Schnelldurchlauf ab. Ich habe ihn nun übrigens zusammen mit meinem zehnjährigen Sohn gesehen, der immer sehr lachen musste, wenn der Junge im Film mal wieder irgendwo ein Glas Spreewaldgurken entdeckt hatte. Hinterher sagte er zu mir, Mama, das ist ein schöner Film, vor allem ist es ein schöner Film, um ihn mit einer Mama zu sehen. Nach dem Erfolg von »Good Bye, Lenin!« dauerte es nicht mehr lange, und das Phänomen der sogenannten Ostalgieshows kam auf.

WE: Schrecklich!

JH: Stimmt, aber es ist auch verblüffend, wie stark die Bücher, Filme und letztlich auch diese Shows miteinander verbunden sind. Man konnte hinterher tatsächlich den Eindruck haben, damals wurde allerorten über die DDR und die Empfindungen der Ostdeutschen gesprochen. Das ZDF sendete die »Ostalgie-Show« an einem Sonntagabend mit einem Marktanteil von 21,8 Prozent – jeder dritte in den neuen Ländern hatte laut ZDF eingeschaltet. Und Michael Hanfeld schrieb hinterher in der FAZ unter der Überschrift »Erinnerungsgegacker«, die anderthalb Stunden waren »das Grauen als Sendung, das nackte, kalte Grauen, üppig sprießend im Fernsehgarten auf dem Mainzer Lerchenberg. Ein Fall für den Fernsehrat«.

WE: Mir waren diese Sendungen ein ähnlicher Gräuel. Unerträglich, wie in den Ost-Shows im Handumdrehen vom lustigen Badeurlaub auf die Mauertoten umgeschaltet wurde. Diese Formate verströmten Aasgeruch. Die komödiantische Vergangenheitsbetrachtung hingegen bedeutete einen Fortschritt in der öffentlichen Selbstverständigung über das Gewesene. Das wäre noch wenige Jahre zuvor auf verbreitete Ablehnung gestoßen. Hätte das jemand zur Unzeit versucht, wäre ihm ähnlich harsche Kritik entgegengeschlagen wie Billy Wilder, der kurz nach dem Mauerbau »Eins, zwei, drei« drehte. Und alle fragten: Ist der Mann *völlig* durch den Wind? Der Mauerbau ist ja die Tragödie schlechthin, und wir sollen Tränen darüber lachen? Einfach geschmacklos, instinktlos dieser Film!

JH: Sie finden »Eins, zwei, drei« wirklich geschmacklos?

WE: Ich finde den Film ganz wunderbar. Wenn er wieder einmal im Fernsehen läuft und ich zufällig hineingerate, bleibe ich regelmäßig hängen und amüsiere mich prächtig. Ich sah ihn erstmals in den achtziger Jahren, da war die Mauer längst ein Faktum, schien unumstößlich. Als ich 1986 Bibliotheken in Westberlin besuchen durfte und das Ungetüm von der anderen Seite aus betrachten konnte, kam mir das Groteske dieses Bauwerks schlagartig zu Bewusstsein. Ich versetzte mich unversehens in die Zeit hinein, in der es errichtet wurde, und ahnte zumindest etwas von dem Schmerz, der Wut, die viele Berliner damals empfanden.

Ihnen war bei »Eins, zwei, drei« vermutlich wirklich das Lachen im Halse steckengeblieben.

JH: Was wir aber nicht vergessen dürfen: »Sonnenallee« ist damals arg gescholten worden. Es hagelte, wahrscheinlich auch aufgeschreckt von den enormen Zuschauerzahlen in Ost *und* West, ordentlich Protest von Seiten der ehemaligen Bürgerrechtler. Die »Bild« fragte damals: »War die Berliner Mauer wirklich so lustig?«, und zitierte einen Düsseldorfer Architekten, der bei seiner Flucht angeschossen wurde und seither querschnittsgelähmt war. »Ich finde das geschmacklos«, sagte er der »Bild«. »Alles wird verharmlost, die Seite der Opfer völlig ausgeblendet.« Auch Peter Sodann wurde zitiert: »Die Mauer ist noch in den Köpfen vorhanden. Ich weiß nicht, ob die Zeit schon reif ist, sich darüber lustig zu machen.« Sie erinnern sich gewiss an die berühmten letzten Worte des Films: »Es war die schönste Zeit meines Lebens, denn ich war jung und verliebt.« In vielen Ohren klang das wie eine handfeste Provokation.

WE: Richtig. Das ging ja noch bis zu »Das Leben der Anderen«. Mein Gott! Darf man einen Stasi-Mann zeigen, der Sympathien für sein Ausspähopfer hegt?

JH: Genau. Also Sie sehen, das ambivalente Erzählen ist eigentlich immer im Verdacht.

WE: Klar. Aber es ist auch eine Chance, mit Erfahrungen, gerade auch bedrückenden, anders zurechtzukommen, als sie nur gemeinsam zu betrauern.

JH: Es geht dabei ja auch um die Frage der Erzählbarkeit, wie müssen Stoffe erzählt werden. Ein größeres Publikum wird erst dann aufmerksam, wenn ihm die Stoffe komödiantisch, anekdotisch, vielleicht sogar ambivalent überreicht werden, weil es auf diese Weise selbst darin vorkommen kann, weil es sich nur so aufgefordert fühlt, selbst zu urteilen.

WE: Man läuft ein erhebliches Risiko, wenn man damit zu früh kommt. Siehe Billy Wilder. Oder denken wir an »Sein oder Nichtsein« von Ernst Lubitsch aus dem Jahr 1942. Ihm wurden damals die heftigsten Vorwürfe gemacht: Wie kann man über den heroischen Widerstand der Polen gegen die deutsche Gewaltherrschaft eine Komödie drehen? Gerade verbreitet sich die Schreckensnachricht von Auschwitz und anderen Todeslagern der Nazis in der Welt, und er erzählt eine Widerstandsgeschichte, die am Ende auch politisch fraglos richtig im Raum steht, in Gestalt einer Komödie. Einer der gelungensten und zugleich kühnsten der gesamten Filmgeschichte, wie wir heute wissen. Entscheidet sich für ein Genre, in dem man über die Mörder lacht, als wären sie bereits besiegt, Geschichte, sind sie aber nicht, im Gegenteil. Der Film greift dem historischen Finale, das allein seine Darstellungsweise rechtfertigen konnte, um Jahre voraus. 1942 wusste niemand, wie der Krieg ausgehen würde, und das irritierte Zuschauer wie Kritiker gleichermaßen.

JH: Aber ein Künstler hat so die Möglichkeit, in die Geschichte einzugehen, erinnert zu werden. Das hat sich immer wieder gezeigt und zeigt sich ja auch hier, indem wir über sie sprechen, uns an sie erinnern. Bücher und Filme, die im Moment ihres Erscheinens vor allem Kritiker vor den Kopf gestoßen haben, haben neue Denkräume eröffnet, haben Debatten ausgelöst und Perspektiven verändert. Nur so geht es. Als Künstler und letztlich auch als Intellektueller muss man immer wieder Neues wagen, Dinge zusammenbringen, die vorher noch niemand zusammengebracht oder zusammengedacht hat. Das bleibt der wichtigste Daseinsgrund für die Kunst. Und auch der wichtigste Daseinsgrund des Denkens.

WE: Die Filme an der Wende von den neunziger zu den Nullerjahren, die uns gerade beschäftigten, waren zu Recht Publikumserfolge und ebneten den Weg auch für wissenschaftliche und literarische Darstellungen, die differenzierter verfuhren. Wir beide haben davon profitiert.

JH: Genau. Es gab eine kurze Phase der kulturellen Aufarbeitung. Durchaus auch mit Massenappeal. Es gab auch eine ganze Menge von erfolgreichen Romanen. Eigentlich in all den Jahren. Uwe Tellkamps Epos »Der Turm« erscheint im Jahr 2008, ein Roman, von dem ich sagen würde, dass vor allem die westdeutsche Kritik ihn erfolgreich werden ließ. Kathrin Schmidts großartiger Roman »Du stirbst nicht«, die Geschichte eines Sprachverlusts, ein Jahr später. Eugen Ruges »In Zeiten des abnehmenden Lichts«, die Geschichte einer Nomenklatura-Familie, die ich als eine Art Anti-»Turm« gelesen habe, im Jahr 2011. Alle diese Bücher sind mit der wohl einflussreichsten literarischen Auszeichnung, dem Deutschen Buchpreis, ausgezeichnet worden und haben deshalb jeweils ein großes Publikum erreicht. Das Werk der in Ostberlin geborenen und als Kind ausgereisten Schriftstellerin Julia Franck zählt auch dazu und zuletzt noch einmal Lutz Seiler mit dem Roman »Kruso« im Jahr 2014. Von Clemens Meyers »Als wir träumten« habe ich schon gesprochen.

WE: Viele dieser Romane sind später ebenfalls verfilmt worden.

JH: Die ostdeutsche Erfahrung birgt ein enormes literarisches und erzählerisches Potential in sich. Die Fernsehserie »Weissensee« gehört auch unbedingt in diese Aufzählung, die erste Staffel wurde 2010 gesendet. Dennoch: Die in den Romanen und Filmen geschilderten Erfahrungen sind nicht in eine gesamtdeutsche Selbsterzählung eingegangen. »Das Leben der Anderen« hat sogar den Oskar gewonnen. Es ist und bleibt paradox, absolut paradox.

WE: Es handelt sich bei den genannten Werken um Ausnahmen, die gegen die Flut simplifizierender DDR-Erzählungen fiktionaler wie nichtfiktionaler Art einfach nicht ankamen.

JH: Es blieb bei punktuellen Erzählungen, punktuell sogar sehr erfolgreichen Erzählungen. Ich erinnere mich noch sehr gut an das zwanzigjährige Mauerfall-Jubiläum im Jahr 2009, das die Nullerjahre quasi beendete. In »Achtung Zone. Warum wir Ostdeutschen anders bleiben sollten« versuchte ich, eine Bilanz der ersten zwanzig ostdeutschen Jahre zu ziehen. Ich suchte nach einem möglichen Erbe der Friedlichen Revolution, bin nach Bischofferode gefahren, fragte mich, warum der Osten keine Sprache hat, schrieb über Jenny Gröllmann und Ulrich Mühe, aber auch ein langes Kapitel über Rostock-Lichtenhagen. Dieses Buch lag völlig quer zum damaligen Zeitgeist, könnte man sagen: Offiziell wurde das Jubiläum dazu genutzt, noch einmal an die glücklichen Tage der Revolution zu erinnern. Die Ostdeutschen wurden zu Freiheitshelden stilisiert, aber über die Nachwende und ihre Verwerfungen wollte niemand reden. Ich glaube, beide Seiten wollten dieses Jubiläum in einer gewissen Routine über sich ergehen lassen. Die Ostdeutschen ignorierten es größtenteils, und die Westdeutschen erzählten, wie gesagt, Heldengeschichten. Die »Torgauer Zeitung« fragte damals ihre Leserschaft zu diesem 20. Jahrestag, ob sie noch an den Mauerfall erinnert werden möchte, und drei Viertel aller Befragten beantworteten diese Frage mit Nein.

WE: Die staatstragende Dramaturgie dieser Feiertage sparte die Vielschichtigkeit ihrer Erfahrungen aus.

JH: Ja. Mit dem Mauerfall ist nämlich beides verbunden: großes Glück und großes Unglück. Damit ist jene Marginalisierungserfahrung, die eine der ostdeutschen Erfahrung zentral eingeschriebene ist, sehr gut markiert. Sie bedeutet letztlich, man fühlt sich ausgeschlossen, die Erzählung der eigenen Geschichte haben andere übernommen.

WE: Aber jetzt scheint man gewillt, mit dieser Marginalisierung zu brechen.

JH: Ich sagte es bereits, wenn Pegida heute von »Lügenpresse« spricht, dann hat das auch mit der Erfahrung zu tun, die eigenen Erfahrungen nicht angemessen gespiegelt zu finden. Pegida ist nicht mehr verlinkt mit DDR, und auch der Wahlerfolg der AfD ist nicht mehr verlinkt mit einer Diktaturerfahrung, sondern Pegida und die AfD sind verlinkt mit einer Globalisierungserfahrung und markieren einen Themenwechsel: Es sind die Nachwende-Erfahrungen, die jetzt besprochen werden. Freilich wird diese Tatsache nicht so offen formuliert, weil es sich bei beiden Bewegungen nicht um aufgeklärte Bewegungen handelt. Deshalb kann dieser Themenwechsel von der Mehrheitsgesellschaft auch immer wieder bewusst abgewehrt und abgewertet werden. Dann kann jemand wie Wolf Biermann in einem »Spiegel«-Interview sagen, dass es sich um noch eine weitere Spätfolge des Unrechtsstaates und immer noch gebeugt gehende DDR-Bürger handelt. Aber das ist eine Überdehnung dessen, was man als historische Erfahrung der DDR noch zuschreiben kann. Alexander Osang bestätigte das in seiner großen Reportage, die er für den »Spiegel« über Pegida schrieb. Mein Kollege Martin Machowecz und ich haben ihn in einem Interview gefragt, ob er eine Erklärung für Pegida habe. Er sagte uns: »Ich hab's versucht. Ich bin auf vielen Pegida-Märschen in Dresden mitgelaufen, ohne wirklich zu verstehen, worum es denen geht. Die Bewegung erschien mir sehr heterogen, ich habe lange keinen Ansatz für einen Text gefunden. Bis einer rief: ›Mensch, Alex, was machst'n du hier?‹ Das war mein alter Kollege Torsten Preuß, der früher bei der *Berliner Zeitung* war, inzwischen bei Pegida ist. Ich habe ein Porträt nur über ihn geschrieben. Das war schwierig genug. Wie kann jemand, der aus der DDR ausreiste, ein Punk, ein Surfer, ein Künstler, ein Reporter, da enden?« Im nächsten Jahr jährt sich der Mauerfall zum dreißigsten Mal, die DDR selbst ist gerade einmal vierzig Jahre alt geworden. Wir reden also inzwischen über ähnlich lange historische Zeiträume. Ich glaube, die Öffentlichkeit, also der westdeutsch dominierte Blick, muss sich von diesem nahezu besessenen Starren auf die DDR verabschieden. Wir müssen uns viel eindeutiger der Nachwendezeit zuwenden.

WE: Ja, das teile ich. Wobei wir auch sicher sein können, dass es nicht wenige Leser unseres Gesprächs geben wird, die genau diese Ansicht, dass die gerade genannten Phänomene ihre Erklärungen fast hauptsächlich in den letzten drei Jahrzehnten finden und eben nicht davor, als einen neuerlichen Versuch betrachten werden, das Erbe der DDR und gerade das Düstere derselben zu entsorgen. Aber damit muss man halt leben. Oder?

JH: Wir haben ja gute Gründe für unsere Argumentation. Weil die Erfahrungen der letzten dreißig Jahre letztlich tiefgreifender waren. Auch das ist ja ein Vorwurf an die Nachwendezeit: Sie sei so scheinbar ereignislos gewesen. Aber diese nun fast dreißig Jahre sind keine geschichtslose Zeit. Nur ein westdeutscher Blick kann sagen, dass sich mit und nach dem Mauerfall ein Ende der Geschichte ereignet hätte. In Ostdeutschland hingegen hat die Geschichte nie aufgehört oder auch nur eine irgendwie geartete Pause eingelegt.

VIII. Brüche. Wechsel der Perspektiven. Wir versus ihr. Über aktuelle Debatten

Wolfgang Engler: Aktuelle Identitätspolitik besitzt einen blinden Fleck!

Jana Hensel: Identitätspolitik *ist* Sozialpolitik!

Jana Hensel: Ich glaube, ich würde heute hier nicht sitzen, wenn es Angela Merkel nicht gegeben hätte.

Wolfgang Engler: Warum?

JH: Angela Merkel ist für mich und meine Biografie sehr wichtig. Ich habe mein weibliches Selbstbewusstsein wesentlich aus ihrem Selbstbewusstsein abgeleitet – auch wenn sie den Ostdeutschen während all ihrer Jahre im Kanzleramt vieles schuldig geblieben ist. Und letztlich den Westdeutschen dadurch auch. Angela Merkel hat als Bundeskanzlerin keine spezifisch ostdeutsche Erfahrung in den Diskurs eingespeist. Sie hat allenfalls über ihre DDR-Prägungen gesprochen. Sie hat ihre Machtposition nicht ausreichend genutzt, um den deutsch-deutschen Dialog zu vervielfältigen. Im Gegenteil, aus ihrer Präsenz als mächtigste Frau der Welt hat sie mittlerweile, in Bezug auf das Ostdeutsche und die ostdeutsche Erfahrung, eher eine Feigenblattfunktion inne. Sie steht nicht exemplarisch für einen Aufstieg, sondern für einen, der singulär geblieben ist.

WE: Das verstehe ich sogar ein wenig. Wie auch bei Barack Obama, der eines um *jeden* Preis vermeiden wollte, nämlich seine Herkunft allzu sehr in den Vordergrund seines politischen Handelns zu rücken.

JH: Das sehe ich anders.

WE: Und er hat es fast durchgängig geschafft.

JH: Nein! Da muss ich Ihnen heftig widersprechen.

WE: Doch. Er hat es selbst bei Rassenunruhen infolge gedemütigter oder grundlos erschossener Schwarzer vermieden, Öl ins Feuer zu gießen, und sehr moderat reagiert.

JH: Barack Obama war von Anfang ein *dezidiert* schwarzer Präsident. Es ließ sich ja auch gar nicht verheimlichen. Wenngleich er seine Präsidentschaft nicht in einem revolutionären Sinne verstand, sie also nicht aktionistisch betrieb, sondern, sagen wir, mit der ihm eigenen präsidialen Coolness durchaus gehofft hat, dass, je konservativer er sich inszeniert, desto mehr würde es ihm gelingen, das Land zu einen. Er sah sich selbst als Teil des amerikanischen Traums, er interpretierte die Lebendigkeit und Wirkmächtigkeit und Vitalität dieses amerikanischen Traums in dem Sinne, dass er als Schwarzer darin eben auch Präsident sein konnte. Er sah sich dezidiert als ein Nachfahre der Gründergeneration, nicht als ihr Opponent. Dass er schließlich selbst Anlass zu einer derart großen Spaltung sein könnte, von der Donald Trump profitierte, das hat er, zumindest in den ersten Jahren, nicht erwartet. Das konnte niemand erwarten.

WE: Für mich ist Obama der größte Versager im Amt eines amerikanischen Präsidenten seit Jahrzehnten!

JH: Ich halte solche Sätze für eine maßlose Übertreibung und bin gespannt auf Ihre Argumente. Ich war zur Zeit seines ersten Wahlkampfes gerade ein paar Wochen in Los Angeles und konnte jene Stimmung beobachten, die er entfacht hat. Damals war das Land in einem Aufbruch, viele hofften auf eine Aussöhnung. Und ich kann mich noch sehr gut daran erinnern, wie er am Wahlabend im Chicago Grant Park auftrat, um seine *Victory Speech* zu halten. Sie beginnt mit den folgenden Sätzen: »Wenn es da draußen jemanden gibt, der noch daran zweifelt, dass die Vereinigten Staaten ein Ort sind, an dem alles möglich ist, der sich noch immer fragt, ob der Traum unserer Gründerväter heute noch lebendig ist, der noch immer die Kraft unserer Demokratie in Frage stellt, hat heute Abend eine Antwort bekommen. [...] Es ist die Antwort, die von Jungen und Alten, Reichen und Armen, Demokraten und Republikanern, Schwarzen, Weißen, Hispaniern, Asiaten, amerikanischen Ureinwohnern, Homosexuellen, Heterosexuellen, Behinderten und Nichtbehinderten gegeben wird. Von Amerikanern, die der Welt eine Botschaft geschickt haben, dass wir nämlich niemals nur eine Ansammlung von Individuen oder eine Anhäufung roter und blauer Staaten waren. Wir waren immer die Vereinigten Staaten von Amerika, und wir werden es auch immer sein.« Und einer wie Jesse Jackson stand in der ersten Reihe und hatte wie viele andere Tränen in den Augen.

WE: Die Reden, die er vor seinem Amtsantritt hielt, bewegten auch mich. Die klangen verheißungsvoll. Desto größer war meine Enttäuschung hernach.

JH: Mögen Sie Ihre Kritik begründen?

WE: Für mich hat er als Präsident weitgehend versagt.

JH: Aber die Fakten sind andere!

WE: Er war schwarz. Das allein war ein Novum, bedeutete etwas. Aber in seiner Politik, in dem, was er getan, bewirkt hat, erkenne ich keinen wirklichen Aufbruch, tut mir leid.

JH: Was meinen Sie denn genau? Er hat gegen große Widerstände der Republikaner Obamacare eingeführt, er hat die Folter beendet, er hat das Atomabkommen mit dem Iran verabschiedet. Die amerikanische Wirtschaft prosperierte, als er aus dem Amt schied. Und er hat sich zum Ende der ersten, aber stärker noch in der zweiten Hälfte seiner Amtszeit auch entschieden, leider entscheiden müssen, noch dezidierter als früher auch als Schwarzer aufzutreten. Diese Wendung lässt sich sogar sehr genau datieren. Nachdem der siebzehnjährige Highschool-Schüler Trayvon Martin im Februar 2012 von einem Nachbarschaftswachmann erschossen wurde, weil er einen Hoody trug und sich allein dadurch verdächtig machte, sagte Obama: »Das ist eine Tragödie. Und wenn ich an diesen Jungen denke, denke ich an meine eigenen Kinder. Wenn ich einen Sohn hätte, würde er wie Trayvon aussehen.« Kurz darauf beginnt übrigens die erste große rassistische Kampagne gegen ihn, in der behauptet wurde, er sei nicht amerikanischer Staatsbürger und muslimischen Glaubens. Nicht zu vergessen seine Rede im März 2015 anlässlich des 50. Jahrestages der sogenannten Selma-Märsche, einer der ganz wichtigen Etappen der *Civil Rights Movements*. Obama stand auf der Edmund Pettus Bridge in Selma und begann seine Rede mit: »Man hat im Leben nicht oft die Ehre, nach einem seiner Helden das Wort zu ergreifen. Und John Lewis ist einer meiner Helden.« Lewis war einer der Initiatoren dieser Märsche gewesen.

WE: Er ist für mich dennoch eine Enttäuschung.

JH: Aber haben Sie auch eine Begründung dafür?

WE: Weil er es vor allem in Bezug auf die ökonomischen und sozialen Missstände in seinem Land, die zum Besseren zu wenden in seiner Macht lag, an der nötigen Umsicht und Entschlossenheit vermissen ließ.

JH: Nein, das sehe ich nicht so, er hat nicht komplett versagt.

WE: Nicht komplett, das wäre tatsächlich übertrieben, aber schauen Sie: Er kommt kurz nach dem Ausbruch der Finanzkrise ins Amt. Besaß *jeden* Grund, *jedes* Recht und *jede* Handhabe, dazwischenzuhauen. Dazu fehlte ihm der Mut. Lud die Jungs von Goldman Sachs ins Oval Office, sich der Sache anzunehmen. Sie blockten durchgreifende Reformen auf dem Finanzsektor ab. Lediglich der Binnenhandel der großen Geldfabriken kam auf den Prüfstand. Da gab es Beschränkungen, durchaus sinnvoll, die hebt Trump soeben wieder auf. Aber das war es dann auch. Wie verhielt sich demgegenüber Roosevelt in der durch den Börsencrash von 1929 ausgelösten Weltwirtschaftskrise? Er nutzte die Gunst der Stunde, disziplinierte den Finanzkapitalismus seiner Zeit und schuf mit dem New Deal die Grundlagen des noch immer schwächelnden Sozialstaats in den USA. Nichts dergleichen bei Obama. Stattdessen *bail-outs* von Banken und Versicherungen auf Kosten der Steuerzahler in gigantischem Ausmaß. Und jede Menge Berater von der Gegenseite, übrigens nicht allein bei wirtschaftlichen Fragen. Seine gesamte Administration war von solchen Seitenwechslern durchsetzt. Wie konnte er da ein starker Präsident sein? Das einzige Vorhaben, das er glaubhaft in Angriff nahm, war Obamacare, die Reform der Krankenversicherung zugunsten der Armen. Auch das letztlich ein Fehlschlag. Wer krank und nur durch Obamacare versichert war, bekam ein echtes Problem. Für die Leistungen, die so jemand in Anspruch nehmen konnte, war Notversorgung noch eine Übertreibung. Ärzte behandelten diese Patienten ungern. Auf Termine bei Spezialisten warteten sie endlos. Bekamen sie dann doch einen, trugen sie den Großteil der Kosten selbst. Junge und Gesündere nahmen daher lieber eine Strafgebühr in Kauf, wenn sie bei Ärzten zur Behandlung vorstellig wurden, als sich derart abzusichern. Deshalb schlossen weit weniger Bürger, als an sich dafür in Frage kamen, eine Versicherung nach Obamacare ab. Zwanzig Millionen US-Amerikaner blieben, wie sie waren: ohne verlässliche Vorsorge im Krankheitsfall. Viele Unternehmen, die Versicherungspakete mit gestuften Leistungsangeboten anboten, schrieben folgerichtig Verluste, einige verabschiedeten sich zügig aus dem Geschäft, andere kündigten dergleichen an. So sah es aus, als Trump das Zepter in Washington übernahm. Als er daranging, eine Gesundheitsreform abzuwickeln, die zu diesem Zeitpunkt bereits schwerkrank daniederlag. Zugegeben, der Widerstand der Republikaner trug das Seine zu diesem Misserfolg bei. Aber das letzte Urteil über diese Reform allein dem Markt anheimzustellen, dafür zeichneten Obama und seine Berater verantwortlich. Mindestens so unglücklich agierte der Präsident in der Syrienkrise. In seiner Eigenschaft als Oberbefehlshaber der Streitkräfte entschied er sich trotz schwerster Bedenken fast seines gesamten Generalstabs dafür, Assad militärisch zu erledigen, und verbündete sich mit radikalen Islamisten und Terroristen. Die Zeitschrift »Cicero« widmete diesem Zerwürfnis einmal ein ganzes Dossier. Das Verhältnis zu Russland litt dadurch weiteren Schaden, aber das nahm der Friedensnobelpreisträger sehenden Auges in Kauf. Damit hatte er seinen Kredit bei mir endgültig verspielt. Das war unverzeihlich. Alte Politik. Freund oder Feind. Die auf dem Plan verbliebene Supermacht zeigt ihrem alten Rivalen, wo der Hammer hängt. Er setzte weniger Bodentruppen im Ausland ein als seine Vorgänger, zugleich weitete er Einsätze von Sonderkommandos, Drohnen- und gezielte Tötungsfeldzüge rapide aus. Mein Fazit seiner Amtszeit entspricht in etwa der Bilanz, die Noam Chomsky 2016 in seinem Essay »Das Vermächtnis der Obama-Regierung« zog. Unverzeihlich, um wieder auf unsere Verhältnisse zu kommen, in meiner Wahrnehmung auch die Ersetzung von Politik durch Moral, die Angela Merkels Handeln in der Flüchtlingsproblematik kennzeichnete. Sie erhob die Grundsätze ihres Vorgehens, höchst verständliche humanitäre Erwägungen, zur verbindlichen Prämisse für den Rest der Bevölkerung. Mit Menschen, die ihr Handeln prinzipiell anders bewerteten, wollte sie nicht länger im selben Land leben. Wieder die moralische Keule, Beschämung statt Argumentation. Frau Merkel steht in der langen Reihe all jener Politiker und Politikerinnen, die seit den achziger Jahren die

Weichen dafür stellten, dass eine Politik der offenen Tür, der ungesteuerten Zuwanderung, legal oder illegal, mit der Aussicht auf Bleiberecht oder nicht, die sozialen Konflikte im Ankunftsland zwangsläufig verschärfen musste. Sie handelte moralisch, moralisierend, und das im Blindflug, ohne die erwartbaren Folgen ihrer Entscheidungen mitzubedenken. Etwas Ärgeres lässt sich über Politiker kaum sagen.

JH: Ja, es stimmt, Obama hat die Jungs der Wall Street, um es mit Ihren Worten zu sagen, nicht entmachtet. Aber daraus zu schlussfolgern, er sei komplett gescheitert, leuchtet mir nicht ein. Barack Obama und Angela Merkel sind für mich, das sagte ich bereits, sehr wichtige Figuren, identitätsbildend sogar. Beide sind sich in vielen Dingen ähnlich, aber in einem unterscheiden sie sich eklatant: Barack Obama hat zu keinem Zeitpunkt auf seine eigene Identität verzichtet, er hat seine eigene Biografie quasi zur Grundlage seines Aufstiegs gemacht. Ta-Nehisi Coates, der während Obamas Präsidentschaft zu einem der einflussreichsten Essayisten Amerikas geworden ist, erzählt in seinem Buch »We were eight years in power. Eine amerikanische Tragödie« sehr eindrücklich davon.

WE: Obama hat das Land weiter gespalten. Für die Anliegen und Sorgen ganz normaler Leute besaß er kein aufnahmebereites Organ. Die alltäglichen Nöte der Menschen im Rustbelt begriff er nicht als seinen Auftrag. Das muss man sagen. Dabei wusste er doch nur zu gut, wie schwer es ist, sich durchzuboxen, und wie leicht man scheitert in diesem Land.

JH: Sein Aufstieg hat das Land *auch* gespalten, ja, das ist leider eine Tatsache. Aber zu sagen, er hat das Land weiter gespalten, ist eine Feststellung, die ich in aller Entschiedenheit zurückweisen muss. Sie geht von seiner Schuld aus, mehr noch, sie kehrt die Schuld um. Demnach sind nicht länger die Rassisten schuld an ihrem Rassismus, sondern der Präsident, weil er nicht weißer Hautfarbe ist. Wollen Sie das ernsthaft so sagen?

WE: So etwas zu behaupten wäre in der Tat absurd, das käme mir nicht in den Sinn. Ursprung und Geschichte des US-amerikanischen Rassismus sprechen Obama frei von jeglicher Mitschuld an diesem Phänomen. Dafür trugen und tragen ganz andere Kreise die Verantwortung. Er verkörperte wie keiner seiner Vorgänger die Hoffnung auf eine entschiedene Wende hin zu mehr Respekt, mehr Gegenseitigkeit. Er unterzeichnete diese Hoffnung gleichsam mit seiner ganzen Person. Aber als Politiker blieb er vieles schuldig. Die Ignoranz der weißen Mittelschicht gegenüber, diesem einstigen, seit längerem zerbröselnden Grundpfeiler des liberalen Amerika, rächte sich bitter. Er übersah diese Menschen, ließ sie in ihrer ungehobelten Art, in ihrem tiefsitzenden Frust rechts liegen. Da sammelte sie die neue Rechte ein.

JH: Emanzipationsbewegungen, die ja im Kern Gleichheits- und Gleichberechtigungsbewegungen sind, fordern, je sichtbarer und erfolgreicher sie sind, Gegnerschaft heraus. Auch deshalb nennt Ta-Nehisi Coates Donald Trump Amerikas ersten weißen Präsidenten. Er sagt, dass weniger Trumps politisches Programm, sondern alleine seine Hautfarbe ausreichte, um gewählt zu werden. Das zeigen ja auch alle Studien: Durch alle Schichten und Milieus hindurch, unter Frauen wie Männern hat keine andere Gruppe so stark für Trump votiert wie das weiße Amerika. Seine Wahl ist ein gigantischer *Backlash*. Eine solche Umkehrbewegung jedoch den Emanzipationsbewegungen anzulasten bedeutet, die Schuld umzukehren. Aber Ihre Kritik, die ich sogar in Ansätzen teile, ist eine linke Kritik an der Wirtschafts- und vor allem Finanzpolitik Obamas. Daraus aber zu schließen, er sei komplett gescheitert, ist übertrieben. An dem historischen Einfluss, den sowohl Obama als auch Merkel auf das hatten, was wir Identitätspolitik nennen, das, was wir als emanzipatorisch-progressiv interpretieren, daran besteht für mich kein Zweifel. Nur eben mit dem für manche kleinen, für andere gewaltigen Unterschied: Barack Obama hat selbst für diese Emanzipation gekämpft, Angela Merkel hat sie allein durch ihre Präsenz befördert, ohne selbst je aktiver Teil dieser Emanzipation zu sein.

WE: Identitätspolitik war bei Obama stärker ausgeprägt als bei Angela Merkel. Wozu es führt, wenn man identitätspolitische Themen so hoch veranschlagt, dass die klassische soziale Frage in den Hintergrund gerät, konnte man im US-amerikanischen Wahlkampf beobachten. Donald Trump hat diesen strategischen Fehler von Hillary Clinton eiskalt ausgenutzt.

JH: Aber Obamacare ist doch genau der Schritt in jene Richtung gewesen, den Sie sich so sehr wünschen. Zwanzig Millionen Amerikaner, die vor seiner Amtszeit nicht krankenversichert waren, stehen heute unter dem Schirm von Obamacare. Kein Präsident vor ihm hat das geschafft. Warum Sie das so stark verurteilen, ist mir absolut rätselhaft.

WE: Misslungen, wie gesagt, konzeptionell wie handwerklich. So sehr, dass sich selbst viele Adressaten dieser Reform davon abwendeten. Gesünder sind seine Landsleute während seiner Amtszeit jedenfalls nicht geworden. Den Drogennotstand hat nicht er ausgerufen, sondern sein Nachfolger.

JH: Ein Gegenbeispiel: Mit Obamacare haben selbst mittellose HIV-Infizierte eine Krankenversicherung bekommen, das war eines seiner wichtigsten Anliegen gewesen. Außerdem lag die Arbeitslosenquote bei seinem Amtsantritt bei 7,8 Prozent, im Dezember 2016 war sie auf 4,7 Prozent gesunken. Was er nicht geschafft hat, ist, die Schere zwischen Arm und Reich zu verkleinern, aber das hat er in seiner letzten Rede zur Lage der Nation selbst beklagt. An dieser Stelle hat er sein Scheitern offen zugegeben. Aber zum Beispiel hat er auch ein großes Konjunkturpaket verabschiedet, das die Rezession verhinderte, und er hat allein neunzig Milliarden Dollar Subventionen für grüne Energien bereitgestellt. Manche sagen, Obamas Ökobilanz sei hervorragend.

WE: Trump ist eine gruselige Figur. Aber was er bei seiner Amtseinführung über den Zustand seiner Nation sagte, war nicht nur an den Haaren herbeigezogen. Übertrieben, sicher, aber nicht ohne Bezug zur Wirklichkeit. Auf manchen Sektoren sind die USA das Maß der Dinge: Grundlagenforschung, IT, Militärtechnologie. In anderer Hinsicht bieten sie das Bild eines Entwicklungslandes: öffentlicher Verkehr, öffentliche Schulen, Infrastruktur, Straßen, Brücken. Selbst in New York hängen die Stromleitungen durch, reiht sich ein Schlagloch an das andere. »Das kann doch nicht wahr sein!«, denkt man da. »Das ist ja wie im alten Osten!« Während der Finanzkrise kündigte Obama eine viele Milliarden Dollar umfassende Modernisierungsoffensive an, um sein Land diesbezüglich wieder fit zu machen. Die wahrhaft astronomische Zahl von 900 Milliarden Dollar geisterte durch die Medien. Wo ging dieser Geldregen nieder? Was bewirkte er? Die in Aussicht gestellte Generalrenovierung des Landes blieb offenkundig aus. Trump attestierte den Vereinigten Staaten bei seiner Inauguration einen Rückstand von Jahrzehnten und versprach, den aufzuholen, einen neuen Anlauf. Wieder nur Rhetorik, nur Wortgeklingel, um sich als Retter der Nation zu inszenieren? Für Umweltthemen besaß Obama ein offenes Ohr. Da beförderte er essentielle Anliegen der Menschheit, keine Frage. Um dieses Umsteuern auf dem Gebiet der energetischen Existenzgrundlagen mehrheitsfähig zu machen, muss man die sozialen Folgen des Ausstiegs aus nicht erneuerbaren Ressourcen mitbedenken. Dafür besaß er kein vergleichbares Sensorium. Anders als Trump. Wenn der wieder mal ein Dekret zugunsten traditioneller Industrien unterschreibt, umgibt er sich medienwirksam mit Stahlarbeitern und Kohlekumpeln und brüstet sich als deren Retter. Für Obama *bad company*, da fischte er lieber in identitätspolitischen Gewässern. Für mich repräsentiert Obama, um es pointiert zu sagen, den Typus des Soft-Politikers.

JH: Aber identitätspolitische Fragen sind doch soziale Fragen! Diesen Widerspruch, den Sie entwerfen, gibt es gar nicht!

WE: Aber wie verbinden Sie identitätspolitische Bestrebungen mit den harten Fakten, die unser aller Leben betreffen, mit Arbeit, Löhnen, mit der obwaltenden Bewirtschaftung von Arbeitslosigkeit, mit der Wohnungsfrage? Das ist doch nicht ein und dasselbe!

JH: Es sind im Kern soziale Fragen, weil jene Gruppen, denen sich die Identitätspolitik widmet, weitaus mehr als andere Gruppen von Armut, Arbeitslosigkeit, weniger Bildungs- und damit Aufstiegschancen betroffen sind. Wir wissen, dass seit den neunziger Jahren die Ungleichheit der Einkommen deutlich gestiegen ist, gleichzeitig zählen heute viel mehr Migranten zu den Ärmsten. Der Anteil der Personen mit Migrationshintergrund der 20 Prozent umfassenden Gruppe mit den niedrigsten Einkommen lag 2015 bei rund 40 Prozent; im Jahr 2005 war es nur rund ein Viertel. Ebenso verhält es sich mit den Alleinerziehenden. Alleinerziehende mit einem Kind haben eine Armutsrisikoquote von 27 Prozent, mit zwei oder mehr Kindern springt sie sogar auf 45 Prozent. Und bei den fünfundsechzig- bis fünfundsiebzigjährigen Ostdeutschen hat sich die Armutsrisikoquote von 2002 bis 2014 verdoppelt.

WE: Die Identitätspolitik, wie sie heute zumeist daherkommt, besitzt einen »blinden Fleck« in der Weltwahrnehmung. Nicht was uns verbindet, steht im Fokus, sondern was uns voneinander unterscheidet, womöglich trennt. »Ich als …«, lautet der Vordersatz, unter dem alles Weitere verhandelt wird. Und damit ist der Diskurs schon mausetot. »Ich als Frau …« – »Ich als Mann …« – »Ich als Christ …« – »Ich als Moslem …«

JH: Damit sprechen Sie den handelnden Akteuren Ihr Misstrauen aus und attestieren ihnen Egoismus. Ich glaube nicht, dass eine Feministin nur für ihr eigenes Fortkommen streitet, dafür sind die Anliegen des Feminismus zu vielschichtig. Der Feminismus ist eine solidarische Bewegung. Ich glaube auch nicht, dass Autoren migrantischer Herkunft ihre Romane nur für sich selbst schreiben. All das, was wir unter Identitätspolitik rubrizieren, also der Kampf gegen die Benachteiligung bestimmter Gruppen der Bevölkerung, ist im Kern ein solidarisches Anliegen. Die Gruppen kämpfen doch nicht gegeneinander, sondern miteinander.

WE: Teils miteinander, teils gegeneinander, eifersüchtig über die Ansprüche ihrer jeweiligen Identität wachend. »Ich als …«, »Wir als …« – alles, was dann folgt, ist unangreifbar. Durch mein höchstpersönliches Sein, meine höchstpersönliche Erfahrung gedeckt. Die kann mir niemand nehmen, niemand bestreiten. Man verweigert sich derart dem Diskurs, weist jede Infragestellung ab. Der Diskurs verkümmert zum Schlagabtausch zwischen Seinsgewissheiten.

JH: Ich erlebe identitätspolitische Fragen als eine große Öffnung der Diskurse und nicht als ihre Verschließung. Stellen Sie damit nicht auch in Frage, was das Anliegen dieses Buches sein soll?

WE: Wir verfahren ja nicht auf diese Weise, zum Glück, lassen uns wechselseitig begegnen, was das Gegenüber meint und sagt, lassen uns davon beeindrucken. Im identitätspolitischen Fahrwasser wären wir schnell am Ende. Anders wahrzunehmen, als man wahrnimmt, anders zu denken, als man denkt, bislang dachte, indem man sich austauscht, wechselseitig befragt, das ist doch der Witz der Sache, die man »Diskurs« nennt. Dabei kommen Meinungsverschiedenheiten zur Sprache, auch grundlegender Art. Auch Differenzen, die die je eigene »Identität« berühren. Die Karriere dieses Wortes, in der Bedeutung, die *wir* damit verbinden, startet spät, in den sechziger Jahren. Bis dato fand sich unter diesem Terminus in den einschlägigen Wörterbüchern und Kompendien kein einziger Eintrag. Nur ein Verweis auf die formale Logik »A = A«. Und dabei wollen wir es im Diskurs doch nicht bewenden lassen. Immer nur statuieren, wer und was wir sind, worin unsere Besonderheit liegt, unsere Einzigartigkeit. Das liefe doch auf gepflegten Narzissmus hinaus. Uns muss doch auch am Herzen liegen, herauszufinden, was uns über alles Trennende hinweg verbindet. Also nicht nur zu fragen, worin besteht mein Anspruch, mein Interesse als Mann, Frau, Transperson, als Französin, Engländer, Deutscher, als Christ, Jude, Moslem, als Arbeiter, Angestellter, Arbeitsloser, als Schwarzer, Weißer, sondern auch, und zwar mit Nachdruck: Was betrifft, motiviert, bewegt mich in meiner Eigenschaft als *Bürger*, als *Mensch*? *Unabhängig* von der Tatsache, dass ich auch noch diese oder jener bin, ein Bürger, ein Mensch mit weiteren Eigenschaften, was denn sonst. Der eine Diskurs schließt den anderen nicht aus. Aber sie fallen auch nicht zusammen. Sobald der Diskurs zum identitätspolitischen Dispositiv hin übergewichtig wird, finden wir es schwer, jene Gemeinsamkeiten zu entdecken und herauszustellen, dank deren wir unsere Anliegen in der ersten Person Singular oder Plural überhaupt erst mit Aussicht auf Erfolg formulieren und vertreten können. Es handelt sich um verschiedene Frageweisen, verschiedene Arten, etwas zu problematisieren. Zu politisieren. Um einen Widerspruch, den man produktiv machen kann, sofern man sich seiner bewusst ist. Ich bin da ganz auf der Seite des New Yorker Politologen Mark Lilla, der im vergangenen Jahr eine Streitschrift zu diesem Thema publizierte, die ich nur empfehlen kann, »The Once and Future Liberal. After Identity Politics«. »Beyond« schiene mir passender als »after«, Identitätspolitik ist keine Angelegenheit von gestern. Aber ansonsten stimme ich ihm zu, auch im Hinblick auf die deutsche Debattenlage. Gerade der linke politische Diskurs ist nach meiner Überzeugung im Verlauf der letzten Jahrzehnte zu sehr unter identitätspolitischen Vorzeichen gelaufen, auf Kosten der traditionellen sozialen Agenda und unter Vernachlässigung des Gründungsmerkmals jeder wirklich linken Programmatik, des Verhältnisses zwischen Herrschenden und Beherrschten. Die neue Rechte hat diese Schwerpunktverlagerung geschickt für ihre Zwecke ausgeschlachtet. Sie hat sich als jene Kraft in Szene gesetzt, die noch ein Gespür dafür besitzt, was den Menschen »wirklich« unter die Haut geht, was sie existentiell umtreibt. Protagonisten aus dem linken Spektrum wie Klaus Lederer, der Berliner Kultursenator, oder Sarah Wagenknecht, die Fraktionsvorsitzende der Linken im Bundestag, gehen in dieser Frage keineswegs konform. Es gibt einen Richtungsstreit, der teilweise auch mit harten Bandagen ausgefochten wird. Ich finde das richtig, den Streit in der Sache. Der muss ausgetragen werden. Nicht im Sinn eines Entweder-oder. Vielmehr, um das Bewusstsein für das zweifellos Berechtigte, aber auch für die Grenzen der identitätspolitischen Problematisierung von Ungleichheit, von Ungerechtigkeit in dieser Welt zu schärfen. »Ich bin schwul, liebe Genossen, und das ist gut so.« Klaus Wowereits Satz aus seiner Bewerbungsrede für das Amt des Berliner SPD-Vorsitzenden, war ein prägnanter Satz zur rechten Zeit und ließ damals noch allgemein aufhorchen. Inzwischen ist die sexuelle Orientierung eines Menschen, der sich für eine öffentliche Funktion bewirbt oder sie ausübt, hierzulande kein Aufreger mehr, und das ist selbstverständlich gut so. Das weiß man auch in der AfD, siehe Frau Weidel. Das hat sich durchgesetzt und darf nie wieder rückläufig werden. Identitätspolitisch zeigt die AfD Flagge, zumindest an der Spitze, sei es auch aus taktischen Erwägungen. Bezüglich der sozialen Frage lässt sich Gleiches nicht ohne weiteres behaupten, da ist die Partei in Flügel gespalten.

JH: Alice Weidel, die Co-Vorsitzende der AfD-Bundestagsfraktion, ist ein schlechtes Beispiel, weil sie selbst für das Gegenteil dessen eintritt, wofür sie ihrer Identität nach eigentlich stehen müsste. Und mit solchen Scheinheiligkeiten bricht die Identitätspolitik. Ich sage es noch einmal: Identitätspolitik *ist* Sozialpolitik. Im Kern. Ich finde die Gegenüberstellung beider Anliegen unsozial, weil wir, wie gesagt, an allen Zahlen zu sozial Benachteiligten sehen können, dass genau jene Gruppen, die wir durch Identitätspolitik ansprechen, dort überrepräsentiert sind. Wenn Obama Identitätspolitik betrieben hat, dann deshalb, weil er gesehen hat, dass die Verteilung des Reichtums entlang den Grenzen von Schwarz und Weiß verläuft. Dann hat er den Anteil migrantischer Schulabbrecher im Blick, dann sieht er, wer Zugang zu höherer Bildung erlangt, welche Bevölkerungsgruppen in der Kriminalitätsstatistik überrepräsentiert sind. Oder wie Gregor Gysi unlängst sagte: »Wenn ich als Linker nur an der Seite der armen Deutschen stehe, bin ich noch nicht links.« Er forderte seine Partei zu einer internationalistischen Haltung auf. Einer wie Klaus Lederer unterstützt ihn darin.

WE: Eine Linke, die sich nur auf die Armen stützte, gäbe ihren

Anspruch preis, eines Tages mehrheitsfähig zu werden. Ihre Zukunft hängt davon ab, ob es ihr gelingt, ein Mitte-unten-Bündnis zuwege zu bringen. Dazu muss sie Emanzipation umfassend denken, auf neue und auf altvertraute Weise, kulturell *und* sozial. Die kulturelle Problematik schließt die soziale eben nicht vollumfänglich in sich ein. Wir haben es hier vielmehr mit einem Widerspruch zu tun. Fortschritte auf kulturellem, identitätspolitischem Terrain gehen seit geraumer Zeit mit Rückschlägen in sozioökonomischer Hinsicht Hand in Hand. Schaut man auf das Ganze beider Prozesse, ergibt sich ein uneinheitliches Bild. Polizisten, Lehrer, Ärzte, Behördenvertreter, Gefängniswärter, leitende Angestellte, Männer, Eltern sehen sich in ihrem Verhältnis zu Bürgern, Schülern, Patienten, Kunden, Inhaftierten, Unterstellten, Frauen und Kindern zu mehr Respekt und Gegenseitigkeit veranlasst. In eins mit dieser sektoralen Zivilisierung der Verkehrsverhältnisse, an der identitätspolitische Bewegungen ihren Anteil haben, vollzogen sich auf der Makroebene andersartige Entwicklungen. Wohlhabende und wenig Begüterte verbindet heute weniger miteinander als noch vor wenigen Jahrzehnten. Arbeitslose bilden einen eigenen sozialen Stand mit zunehmend eingeschränkten Rechten. Dieses Zugleich von zivilisatorischen und dezivilisatorischen Prozessen ist das Charakteristikum der Gegenwart. Wir haben es hier mit gegenläufigen statt mit gleichsinnigen Entwicklungen zu tun, darauf möchte ich doch bestehen.

JH: Wenn es darum geht, Emanzipation umfassend zu denken, bin ich ganz bei Ihnen. Sobald Sie die eine gegen die andere Seite auszuspielen versuchen, widerspreche ich Ihnen grundsätzlich.

WE: Identitätspolitik trägt heute, anders als in den sechziger und siebziger Jahren, zu einer immer weiter gehenden Auffächerung der Zivilgesellschaft bei. Es geht nicht mehr vorrangig um Frauen als solche, Schwarze als solche, ethnische Großgruppen und deren Rechte, wie zu Hochzeiten der Frauenbewegung oder von *Affirmative Action*. Da verband sich Identitätspolitik ganz organisch mit den »großen Fragen«, mit den ökonomischen Grundinteressen der »99 Prozent«, wie man später sagte. Identitätspolitik heute sortiert und fragmentiert diese Großgruppen, formiert Untereinheiten und artikuliert deren fraglos berechtigte Belange. Der Streit um diesen Richtungswechsel ist derweil in den entsprechenden Milieus entbrannt, Feministen »alter Schule« werfen dem neuen Feminismus vor, die Hauptfragen der Bewegung in kleinteiligen und mitunter abwegigen Genderdiskursen unkenntlich zu machen. Nicht zufällig wurde dieser Streit hierzulande in der »Emma« ausgetragen, dem Zentralorgan des »originären« Feminismus. Wodurch bestimmt sich eine Frau, aus dem Blickwinkel der »Intersektionalität« betrachtet? Ist sie wohlhabend? Arm? Weiß? Schwarz? Lesbisch? Muslima? Jedes einzelne dieser Merkmale liefert die Handhabe für Subgliederungen des »Frauseins«. Man kann das so machen, die Merkmale existieren ja real. Aber man muss wissen, dass man derart von unten, in emanzipatorischer Absicht, dasselbe Projekt einer immer noch fortschreitenden Auflösung der Gesellschaft in ihre Bestandteile verfolgt, das die Eliten favorisieren. Siehe Margaret Thatcher: »Es gibt keine Gesellschaft, es gibt nur Individuen und Familien.« In der Konsequenz läuft das auf »Thatcherismus for lefties« hinaus.

JH: Ich fürchte, wir kommen ein bisschen von unserem eigentlichen Thema ab. Aber ich möchte doch auf das, was Sie in Bezug auf den Feminismus sagten, antworten: Es gehört zu den ältesten antifeministischen Reflexen, dem Feminismus vorzuwerfen, er würde nur für eine kleine Gruppe von

Menschen Politik betreiben. Erstens: Frauen bilden die Hälfte der Menschheit, und zweitens: Es gehört für mich zu den Zynismen des Bürgertums, den Feministinnen vorzuwerfen, ihre Anliegen seien Mittelschichtsanliegen, vor allem, weil es Frauen bildungsfernerer Schichten unterstellt, sie hätten kein Interesse an Aufklärung, Selbständigkeit und Autonomie. Die von Armut am stärksten betroffene Gruppe in diesem Land sind alleinerziehende Mütter, das hatte ich schon gesagt. Wenn sich Feministinnen dafür einsetzen, dass sie steuerlich besser behandelt werden, dass ihre rechtliche Situation verbessert wird und den Kindern völlig unabhängig von ihrer sozialen Herkunft Bildung angedeiht, dann ist das linke Politik. Alle, die sich in der feministischen Care-Bewegung engagieren, kämpfen für eine Entlastung und Besserbehandlung unterbezahlter Care-Berufe. Diese Bewegung richtet sich mitnichten an das bürgerliche Lager, sie ist im Kern so solidarisch wie wenig anderes im Moment. Jene Fraktionen der Linken, die, wie Sigmar Gabriel beispielsweise, versuchen, linke Politik gegen Identitätspolitik auszuspielen, verengen genau die Räume, die sie weit machen müssten. Es geht um breite gesellschaftliche Bündnisse, von denen sich mehr Menschen angesprochen fühlen als eine nur traditionelle Arbeiterschaft. Das wäre eine linke Utopie, so sähe die Zukunft aus! Dann würde die Linke wieder eine relevante Größe annehmen, anstatt sich dauernd zu streiten, für wen man zuständig ist und für wen nicht, wer wirklich links ist und wer nicht. Das sind in meinen Augen narzisstische Gefechte! Einladen anstatt ständig ausschließen, das ist linke Politik von heute. Um zu unserem ursprünglichen Thema zurückzukommen: Die Migrationsforscherin Naika Foroutan hat im Frühjahr einen sehr interessanten Vorstoß gemacht, indem sie in einem Interview mit der »taz« sagte: »Ostdeutsche sind auch Migranten.« Frau Foroutan griff damit einer Studie vor, die Einstellungen gegenüber Migranten und Ostdeutschen miteinander vergleicht; die Ergebnisse dieser Studie sollen im Herbst vorgestellt werden. Das Ziel ihres Vorstoßes jedoch war, und darauf will ich hinaus, zwei Bevölkerungsgruppen füreinander zu sensibilisieren und miteinander zu solidarisieren. Sie sagte: »Wir brauchen in Zukunft mehr strategische Allianzen. Diese Kämpfe gegen die Ungleichheit kann man nicht alleine führen.«

WE: Gemeinsamkeiten entdecken und ausdrücken, über das Trennende hinweg, da stimme ich Ihnen wieder vollständig zu. Eben nicht die Logik der Abgrenzung bedienen.

JH: Eine Logik der Ausgrenzung, die Sie unterstellen.

WE: Das ist Identitätspolitik in Zeiten der Postmoderne, jenseits von Stand und Klasse. Tut mir leid.

JH: Nein, das ist die Verzerrung der stattfindenden Diskurse zum Zwecke ihrer Delegitimierung. So spielt man unten gegen unten aus.

WE: Ich würde das überhaupt nicht am Feminismus festmachen. Sondern auch an anderen Diskursen, die nicht an Genderthemen hängen. Ich beobachte eine wachsende Unduldsamkeit Meinungen und Haltungen gegenüber, die den meinen oder denen meiner kulturellen Subgruppe widersprechen. Voltaires »Ich teile keine Ihrer Meinungen, aber ich werde mit aller Kraft dafür kämpfen, dass Sie sie äußern können«, wie großartig, aber das war einmal. Perdu. Damals ging es bei der Redefreiheit noch ums Ganze, um Freiheit im elementarsten Sinn des Wortes: ihrer nicht jählings durch die Staatsgewalt beraubt zu werden und im Gefängnis zu landen. Heutzutage, wo es gemessen daran um »nichts wirklich Ernstes« geht, kochen die Emotionen schnell hoch. Stellen Sie sich vor, ich würde zu Ihnen sagen: »Ich teile keine Ihrer Meinungen und billige Sie Ihnen auch nicht zu. Läge es in meiner Macht, ich brächte Sie zum Schweigen. Geht nicht? Dann gehe ich eben. Ich höre mir den Unsinn, den Sie da verzapfen, nicht länger an.« Da wären wir doch am Ende. Aber so läuft es heute, wenn es schlecht läuft. Und es läuft öfter schlecht, als allen lieb sein kann, die die Vorzüge der offenen Gesellschaft schätzen. Diese Erregung hat längst auf Universitäten und auf die Künste übergegriffen und der Freiheit des Denkens und der Phantasie Schaden zugefügt. Auch im Theater, wo ich viel Zeit verbringe. Hinwendung auch hier zum unmittelbar Bekenntnishaften. Verzicht auf den dramatischen Text, auf Situationen, Spielanlässe, die davon ableitbar wären. Verzicht auf künstlerische Verwandlung, auf Rollenspiel. Nur keine Verstellung! Vielmehr Meinung pur, von Akteuren pur, ohne weitere Umstände ans Publikum gerichtet. Und dieser ästhetische Populismus schickt sich an, den politischen in die Schranken zu weisen! Lächerlich! Gefährlich wird es, sobald dergleichen Belehrung nicht allein im Raum herumwabert, sondern zur Tat schreitet. Das Entfernen des Gedichts von Eugen Gomringer von der Fassade der Berliner Alice Salomon Hochschule ist das beste Beispiel dafür.

JH: Das war die Entscheidung des AStAs der Hochschule, also eines demokratischen Gremiums, mehrheitlich herbeigeführt. Ich kann darin nichts Anstößiges finden.

WE: Ich glaube, gerade die Deutschen haben einige Erfahrung in dieser Praxis. Das macht mich äußerst beklommen. Das muss ich schon sagen.

JH: Welche Erfahrung meinen Sie?

WE: Ich meine den Reinigungsfuror, das Faible fürs Unkrautjäten um der lieben Ordnung willen. Da wollen Männer den Frauen nicht nachstehen. Saubermänner in trauter Eintracht mit Sauberfrauen. Das geht einher mit einer Politik …

JH: … Ich kenne solche Männer nicht und würde sie, wenn ich

sie kennen würde, hier nicht als Argument anführen. Es wäre mir einfach zu unkonkret, zu wenig stichhaltig. In der Debatte wird ein männlicher Blick kritisiert, ich halte diese Kritik für absolut legitim.

WE: Von Alice Weidel stammt ein Satz, bei dem ich relativ sicher bin, dass ihn viele unterschreiben würden, vielleicht auch viele Ostdeutsche: »Die politische Korrektheit gehört auf den Müllhaufen der Geschichte.« Sie hat ihn in ihrer Rede auf dem AfD-Parteitag im Frühjahr 2017 gesagt.

JH: Das ist leider ein rechtes Argument. Wollen Sie es übernehmen?

WE: In diesem Kontext ist mir das Argument suspekt. Aber es saugt seinen Honig aus einer postmodern verunstalteten politischen Korrektheit, die ihre eigenen Ursprünge in Frage stellt. Es fällt im Osten vielleicht auch deshalb auf fruchtbareren Boden als im Westen.

JH: Warum?

WE: Weil die ostdeutsche Gesellschaft eine Sprachregelungsgesellschaft war. Da läuten vertraute Glocken, das darf man nicht verkennen. In der Nachwendegesellschaft setzten sich Sprachregelungsprozesse fort. Selbsternannte Wächter des Diskurses schufen sprachliche Marker, die das Sagbare vom Unsagbaren schieden. Wir erinnern uns: Die DDR wurde fast durchgängig als »totalitäres Regime« und »Unrechtsstaat« bezeichnet.

JH: Aber mit einem fundamentalen Unterschied: Die Vorzeichen haben sich ins Gegenteil verkehrt. Während die Sprachregelungen in der DDR zur Einhegung der Dinge geschahen, dient die *political correctness*, oder wie Sie zitiert haben: »politische Korrektheit«, ich benutze diesen Begriff sehr ungern, erst einmal dazu, Sprache zu öffnen, Barrieren und Diskriminierungen abzubauen.

WE: Offen machen?

JH: Die Realität nicht nur in einem männlichen Sinne zu interpretieren, sondern im Sinne aller Teilnehmer der Gesellschaft. Sprache durchlässig zu machen, damit sich jeder von ihr angesprochen fühlt.

WE: Das wäre schön, aber das sehe ich so nicht.

JH: Das ist die Idee eines »Binnen-I«. Das ist die Motivation jener älteren Dame gewesen, die die Sparkasse verklagt hat, weil sie als Kundin angesprochen werden wollte. Ich muss auch ganz ehrlich gestehen, in diesem Fall nehmen Sie jetzt eine privilegierte Position ein. Sie machen von Ihrer Vorherrschaft einer privilegierten Position Gebrauch, indem Sie *mir* verweigern, *Ihre* privilegierte Position fortan teilen zu wollen, mich in den Stand zu versetzen, sie teilen zu können.

WE: Nein, wir sind nur nicht einer Meinung.

JH: Sie verteidigen Ihre Privilegien. Und Sie entgegnen mir: »Ich gebe Ihnen aber nichts davon ab.« Wenn ich sage, ich möchte auch von meinem Recht Gebrauch machen, von der Sparkasse als Kundin angesprochen zu werden, würden Sie mir das Recht verweigern?

WE: Würde ich niemals tun. Aber ich habe heftig widersprochen, als der Personalrat meiner Schule die Privilegien meiner männlichen Amtswaltung mittels Sprachdiktat entsorgen wollte.

JH: Infragestellung von Privilegien, von denen Sie profitiert haben! Die Exklusivität des weißen Mannes, die sich auch im Gebrauch von Sprache ausdrückt, ist doch etwas, wovon Sie jahrelang profitiert haben.

WE: Ich habe mich um das Amt nicht gerissen. Die Privilegien, die mir dadurch zuteilwurden, bestanden ganz wesentlich darin, meine persönlichen Interessen und Vorlieben für viele Jahre zu vernachlässigen, im Zweifelsfall schulischen Belangen den Vortritt zu lassen. Das Privileg, mit meinen

Texten öffentlich Resonanz zu finden, nehme ich gern für mich in Anspruch. Es ist die Frucht beharrlicher Arbeit. Weißer Mann, weiße Sprache, womöglich auch weiße Soziologie? Das können Sie im Ernst nicht meinen. Was könnte ich noch tun, um mich bei Ihnen in ein günstigeres Licht zu setzen? Welchen Kotau verlangen Sie von mir?

JH: Dieses Wort würde ich nicht benutzen. So etwas würde ich nicht verlangen, ich hoffe auf Ihre Solidarität und letztlich Empathie mit anderen Gruppen der Gesellschaft, Gruppen, denen Sie selbst nicht angehören. Solidarität und Empathie meine ich dabei als eine politische Kategorie.

WE: Ja, immer!

JH: Nein, das tun Sie eben nicht.

WE: Immer gern!

JH: Nein, Sie haben gerade das Gegenteil getan, indem Sie beispielsweise dem feministischen Diskurs massiv seine soziale Intention abgesprochen haben.

WE: Die Intention bestreite ich in keiner Weise. Ich schaue auf das, was effektiv geschieht. Und da finde ich, dieser Diskurs ist partiell entgleist. Das ist mein Eindruck.

JH: Aber damit nehmen Sie sich das Recht, zu entscheiden, wann ein Diskurs entgleist.

WE: Soll ich mich einem Diskurs beugen, der darauf abzielt, mir das Wort zu entziehen, wenn ich im Eifer des Gefechts zu unbedacht formuliere? Ich kann mich doch als Person nicht durchstreichen, wenn ich spreche, niemand anderen an meine Stelle setzen. Um auf mein Beispiel zurückzukommen: Der Personalrat meiner Schule, von einem Mann geleitet, kam eines Tages zu mir, um mir eine Idee schmackhaft zu machen, die an der Leipziger Universität zuerst aufgekommen war. Ich sollte hinfort offizielle Dokumente durchgehend in weiblicher Form versenden, als *Rektorin* Engler. Früher sei die weibliche Form in der männlichen eingeschlossen gewesen, nun sei es an der Zeit, dieses Unrecht wettzumachen, umgekehrt zu verfahren. Ich muss wohl nicht hinzufügen, dass ich das abgelehnt habe. Was für eine Farce!

JH: Aber warum nehmen Sie denn solche absurden Beispiele und versuchen damit, den ganzen Diskurs zu diskreditieren?

WE: Nein, das tue ich nicht. Ich gehe mit vielen identitätspolitischen Initiativen ganz konform. Teile deren Impulse. Aber das Beispiel, das ich nannte, so absurd es ist, bringt die Entgleisung, von der ich sprach, zugleich auf den Punkt. Das war eben kein singulärer sprachlicher Unglücksfall.

JH: Merken Sie nicht, dass wir im Prinzip hier den Ost-West-Konflikt imitieren? Nur unter anderen Vorzeichen. Dass ich jetzt, in meiner Position als Frau, aus einer Minderheitenposition spreche und Sie mir als eine männliche Mehrheit widersprechen und einen irrationalen Eifer attestieren?

WE: Vertausche Rollen, ostdeutsch, westdeutsch. Wie sind wir da hineingeraten? Haben wir uns jetzt auch in links und rechts polarisiert? Sie links, ich rechts? Was ich in meinem ja vielleicht trügerischen Selbstverständnis als Linker der politischen Linken, auch vielen Kulturlinken, immer wieder vorwerfen würde, ist, dass deren Diskurs sich in den vergangenen Jahren auffällig zu identitätspolitischen Themen hin verschoben hat. Bei dieser strategischen Verlagerung wirkten West- *und* Ostdeutsche harmonisch zusammen. Wir tragen da einen Streit unter Ostdeutschen aus, den Westdeutsche ebenso führen können. Die im klassischen Sinn sozialen Fragen fielen da nicht einfach runter, das möchte ich nicht behaupten. Die Hartz-Reformen, zum Beispiel, fanden ihre schärfsten Kritiker in den Reihen der Linken. Aber viele Jüngere in dieser Partei taten sich doch mehr durch die Forcierung kultureller Themen hervor. Manchen, so mein Eindruck, schien es mitunter beinahe peinlich, auf das Verhältnis zwischen Herrschenden und Beherrschten zu sprechen zu kommen, sich dem Vorwurf auszusetzen, noch immer auf den alten Pfaden unterwegs zu sein. Gerade die Akademiker unter ihnen, weltläufig, mehrsprachig, wollten aus der Schmollecke heraus, die man ihnen zugewiesen hatte. Aufgrund ihres Bildungswegs, ihrer Anschauungen, ihrer ganzen Lebensweise dem globalisierungsaffinen Teil der ökonomisch Beherrschten zugehörig, fällt es ihnen schwerer als den Alten, geistig auf die andere Seite zu gelangen. Dorthin, wo die anderen leben, gleichfalls ökonomisch beherrscht, aber ohne die kulturellen Ressourcen, die ihnen gestatten würden, die Chancen der Globalisierung auszunutzen. Ich kann, worum es mir hier zu tun ist, nicht prägnanter formulieren, als der italienische Journalist Marco d'Eramo in seinem jüngsten Buch »Die Welt im Selfie«: »Wer kulturelles Kapital besitzt, kämpft ständig darum, größere Autonomie, mehr Raum zur Selbstbestimmung, größere Unabhängigkeit vom ökonomischen und finanziellen Kapital zu erhalten, ohne dabei aber je zu vergessen, dass sich die Macht über die beherrschten Fraktionen der Gesellschaft letztlich genau dem ökonomischen Kapital verdankt. Die Grenzen und die Macht der Herrschaft werden in diesem Kampf nie infrage gestellt.« Sie werden nicht nur nicht in Frage gestellt. Zahlreiche Linke neuen Typs gefallen sich darin, ihre kosmopolitische, globalisierungsaffine Denk-, Sprech- und Lebensweise zur allgemeinverbindlichen zu stilisieren. Sie repräsentieren den Teil der ökonomisch Beherrschten, der seinerseits kulturelle Herrschaft über den »plebejischen« Teil der ökonomisch Beherrschten anstrebt.

JH: Ich glaube, auch das ist eine Fehlinterpretation.

WE: Ich glaube, das Erkennen dieser Problematik ist der

Schlüssel zur Lösung, zur Überwindung des mindestens latenten Bruchs zwischen diesen beiden Fraktionen.

JH: Lassen Sie uns noch einmal auf Didier Eribon zurückkommen. Ich habe dieses Buch mit ebenso großem Interesse gelesen wie Sie, und dennoch hat sich bei der Lektüre ein nicht unerheblicher Zweifel bei mir eingeschlichen: Um die Frage zu beantworten, warum die französische Arbeiterschaft von links nach rechts gerückt ist, muss auch berücksichtigt werden, dass jene traditionelle politische Vertretung der Arbeiterschaft, also einer weißen, männlich dominierten Arbeiterschaft, eine strukturkonservative Linke gewesen ist. Das heißt, man kann sogar sagen, dass diese sehr homogene Arbeiterschaft sich in ihren Einstellungen im Grunde gar nicht verändert hat, sondern dass sich der Bezugsrahmen gedreht hat.

WE: Ja. Aufgrund dieser Drehung erscheinen die einstigen sozialen Trägerschichten der politischen Linken im selben trüben Licht, in dem die Bauern der deutschen Sozialdemokratie zu Marx' Zeiten erschienen: als konservative, wenn nicht gar als reaktionäre Masse. Marx geißelte diesen scheinlinken Snobismus unnachsichtig. Derselbe Bannstrahl trifft heute die Arbeiterschaft: mental, in ihren Sitten und Gebräuchen, irgendwie von gestern. Partiell rassistisch, homophob.

JH: Das mag für die neunziger Jahre gelten, auch noch für den Beginn des 21. Jahrhunderts, aber nun bewegt sich die Linke eben mithilfe der Identitätspolitik wieder auf sie zu. Das ist eine fundamentale Korrektur eines linken Kurses. Die Arbeiterschaft ist in Deutschland auch migrantisch, in Amerika ist sie größtenteils afroamerikanisch und migrantisch.

WE: Welche Arbeiterschaft jetzt?

JH: Die Arbeiterschaft, von der Sie glauben, dass wir uns alle von ihr verabschiedet haben. Sie ist in den großen urbanen Zentren Westdeutschlands größtenteils migrantisch. Das ist genau jene Arbeiterschaft, von der Sie mir vorwerfen, dass ich sie vergessen will, und von der ich eher glaube, dass Sie sie in ihrem Ursprung übersehen, gleichsam marginalisieren. Die Arbeiterschaft von heute sind nicht die Enkel von Didier Eribon, sondern die der Zugewanderten.

WE: Die einen wie die anderen, würde ich sagen. Die migrantische Arbeiterschaft ist so wenig lupenrein wie die altansässige. Rassistischen Vorurteilen ausgesetzt, ist sie in Teilen selbst rassistisch, den jeweils Nachdrängenden oftmals alles andere als wohlgesinnt. Die urbane Mitte geht zu beiden Fraktionen der Arbeiterklasse auf Distanz. Die Alteingesessenen wahren Abstand zu den Eingewanderten. Die Eingewanderten zu den Einwanderern. Eine politische Repräsentation sämtlicher Untergruppen der ökonomisch Beherrschten ist ebenso dringlich wie schwierig, aussichtsreich nur, wenn Geschlecht, Hautfarbe oder Bekenntnis nicht in den Vordergrund der Ansprache gerückt werden. Das darf in diesem Zusammenhang nicht das Entscheidende sein. Man muss sie alle ansprechen, sich für alle einsetzen.

JH: Genau! Aber das sage ich doch die ganze Zeit. Naika Foroutan sagt das in dem erwähnten »taz«-Interview übrigens auch: »Aber wer ist denn bitte noch Arbeiterklasse? Wer hat denn wenig Geld? Zuallererst Migranten, Ostdeutsche auch, alleinerziehende Frauen ebenfalls. Diese Illusion, man könnte die Kämpfe um Repräsentation von Geschlecht und Herkunft von den Klassenkämpfen trennen, das ist der Trugschluss des Populismus.«

WE: Man darf diese Kämpfe nicht voneinander isolieren. Um sie zusammenzuführen, reichen Lippenbekenntnisse jedoch nicht aus. Sie bilden ein widersprüchliches Paar, oder ein dialektisches, um den von mir überaus geschätzten Journalisten Mark Siemons zu zitieren: »Denn die Gleichheit als Mensch, deren Respektierung ungeachtet aller Unterschiede von Ethnie, Herkommen, Geschlecht, Orientierung durchgesetzt werden muss, drückt sich zugleich in ebensolchen Unterschieden aus, eine andere Möglichkeit steht Menschen gar nicht zur Verfügung.« Dem stimmen wir beide aus voller Überzeugung zu, da bin ich mir ganz sicher. Unser Streit betrifft den Umgang mit dieser Dialektik. Für mich schlägt das Pendel in zeitgenössischen politischen Diskursen auffällig in Richtung der das Menschsein konkretisierenden *Unterschiede* aus. Sie hingegen bestehen gerade auf der Markierung dieser Unterschiede, weil Sie darin die Garantie für den Respekt erblicken, den Menschen einander schuldig sind. Ich kritisiere die Differenzlastigkeit der aktuellen Identitätspolitik, Sie halten das für eine »identitäre« Position, die den sozialen Gemeinsinn gegen die kulturellen Differenzen ausspielt. Übrigens hat sich Didier Eribon unterdessen von seinem Bestseller vernehmlich distanziert, genauer: von dessen Aufnahme bei Lesern und Kritikern. In seiner jüngsten Schrift »Gesellschaft als Urteil« gibt er im Schlusskapitel zu verstehen, dass die identitätspolitischen Fragen zuvor vielleicht doch etwas zu kurz kamen, hinter der sozialen Problematik verblassten. In einem Gespräch mit dem österreichischen »Standard« bekräftigt er das: »Vor allem im deutschen Raum wurde mein Buch als eine Kritik an sozialen Bewegungen gelesen, als Aufforderung, den Fokus zurück auf ökonomische Themen zu lenken. Das war überhaupt nicht meine Intention.«

JH: Recht hat er!

WE: Was seine Absichten anbetrifft, ganz sicher. Nur ist er nicht der erste Autor und gewiss auch nicht der letzte, bei dem Absicht und Wirkung auseinanderklaffen. Die Letztere folgt ihrer eigenen Logik. Die deutsche Rezeption kreiste durchgehend um diese Fokusverlagerung auf die soziale Frage. Und dafür war es hierzulande höchste Zeit. Indem er sich davon distanziert, opfert er ganze Passagen seiner Untersuchung dem im linksliberalen Milieu vorherrschenden Harmoniebedürfnis: einerseits/andererseits, sowohl/als auch, nur keine Priorisierung, keine Bevorzugung »ordinärer« Themen. Ich könnte Ihnen ganze Seiten aus der »Rückkehr« vorlesen, auf denen er genau das fordert. Indem er nachträglich davon Abstand nimmt, beugt er sich nach meiner Ansicht äußerem Druck, und das missfällt mir.

JH: Ich glaube immer mehr, wir tragen hier einen Generationskonflikt aus. Sie haben mir doch erzählt, wie Sie sich mit Ihrem Vater über die Ereignisse 1968 in Prag gestritten haben. Man muss doch erkennen, wenn sich Diskurse erneuern, sonst beginnt man, ins Reaktionäre abzudriften.

WE: Ich finde Teile der Linken reaktionär, die sich progressiv gebärden, aber über viele derer, die nicht mitgekommen sind in dem globalen Rennen um die besten Plätze, heimlich die Nase rümpfen. Da bin ich bei den Mehrheiten, und zwar selbst dann, wenn die zuweilen ein unerfreuliches Gesicht zeigen.

JH: Das meine ich mit reaktionärer Position.

WE: Nein, das finde ich folgerichtig. Ich versuche zu verstehen, was die Gesichtszüge derart verunstaltet. Diese Haltung resultiert aus meiner Grunderfahrung in der DDR. Ich habe die Arbeiter nie idealisiert, bin nie in einen Proletkult verfallen. Aber dass letztlich *sie* den Ausschlag in geschichtlichen Wendungen und Prozessen geben, wurde mir früh bewusst. Und so denke ich noch heute. Was hat Klaus Lederer gesagt? Er hat gesagt, die Volksbühne muss »diverser, weiblicher und jünger werden«. Und so wird es wohl auch kommen. Nur dabei bitte das »OST« nicht aus den Augen verlieren. Diverser, weiblicher, jünger, von mir aus gern.

Aber da haben wir es wieder, das rhetorische Besteck der Identitätspolitik, wie aus dem Katalog.

JH: Weil Sie es gern älter, weißer, männlicher hätten?

WE: Natürlich nicht!

JH: Wieso natürlich nicht? Stehlen Sie sich jetzt einfach davon?

WE: Nein. Klaus Dörr wird wahrscheinlich länger Interimsintendant sein, weil die Suche nach einer neuen Spitze etwas dauern wird. Er sieht sich zurzeit nach Leuten um, die währenddessen an der Volksbühne arbeiten und die Leere füllen könnten. Da sind mir sogleich Frauen eingefallen, die bei *uns* studiert haben und jetzt gestandene Regisseurinnen sind. Ich sage das, um mich mal explizit von jedem Verdacht in dieser Richtung reinzuwaschen. So verstockt bin ich nun wieder nicht. Nur ist mit den erwähnten Suchbegriffen noch kein klärendes Wort über die Kernkompetenz derer ausgesagt, die das Theater einmal leiten sollen. Inzwischen fand in Berlin eine Tagung zu diesem Thema statt: »Vorsicht: Volksbühne«. Und in einem waren sich dann doch die meisten Teilnehmer alsbald einig und applaudierten Lederer, als dieser feststellte: Einzig künstlerische Exzellenz dürfe bei der Besetzung den Ausschlag geben.

Ansonsten: männlich, weiß, älter, ja, kann ich nicht leugnen, fällt mir gar nicht ein. Aber die Schule, die ich viele Jahre leitete, ist auf dem Gebiet von Gender- und Identitätspolitik über jeden Zweifel erhaben. Es gibt meines Wissens keine zweite Hochschule in Deutschland, an der der Anteil weiblicher Professoren bei 50 Prozent liegt. Dahin zu gelangen, lag mir und allen, mit denen ich zusammenarbeitete, jederzeit am Herzen. Die »Ernst Busch« war schon immer erkennbar weiblich, schon in der DDR, jetzt ist sie es in noch höherem Grade. Auch was Diversität anbelangt, muss sie sich nicht verstecken, ganz im Gegenteil. Allerdings wird »Diversität« im hochschulpolitischen Alltag dominant kulturell definiert, nicht sozial. Die »Ernst Busch« ist kulturell divers, sozial eher homogen, wie die anderen Hochschulen und Universitäten auch. Das stört aber anscheinend niemanden. Quotierungen nach ethnischen oder Gendergesichtspunkten, ja, unbedingt, das steht politisch hoch im Kurs; soziale Quotierung – wie altmodisch. Wir wollen doch die DDR nicht wiederaufleben lassen!

JH: Aber warum sagen Sie das? Damit machen Sie diese Verkürzung in Bezug auf die DDR doch zum Teil Ihres Denkens! Sie agieren einerseits gleichberechtigt, aber in Ihrem Denken sind Sie eher ausschließend.

WE: Das ist doch keine Verkürzung, das wäre eine Öffnung des Zuzugs in höhere Positionen von unten her. Abgesehen davon denke ich, dass mir die Mehrheit der Professor*innen* mit ostdeutscher Herkunft an meiner Schule darin zustimmen würden, dass sie sich als Frauen sowohl vor als auch nach dem Umbruch ganz gut zu behaupten wussten, auch ohne subtile Genderdiskurse.

JH: Das glaube ich. Darin offenbart sich *auch* ein Generationskonflikt, innerhalb des Feminismus.

WE: Meine Studentinnen oder Studenten wiederum sagen über manche dieser Professorinnen: »Das sind ja gar keine richtigen Frauen!« Mit der Begründung, sie hätten kein Bewusstsein ihrer selbst *als* Frauen. Das sind doch nur Frauen *an sich*. Dann platzt mir die Hutschnur.

JH: Lassen Sie doch der Jugend das Ungestüme!

WE: Zu entscheiden, wer eine richtige Frau ist und wer keine, von oben herab. Na, gute Nacht!

JH: Seien Sie doch ein bisschen tolerant der Jugend gegenüber!

WE: Ich denke ja nicht dran! Nicht in dieser Hinsicht. Da streite ich mit ihnen. Respekt denen gegenüber, deren Respekt man selbst einfordert. Das ist doch fair, oder? Dass Frauen nicht davor gefeit sind, mit ihren Ansichten zu Geschlechter- und Genderfragen in die Irre zu gehen, in sexistisches Vokabular zu verfallen, stelle ich doch nicht in Abrede. Was ich dagegen in Zweifel ziehe, und zwar vehement, ist die verbreitete Gleichsetzung von »Frau = weibliche = feministische Perspektive«. »Es ist alles andere als ausgemacht, dass ich, weil ich eine Frau bin, einen ausschließlich weiblichen Blick auf ein Gedicht, einen Roman, eine Skulptur oder ein Gemälde werfe. Ich schaue oder lese auch als Inhaberin eines bestimmten Gehirns, einer Sprache, als Archivarin unzähliger, nicht auf einen Nenner zu bringender Erfahrungen, als Unwissende und Wissende, als Erzeugte und als Entsprungene«, schrieb die Schriftstellerin Dagmar Leupold in einem Beitrag für »Zeit Online«. Ich pflichte ihr bei: Frauen und Männer in all ihren Lebensäußerungen auf ihre Weiblichkeit bzw. Männlichkeit zu reduzieren – was ist daran emanzipatorisch?

JH: Ich würde diesen weiblichen Blick, diese weibliche Perspektive immer gegen alle Infragestellung verteidigen. Ich habe für diese Perspektive immer gekämpft, ich habe explizit mit ihr gearbeitet, aus ihr meine Gedanken und mein Schreiben entwickelt. Aber noch einmal zurück zu Ihren Studenten, mit denen Sie streiten. Das ist die ungestüme Jugend! Das geht völlig in Ordnung. Nur so können Welten verändert werden. Ich habe mich auch einst mit Alice Schwarzer angelegt. Und wiederhole noch einmal, da markiert sich ein Generationskonflikt: in der Interpretation von Weiblichkeit, in der Interpretation dessen, was Feminismus leisten muss. Das mag für die Älteren mitunter beleidigend sein, aber das ist der Lauf der Dinge. Eines Tages werde auch ich zu den Älteren gehören, und ich hoffe sehr, ich werde das Denken der Jungen dann gelassen betrachten können.

WE: Ich bin ein großer Freund von Gelassenheit, aber auch von Streit in der Sache. Nur wenn man den ausficht, gleichberechtigt ausficht, wird man der eigenen Beschränkungen, der eigenen nicht hinreichend geprüften Annahmen gewahr. Man greift die *Position* und nicht die *Person* an und macht die eigene Position gerade dadurch anfechtbar, revidierbar. Nur darum geht es mir. Zuspitzungen können da mitunter hilfreich sein. Deshalb betrübt mich Ihr Vorwurf, ich sei nicht tolerant genug, mehr, als dass er mich kränkt. Mag sein, dass ich in den über drei Jahrzehnten meines Wirkens als Hochschullehrer hier und da zu forsch argumentiert habe. Wovon ich mich jedoch frei weiß, ist einschüchterndes Gebaren. Der leiseste Anflug davon ist mir ein Gräuel.

IX. Das rechtliche Leben im falschen. Über Eigentum vor und nach dem Umbruch

Wolfgang Engler: Die Ostdeutschen kamen 1990 nicht als Naturkinder im Rechtsstaat an.

Jana Hensel: All die Formen der Abwertung, denen Ostdeutsche ausgesetzt waren oder sind, rechtfertigen es nicht, eine rechtspopulistische Partei zu wählen.

Wolfgang Engler: Die rechtlichen Verhältnisse in der DDR gründeten, wie alle anderen Verhältnisse auch, auf politischer Willkür. Im Nachhinein von einem »Unrechtsstaat« zu sprechen, verweist allerdings ebenfalls auf Willkür. Ich möchte, wir haben das bereits kurz gestreift, als wir über Formen der politischen Korrektheit stritten, noch einmal auf den Begriff »Unrechtsstaat« eingehen.

Jana Hensel: Nun, ein Begriff wie »Unrechtsstaat« hat zwar mit politischer Korrektheit nichts zu tun, aber auf Ihre Ausführungen bin ich dennoch gespannt.

WE: Ihren Einwand lasse ich erst einmal so stehen. In jedem Fall lohnt es sich, diesen Begriff etwas näher unter die Lupe zu nehmen. So wie auch die andere Begräbnisformel »totalitäres System«, mit der man die DDR mehr verscharrt als beerdigt. Auf Hannah Arendt kann man sich dabei jedenfalls nicht berufen. Die unterschied präzise zwischen dem Terrorregiment, das Stalin in der Sowjetunion errichtet hatte, und den Verhältnissen nach seinem Tod. In einer späteren Ausgabe ihres Hauptwerks »Elemente und Ursprünge totaler Herrschaft« liest sich das so: »Auf dem sowjetischen Volk lastet heute nicht mehr der Alptraum eines totalitären Regimes, es leidet nur noch unter den vielfältigen Unterdrückungen, Gefahren und Ungerechtigkeiten, die eine Einparteiendiktatur mit sich bringt; und diese moderne

Form der Tyrannis bietet zwar keine Garantien, die ein Verfassungsstaat kennt [...], und das Land kann daher von einem Tag auf den anderen, ohne daß es dazu größerer Umwälzungen bedürfte, wieder auf die Stufe der totalen Herrschaft zurückfallen – und doch kann man, ohne das Recht dieser Feststellungen im geringsten zu schmälern, mit gleichem Recht feststellen, daß die totale Herrschaft, die furchtbarste aller modernen Regierungsformen [...] mit dem Tod Stalins nicht weniger ihr Ende gefunden hat als in Deutschland mit dem Tod Hitlers.« Diese Gedanken darf man getrost auf die DDR beziehen und wird, wenn man das tut, über deren Staatsform vielleicht doch sachgemäßer urteilen als unter dem Einfluss nur allzu gängiger Denkschablonen.

JH: Sie meinen den Begriff der Einparteiendiktatur? Und was das Zitat von Hannah Arendt betrifft, ich denke nicht, dass man ihre Ausführungen auf die DDR beziehen sollte.

WE: Es gibt starke Argumente, sich dieser Formel zu bedienen. Wer sich in der DDR offen mit den Herrschenden anlegte oder von diesen zum Gegner erklärt wurde, zum Staatsfeind, hatte sein Recht, Rechte zu haben, verwirkt. Aber stritten die Menschen deshalb stets vergeblich für ihre Rechte? Lässt sich die vormalige Erfahrung bei der persönlichen Inanspruchnahme des Arbeits-, Ehe-, Familien-, Abtreibungs- oder Mietrechts umstandslos unter »Unrechtsstaat« zusammenfassen? Wohl kaum. Das widerspräche dieser Erfahrung, die eine gestufte war, die das verhasste Strafrecht nicht pauschal mit dem Zivilrecht zusammenwarf. Insofern gibt es ebenso gute Argumente, mit dieser Formel sorgsam umzugehen, sie nicht durch jedes Dorf zu treiben.

JH: Einparteiendiktatur oder Unrechtsstaat?

WE: Die DDR war kein Rechtsstaat, so viel ist klar, darauf kann man sich allgemein verständigen, denke ich. Es gab keinerlei Appellationsinstanzen gegen die einsamen Entscheidungen der Herrschenden. Ihre Verlautbarungen, Verordnungen, Beschlüsse und Gesetze waren unangreifbar. Damit ist Wesentliches gesagt, aber doch nicht alles, was hierhergehört. Um die Rechtsverhältnisse der DDR zu verstehen muss man deren Eigentumsverhältnisse mit in die Betrachtung einbeziehen.

JH: Inwiefern?

WE: Eigentum durchdrang die Beziehungen der Ostdeutschen zueinander nicht annähernd so intensiv wie in westlichen Gesellschaften. Bei der Materialsuche für unser Gespräch stieß ich in einem meiner frühen Texte auf eine Formulierung des rumänischen Politologen Pavel Campeanu, *property vaccum*, Eigentumsvakuum, so lautete sein Befund für den alten Osten. Ein recht gewagter Ausdruck, etwas übertrieben, der Erkenntnis der vormaligen Rechtspraxis gleichwohl förderlich. Er zielt auf das Verblassen *privat*eigentümlicher Verkehrsverhältnisse. Das A und O aller geschriebenen Menschheitsgeschichte binnen gerade einmal zweier, dreier Generationen plötzlich kleingeschrieben, übermalt. »Der Erste, der ein Stück Land umzäunte und sich erkühnte zu sagen, *dies gehört mir*, und einfältige Leute antraf, die es ihm glaubten, war der eigentliche Begründer der Gesellschaft.« Ein berühmter Satz eines berühmten Autors, Jean-Jacques Rousseau, aus seiner Abhandlung von 1754 über die von der Akademie zu Dijon gestellte Preisfrage: »Was ist der Ursprung der Ungleichheit unter den Menschen, und ist sie durch das Naturgesetz gerechtfertigt?« Das führt zum Kern der Problematik. Eine Problematik voller bitterer Ironie. Die Art und Weise, auf die man in der DDR mit dem Fundament der »Gesellschaft« gebrochen hatte, mit dem Privateigentum an produktiven Ressourcen, ersetzte eine Form der »Einfalt« durch eine andere.

JH: Worauf wollen Sie hinaus?

WE: Wo das Eigentumsvakuum sich ausbreitete, wurden die Grenzen zwischen staatlich verwalteter und persönlicher Habe einerseits gründlich eingeebnet, andererseits ausdrücklich betont. Die zeitweise oder dauerhafte Überführung von sachlichem Betriebsvermögen, von Werkzeug und Material, in private Hände bildete keine Seltenheit. Im Gegenzug brachte man stillschweigend funktionstüchtiges Gerät aus Heimwerkerbeständen mit ins Werk. Man machte sich notgedrungen zu eigen, was niemandem gehörte, und vergemeinschaftete ebenso notgedrungen, was einem selbst gehörte. So trat die Bohrmaschine, die man kürzlich ›privatisiert‹ hatte, im Bedarfsfall wieder in den offiziellen Kreislauf ein. Strengste Abgrenzung herrschte dagegen zwischen Eingriffen ins verstaatlichte und solchen ins persönliche Eigentum. Wer sich in seinem Betrieb nach brauchbaren Dingen umtat, ›organisierte‹, wer seinesgleichen um Teile seiner Habe brachte, ›klaute‹. Den einen zeigte man an, den anderen ahmte man nach. Diebstahl war ein Delikt, das sozial entehrte, Organisieren eine Kunst, die ihre stillen Meister kannte. Auf der Grenze zwischen beiden tänzelte der betriebliche Materialbeschaffer, der *von Berufs wegen* organisierte, Schrauben aus dem eigenen Materialfonds gegen auswärtigen Kies eintauschte und das alles, ohne seine höheren Vorgesetzten einzuweihen.

Weil die DDR keine Eigentümergesellschaft war, war sie auch keine Vertragsgesellschaft, der Vertrag nicht das soziale Bindemittel schlechthin. Die formalen Verträge erhoben sich auf nichtvertraglichen und nicht verhandelbaren Grundlagen, und die bestimmten letztlich das gesellschaftliche Leben. Hinter dem Arbeitsvertrag stand das verbürgte Recht auf Arbeit, hinter dem Mietvertrag das Recht auf bezahlbaren Wohnraum für jedermann. Wechselseitige Ansprüche explizit einzuklagen, war umwegig und zumeist vergeblich. Man wurde einander nicht los und war daher auf gütliches Auskommen bedacht. Die wieder sinnvolle Seite dieser unentrinnbaren Abhängigkeit bestand in der Einrichtung von Schieds- und Konfliktkommissionen, die Streitfälle vorgerichtlich, auf dem Wege der Aussprache unter den Parteien beizulegen versuchten und dabei oft erfolgreich waren. Die Streitkultur der ostdeutschen Gesellschaft war eher informell als formell, eher mündlich als schriftlich, eher diskursiv als prozedural und dabei in beachtlichem Grade von selbstregulativen Mechanismen getragen.

JH: An welche Mechanismen denken Sie da?

WE: Das Zivilrecht verschwand nicht, aber es verwandelte sich in ein »reines ›Bürgerrecht‹, das sich auf Rechtsverhältnisse unter den Bürgern selbst und auf ihre Beziehungen zur weitgehend staatseigenen Versorgungsindustrie beschränkte«. Ich folge hier einem aufschlussreichen Text der Rechtsprofessorin Inga Markovits: »Sozialistisches und bürgerliches Zivilrechtsdenken in der DDR« von 1969. Es gab klare Sachverhaltsdefinitionen und durchschaubare Regeln, sodass man Anwälte nur selten hinzuziehen musste. Kostenlose Rechtsberatung und geringe Prozesskosten dämpften die Schwellenangst vor den Gerichten und lösten dennoch keine Prozessflut aus. Die Zahl der Zivilrechtsklagen war im Gegenteil tendenziell rückläufig; sie stieg erst in den allerletzten Jahren der DDR wieder leicht an, um sich nach der Wiedervereinigung zu westdeutschen Höhen aufzuschwingen. Der Funktionswandel der Zivilgerichtsbarkeit, der Machtverlust des Anwaltsstandes und die Neigung einer Gesellschaft der sozial annähernd Gleichen, zunächst einmal miteinander auszukommen, gingen Hand in Hand. Man fühlte sich seiner Habe überwiegend sicher und beließ daher auch die anderen gern im Besitz ihrer Habseligkeiten. Grund und Boden waren billig und nicht kapitalisierbar, schürten daher nur wenig Neid und Streit. Bei an staatlichen Instanzen gerichteten Forderungen half eine Eingabe oft weiter als ein Prozess.

Die Einparteiendiktatur drangsalisierte ihre Widersacher, gängelte und bevormundete die Ostdeutschen, aber sie lebten nicht im rechtsfreien Raum. Rechtsansprüche, Rechtstatsachen, Rechtsbegriffe waren ihnen wohlvertraut. Sie konfrontierten die Rechtspraxis mit den Rechtsversprechen. Als sie am 4. November 1989 zu Hunderttausenden durch die Berliner Innenstadt zogen, beriefen sie sich ausdrücklich auf ihre verfassungsmäßigen Rechte. Und noch die Missetaten der Herrschenden wurden nach dem Umbruch auf der Grundlage geltenden DDR-Rechts verhandelt. 1990 kamen die Ostdeutschen daher auch nicht als Naturkinder im »Rechtsstaat« an.

JH: Das leuchtet ein. Aber wie vollzog sich die Umstellung auf die neuen Rechtsverhältnisse?

WE: Die Ostler lernten schnell, ein Strafrecht zu schätzen, das den Einzelnen vor staatlicher Willkür bewahrte, und desgleichen eine Prozessordnung, die für reguläre Verfahren sorgte. Sie lernten ebenso schnell, dass das bürgerliche Recht die sozialen Beziehungen einer knallharten Eigentümergesellschaft vermittelte. Es begünstigte de facto, wenn auch nicht de jure, die Begüterten und war zudem nur durch die Einschaltung rechtlichen Beistands zu erlangen. Anwälte, Notare, Steuerberater entfalteten im Nu ihre hergebrachte Expertenmacht über das Leben der Ostdeutschen. Im selben Maße, in dem die Strafrechtspraxis ihren dämonischen Charakter verlor, verkomplizierte sich die zivilrechtliche. Es kam zu der Absurdität, dass politische Straftäter der alten Herrschaft die Milde des Gesetzes, arglose Privatleute hingegen seine ganze Härte zu spüren bekamen.

Das wäre nicht zwingend gewesen, aber für eine Eigentümergesellschaft lag die Priorität auf der Hand: Rückgabe vor Entschädigung. Statt sich im zwanglosen Austausch ihrer so unterschiedlichen Erfahrungen zu begegnen, begegneten sich Westdeutsche, ausgereiste und bis zuletzt ›dagegebliebene‹ Ostdeutsche immer häufiger im »Häuserkampf« und vor Gericht. Rückübertragungen bildeten die schmerzlichste, aber nicht die einzige Form von Eigentumsverlust. Wo neuerrichtete Häuser auf dem freien Markt zu Kauf oder Miete angeboten wurden, hatte die Mehrheit der Ostdeutschen ohnehin das Nachsehen. Der schleichenden Enteignung ihrer gebauten Lebenswelt durch Verfall folgte nicht selten die abrupte Enteignung aufgrund mangelnder Zahlungsfähigkeit. Wer eine Villa nunmehr von außen bestaunt, die er einst als Ruine bewohnte, wird weder Trauer noch Zufriedenheit empfinden, sondern die ganze Herbheit einer Welt, die vom exklusiven Eigentum besessen ist. Die Art, in der das Eigentumsvakuum gefüllt wurde, verdrängte oft genug jene, die sich bisher in ihm bewegt hatten; so, als wäre die Abwesenheit von Kapital gleichbedeutend mit sozialer Leere gewesen.

Wer versucht, diese Erfahrungen aus dem Sprachraum zu verbannen oder sie zu Worthülsen einzuschrumpfen, steht auf verlorenem Posten und erreicht das Gegenteil dessen, was er bezweckt: trotziges Beharren auf dem eigenen Standpunkt, der sich dann seinerseits verhärtet, rückblickend idealisiert oder sogar rechtfertigt, was nicht zu rechtfertigen ist.

JH: Ist das Ihre Erklärung für die Wut der Ostdeutschen, für die hohen Wahlergebnisse der AfD im Osten?

WE: Wenn Ostdeutsche irgendetwas wirklich nervt, zur Weißglut treibt, dann das Ansinnen, Bekenntnisformeln ohne innere Überzeugung abzuspulen. Diesbezüglich steht der

»Unrechtsstaat« auf einer Stufe mit dem »antifaschistisch-demokratischen Schutzwall« oder der »unverbrüchlichen, brüderlichen Treue zur Sowjetunion«. Loyalitätsbekundungen, die im Mund sogleich zu Asche werden, kaum dass die Lippen sich bewegen, davon hatten und davon haben sie genug. Diese Praxis gehört für sie in der Tat auf den »Müllhaufen der Geschichte«. Wer ihnen damit kommt, treibt sie blindlings in die Arme der Geschichtsverleugner.

JH: Sie weichen meiner Frage aus. Warum? Sie stellen indirekt einen Zusammenhang her zwischen dem Unrecht, das den Ostdeutschen widerfahren ist, und ihrem Wahlverhalten 2017. Ich denke, all die Formen der Abwertung, denen Ostdeutsche ausgesetzt waren oder sind, rechtfertigen es nicht, eine rechtspopulistische Partei zu wählen. Außerdem haben in der einen oder anderen Weise *alle* Ostdeutschen Entwertung erfahren, aber die meisten – und das muss auch immer wieder betont werden – ziehen sehr wohl eine Grenze zwischen den Demütigungen, die sie persönlich erlebt haben, und einer Partei, die diese Erfahrungen für ihre Politik instrumentalisiert.

X. Wie wir wurden, wer wir sind. Eine Verabschiedung

Wolfgang Engler: »Wir sind das Volk.« Wie verschieden diese beiden Völker doch waren, die das skandierten.

Jana Hensel: Das Sprechen und Nachdenken über den Osten im Rest des Landes ist seit Pegida und der AfD wieder konzentrierter und nachdenklicher geworden.

Wolfgang Engler: Wenn man eine Bewegung stabilisieren will, braucht man ein Drama. Das unterscheidet Pegida und die AfD wesentlich von den Anti-Hartz-Protesten.

Jana Hensel: Was meinen Sie damit? Die Montagsdemonstranten von 2004 hatten durchaus auch ein Drama anzubieten: ihr eigenes. Aber das hat damals offenbar nicht gereicht. Von diesem Drama ließ sich die Masse nicht ansprechen. Der Funke sprang nicht über. Um es ganz schlicht zu sagen: die Demonstranten gegen die Einführung von Hartz IV hatten den Zeitgeist nicht auf ihrer Seite, sondern versuchten, gegen ihn zu rebellieren. Sie ließen sich nicht in eine gesamteuropäische Bewegung, einen gesamteuropäischen Rechtsruck eingliedern. Und anders als Pegida und die AfD haben sie nicht die gesamte Breite der Gesellschaft erfasst, umschlossen nicht alle sozialen Milieus. 2004 gingen nicht jene auf die Straße, die sich als Verlierer fühlten, sondern die, die es tatsächlich waren. Sie vertraten nicht diffuse Ängste, sondern hatten sehr reale Sorgen. Und die übrige Gesellschaft verhielt sich wenig solidarisch. Die Reform der rot-grünen Regierung regelte die Vergabe des Arbeitslosengeldes II neu, vor allem Langzeitarbeitslose konnten nun gezwungen werden, jeden der ihnen angebotenen Jobs anzunehmen. Beinahe die Hälfte aller ostdeutschen Arbeitslosen waren Langzeitarbeitslose. Im August 2004 versammelten sich in vielen ostdeutschen Städten Menschen gegen die Einführung von Hartz IV. In Leipzig gingen damals 10 000 Menschen auf die Straße, in Magdeburg 15 000, in Halle und Dessau jeweils 3000, in Aschersleben und Halberstadt jeweils 2500, in Rostock auch und in Gera immerhin 1300. In Hamburg waren es 30. »Der Spiegel« schrieb damals: »Viele hängen der Bequemlichkeit der DDR nach und haben sich an das Prinzip der Eigeninitiative nicht gewöhnt. Sie sind unzufrieden mit dem Leben, das sie haben. Sie klagen, sie jammern. Sie stehen montags auf den Plätzen ihrer schmucken Städte und fluchen laut über Hartz IV.« Und so wie der »Spiegel« damals urteilte, urteilten fast alle. Der Wirtschaftsminister Wolfgang Clement sprach von einer »Zumutung« und »Beleidigung der Zivilcourage, die viele Ostdeutsche gezeigt hatten«. Für den Grünen Reinhard Bütikofer war es eine »Schande«, für Joachim Gauck »töricht« und »geschichtsvergessen«, und Vera Lengsfeld fand, das »schlägt dem Erbe der Bürgerrechtsbewegung ins Gesicht«. Nur Wolfgang Thierse, damals Bundestagspräsident, war einer der ganz wenigen, die damals Verständnis zeigten. Es überrasche ihn nicht, dass die Menschen sich montags versammelten, viele Ostdeutsche hätten »mit dem friedlichen Massenprotest schon einmal gute Erfahrungen« gemacht, sagte er.

WE: Womit er recht hatte.

JH: Ich erinnere mich noch gut an die Proteste, ich fuhr damals nach Leipzig, um darüber zu berichten. Zwischen denen, die es geschafft, und denen, die es nicht geschafft hatten, verlief ein tiefer Graben. Die einen gingen vorbei, ohne hinzusehen. Die anderen standen auf der Straße und hatten sogar ihre Rhetorik eingebüßt. Man sah ihnen an, dass sie in den letzten Jahren viel verloren hatten. »Wir wollen doch nur ehrlich unseren Lebensunterhalt verdienen« stand auf einem ihrer Plakate. Die Menschen forderten einen Platz in der Gesellschaft, einen Platz in der Welt.

WE: »Wir wollen doch nur …« In diesem »nur« steckte der Keim des Misserfolgs. In Kämpfen um das mindeste, das Menschen fordern können, einen geachteten Platz in der Welt, ist Bescheidenheit eben gerade keine Zier.

JH: So gesehen, ja, sind Pegida und die AfD keine bescheidenen Bewegungen. Und das Sprechen und Nachdenken über den Osten im Rest des Landes sind seither konzentrierter und nachdenklicher geworden. Man bemüht sich mehr als früher, emotionale und ressentimentgeladene Äußerungen zu unterlassen, auch weil die Öffentlichkeit solche Äußerungen heute eher und entschlossener ahnden würde. Kurz nachdem Pegida begann, war das noch anders. Damals habe ich mitunter tagelang die sozialen Netzwerke gemieden, weil sich dort ein oftmals unerträglich pauschaler Hass auf die Ostdeutschen entlud, die allesamt als Nazis und Rassisten dargestellt wurden. Eine einjährige Pegida-Bilanz, die ich im Februar 2016 schrieb, trug deshalb auch den Titel »Ihr hasst uns doch alle«. Mein ehemaliger Kollege Jakob Augstein, immerhin Herausgeber der Ost-West-Wochenzeitung »Der Freitag«, meinte damals in seiner »Spiegel«-Kolumne: »Der Osten ist ein Problem. Die Deutschen kennen das von daheim: Seit der Flüchtlingskrise kann es am gesellschaftlichen Modernisierungsrückstand weiter Teile der östlichen Landeshälfte keinen Zweifel mehr geben.« Und sein Kollege Jan Fleischhauer schrieb an gleicher Stelle: »War die Wiedervereinigung ein Fehler? Wenn eine der größten Errungenschaften des Westens das ›angstfreie Andersseindürfen für alle‹ ist, wie es der Philosoph Odo Marquard genannt hat, dann hat der Osten auch 26 Jahre nach dem Mauerfall nicht wirklich aufgeschlossen. Wer für das Recht auf Individualismus und gegen die Kuhstallwärme der Volksgemeinschaft eintritt, hat dort bis heute einen schweren Stand.« Solche Sätze könnten heute nicht mehr geschrieben werden, auch weil sich die Erkenntnis durchgesetzt hat, dass man Räume nicht zurückholt, indem man durch pauschale Urteile auch jene entmutigt, die gegen den Rechtsruck der Gesellschaft kämpfen. Und im Osten gibt es viele lokale Bündnisse, die sich gegen Fremdenfeindlichkeit engagieren. Andererseits aber hat der Einzug der AfD in den Bundestag natürlich auch gezeigt, dass sich solche Phänomene nicht auf den Osten begrenzen lassen, sondern sie hier nur dichter und dominanter sind.

WE: Wortmeldungen zu Pegida wie die von Ihnen zitierten, las ich damals auch und dachte: Vorsicht mit unbedachten Schuldzuweisungen und territorialen Eingrenzungen. Dieser Protest könnte auch ein Fanal für viele Enttäuschte im Westen sein, sich aus der Deckung zu wagen. Und so kam es dann auch. Pegida reanimierte die AfD, die aufgrund ihrer inneren Querelen schon so gut wie erledigt schien. Es bedurfte eines Anstoßes, der soziale Boden dafür war bereitet, wie auch bei den Montagsdemonstrationen gegen Hartz IV. Die Anti-Hartz-Aufmärsche entwickelten sich rückläufig, auf absteigender Linie. Gut, Pegida ist auch nicht mehr das, was es einmal war, obwohl nicht gänzlich erlahmt. Und aus Teilen der einen wie der anderen Bewegung zog die AfD neue Kraft.

JH: Ja.

WE: Deren Karriere ist nicht im Auslaufen begriffen. Niemand kann sagen, wie stark diese Partei noch wird, wenn noch weiter so viel schiefläuft in der politischen und medialen Reaktion darauf. Aber noch einmal: Pegida und die AfD hatten und haben ein »Thema«. Ein Metathema. Das war bei Pegida das bedrohte »Abendland«. Und das AfD-Thema heißt »Deutschland«. Slogans wie »Deutschland ist in Gefahr« oder »Das Abendland ist in Gefahr« stacheln die Gemüter auf. Die Hartz-IV-Aufrufe kamen weit weniger aufbrausend daher, waren nicht so leicht anschlussfähig. Aber wenn man ein Drama konstruiert, im Sinne von »Hier geht es um alles, um den Kern unseres Seins, unserer Art und Weise zu leben«, dann erhöht sich die Chance, dass auch Menschen in diesen Prozess einsteigen, die mit der einen oder anderen Losung, dieser oder jener Rede durchaus über Kreuz sind, aber andere Gründe finden, mitzumachen. Die nicht nationalistisch und fremdenfeindlich denken, aber zornig genug »auf die da oben« sind, um einzusteigen. Mittels Dramatisierung und Metathema hebt man das eigene Anliegen auf eine andere Ebene, verschafft ihm eine breitere Grundlage.

JH: Also unter dem Motto »Das Abendland ist bedroht«, meinen Sie?

WE: 2500 Jahre alteuropäischer Geschichte – verspielt im Handumdrehen durch geschichtsvergessene Politiker, die das Volk verraten, so funktioniert metathematische Mobilisierung von ganz rechts. Man schürt die Furcht vor der Islamisierung des Vaterlandes. Geißelt die Eliten. Schmeichelt dem »gesunden Volksempfinden«, das sich auch von den Medien, der »Lügenpresse«, nicht kirre machen lässt. Im Osten mit seiner eingefleischten Staats- und Medienaversion lauter Selbstläufer. Aber auch im Westen wirksam. Unter diesem ausladenden Dach finden Kränkungen der unterschiedlichsten Art, symbolische, handfeste, ihr Unterkommen, die Erfahrung, mit seinen Nöten politisch, öffentlich nicht vorzudringen. Abschied statt Willkommen. Man fühlt sich vergessen, verschaukelt. Und schließt sich einer Bewegung an, die deshalb so anziehend, so authentisch wirkt, weil sie eben nicht von oben initiiert ist, vielmehr Stallgeruch verströmt, und wird mit einem Male, was man schon so lange wollte: sichtbar, unüberhörbar und auch ein wenig furchteinflößend. Warum nicht?

JH: Warum nicht?

WE: Über Pegida, die Leute, die dort mitliefen und mitlaufen, empört zu sein geht völlig in Ordnung. Dagegen seinerseits zu protestieren geht völlig in Ordnung. Aber hier wie dort handelt es sich um zivilgesellschaftliche Aktionen. Hier wie dort geschieht nichts im fremden Auftrag. Und eine ganze Reihe begünstigender Faktoren spielten der AfD in die Karten. Den Linken und Linksliberalen gelang es weder, eine vergleichbare Sammlungsbewegung auf die Beine zu stellen, noch den Zulauf zur neuen Rechten anderweitig zu bremsen, die Protestierer auf ihre Seite zu ziehen. Dazu fehlte es ganz entschieden an einer Generalisierung, einer vergleichbaren Dramatisierung unter linken Vorzeichen. Da muss man Zähne zeigen, die Wurzeln des verbreiteten Unmuts ausgraben und skandalisieren, und, ja, die geheiligten Rechte des Eigentums profanieren, sich an der Systemfrage vergreifen. Dann bekommt ein linkes Anliegen plötzlich einen Hype. Dann mobilisiert man Menschen, die nie auf die Idee kämen, links zu wählen. Weil es jetzt um mehr geht als um defensive Ziele, um zu bewahren, zu retten, was zu retten ist vom Wohlfahrtsstaat. Vielmehr um das große Ganze, von existentiellen Fragen her aufgeblättert. Gerade das unterbleibt.

JH: Aber warum? Können Sie das erklären?

WE: Nur nicht den Volkszorn befeuern, lautet die Devise. Ich habe mich schon bei der vorvorletzten Wahl zum Berliner Abgeordnetenhaus vergeblich bemüht, Politikern der Linken nahezubringen, dass die Wohnungsfrage in dieser Stadt ein solcher Kristallisationspunkt der Massenmobilisierung wäre, und ihnen gesagt: »Ihr macht nur eine einzige Kampagne in Berlin, und zwar die Kampagne um das Wohnen, die Mieten, und zäumt daran alles andere auf.« Mochten sie nicht, machten sie nicht. Privatisierten stattdessen unter Rot-Rot veritable kommunale Wohnbestände unter dem Druck der miserablen Haushaltslage in Berlin. Tut ihnen heute bitter leid. Die Wohnungsfrage als Kernthema der sozialen Frage unserer Zeit mit Potential für Weiterungen – das begreifen heute viele, sagen viele und flüchten sich dann doch zurück in pragmatische Konzepte wie die Mietpreisbremse. Dagegen ist nichts zu sagen, sofern sie wirklich greift. Tut sie aber nicht, wie wir wissen. Muss man nacharbeiten. Aber man muss einen Schritt weiter gehen, die Eigentumsfrage stellen, da, wo das Eigentum übergriffig wird, spekulativ, Leerstand schafft, die Menschen aus ihren Wohnungen vertreibt, an die Stadtränder verfrachtet, zu Nomaden ihrer eigenen Städte degradiert, Obdachlose produziert im schlimmsten Fall. Da darf man nicht zusehen, wie die Menschen selbst versuchen, mit diesem massenhaften Notstand persönlich irgendwie klarzukommen. Da ist ein Drama vonnöten, da müssen linke Politiker, die diesen Namen verdienen, vorpreschen und die »Expropriation der Expropriateure« fordern.

JH: Damit aber riskierten sie etwas.

WE: Damit kannst du Leute gewinnen!

JH: Entweder man gewinnt die Leute, oder man begibt sich ins Abseits.

WE: Statt »Drama« kann man auch sagen: man braucht eine Erzählung. Aber eine Erzählung durchaus zuspitzender Art. Um verstehen zu können, warum politische Bewegungen so unterschiedliche Bahnen ziehen, die einen auf- und die anderen absteigend, ist die Unterscheidung zwischen metathematischer und monothematischer Mobilisierung außerordentlich hilfreich. Anhand der Wohnungsfrage könnte man bis in den letzten Winkel der sozialen Ordnung vordringen und einsammeln, was einem auf diesem Weg an Unzufriedenheit und Kritik begegnet. *Eine* Kampagne, *Dutzende* Andockstellen.

JH: Aber noch mal: Der Vergleich der Montagsdemonstrationen gegen Hartz IV und der Montagsdemonstrationen von Pegida ist durchaus reizvoll.

WE: Der Montag war positiv besetzt, mit Leidenschaften besetzt, mit der Erfahrung kollektiven Gelingens.

JH: Absolut, noch immer gibt es in dieser ostdeutschen Identität offenbar eine kollektive Erinnerung an den Straßenprotest, an die Revolte von unten. Sie ist noch immer positiv besetzt, obwohl sie 2004 gescheitert ist. Und markiert gleichzeitig die noch immer virulente und nicht abnehmende Institutionenskepsis. Kritik wird nicht organisiert, der Diskurs nicht institutionell oder mithilfe der Medien zu beeinflussen versucht, sondern man versammelt sich außerparlamentarisch und außerhalb jeglicher Institutionen. Am Anfang schwor sich Pegida sogar darauf ein, nicht mit der Presse zusammenzuarbeiten, keine Interviews zu geben. Die Gefahr, somit die Demokratie zu unterlaufen, weil sie eigentlich innerhalb ihrer Institutionen funktioniert und auch funktionieren muss, ist damit natürlich gegeben. Auch deswegen fällt es vielen schwer, anzuerkennen, dass so ein inhumaner und fremdenfeindlicher Protest wie der von Pegida sich auf 1989 bezieht. Denn anders als damals gibt es heute ja Institutionen und Medien, die per se offen für Diskurse und Diskussionen sind.

WE: »Wir sind das Volk.« Wie verschieden diese beiden Völker doch waren, die das skandierten.

JH: Was mir damals bei den Montagsdemonstrationen gegen Hartz IV in Leipzig am meisten auffiel, war, wie sehr sich die Städte auch architektonisch verändert hatten. 1989 konnte in Leipzig vor allem deswegen stattfinden, weil es

Plätze gab, an denen man sich versammeln konnte. Es gab den Karl-Marx-Platz zwischen Oper und Gewandhaus, es gab den Sachsenplatz am Brühl, und es gab den Leipziger Ring, eigentlich wie gemacht für einen Demonstrationszug. Die Demos von 2004 begannen auch vor der Oper, nur der Platz war verschwunden. In der Mitte gab es nun einen Teich und unterirdisch ein Parkhaus, dessen Ausgänge einem immer wieder die Sicht auf den Platz verstellten, völlig egal, wo man stand. Ich fand das bemerkenswert: Die ohnehin verloren wirkenden Demonstranten von 2004 fanden keinen Platz mehr, den sie einnehmen und für sich reklamieren konnten. Pegida in Dresden hat ja den sehr bildmächtigen Platz vor der Semperoper.

WE: Auch den Alexanderplatz in Berlin könnte man heute nicht mehr für diese Zwecke nutzen. Da liegt die Vermutung nahe, dass da …

JH: … eine Absicht dahintersteckt?

WE: Große öffentliche Plätze so zu gestalten, dass sich auf ihnen unmöglich 100 000 Menschen oder mehr versammeln und die Macht herausfordern, in die Knie zwingen können, das beobachten wir in vielen Städten weltweit. Falls hier eine Absicht waltet, dann wiederum eine ohne Dirigenten. Ohne Befehl von oben, sondern als willkommenes Nebenprodukt der kommerziellen Umwidmung bislang freier Areale des urbanen Raums. Oder seiner vermeintlich originalgetreuen Rekonstruktion nach historischen Vorbildern, kleinteilig, gemütlich, ein Schmankerl für Touristen. Und ein Graus für die Einheimischen, die diese Orte fliehen, als Mieter fliehen müssen. In seinem Buch »Die Welt im Selfie« gibt Marco d'Eramo Dutzende Beispiele für diesen »Städtemord«.

JH: Nun, zumindest kann man festhalten, dass die parlamentarische Demokratie, wie wir sie haben, der Straße als Ort und Raum für eine Auseinandersetzung kaum mehr Gewicht verleiht, sie nicht mehr mit Bedeutung aufladen will.

WE: Interessanter Punkt, ja. Die Städte und ihre Bewohner werden zoniert, hier die Arbeit, da das Wohnen, da der Konsum und das Vergnügen. Öffentliche Räume werden privatisiert, der Wachschutz vertreibt ungebetene Gäste, hier musst du zahlen, um dabei sein zu dürfen.

JH: Und das ist eben in Dresden nicht der Fall. Die Semperoper bietet eine eindrucksvolle Kulisse. Als die Montagsdemonstranten von 2004 in Leipzig gegen die Hartz-Reformen protestierten, gingen alle anderen shoppen. Das war eines der traurigsten Bilder, an die ich mich erinnern kann. Die Entsolidarisierung war mit Händen zu greifen. Pegida wiederum ist von Anfang an eine Protestbewegung gewesen, die in allen Schichten der Bevölkerung Anhänger gefunden hat, obwohl lange versucht wurde, sie als eine Bewegung der Abgehängten zu betrachten. Aber das ist sie nicht, das zeigen ja auch die Wahlergebnisse der AfD ganz ähnlich wie die Wahlergebnisse von Trump. Abstiegsängste kann man in allen Milieus empfinden. Und wer mit einem Begriff wie dem Abendland operiert, markiert sich freilich, bewusst oder unbewusst, als eine quasi bürgerliche Bewegung, weil man damit einen Kulturkampf ausruft.

WE: »Wir sind die Bürger, die noch wissen, was ein ›Volk‹ ist.«

JH: Wer sagt das? Wen zitieren Sie damit?

WE: Das war kein Zitat, sondern eine der ›Volksseele‹ nachempfundene Äußerung.

JH: Pegida jedenfalls war im Kern keine proletarische Bewegung, sondern eher in ihren Ausdrucksformen. Man darf sich durch das mitunter martialische Auftreten in Sprache und Habitus nicht abschrecken lassen. Oder anders gesagt: Pegida war keine die Rechte des Proletariers reklamierende Bewegung, sondern eine, die die – wenngleich falsch verstandenen – Rechte des Bürgers reklamierte. Deshalb auch Dresden, die Semperoper. Und auch dadurch ist Pegida anschlussfähig gewesen. Auch für Westdeutsche. Die westdeutsche Arbeiterschaft jedenfalls hat sich mit den ostdeutschen Hartz-IV-Protesten nicht solidarisch gezeigt. Die AfD ist eine Partei, die den Geist von Pegida ins Parlament getragen hat, und – ich weise noch einmal darauf hin – die erste erfolgreiche Ost-West-Partei. Die Vereinigung der PDS und der WASG war damals wesentlich erfolgloser.

WE: Die Linke hat ihre gesamtdeutschen Ambitionen nicht beerdigt, aber …

JH: … momentan ist davon nichts zu spüren. Um sichtbarer zu werden, brauchte der Osten offensichtlich die Verschiebung von links nach rechts. Und ich glaube, das hängt damit zusammen, dass die erkennbar linken Kräfte, die aus Ostdeutschland kamen, stets auf große Ignoranz in der Sozialdemokratie gestoßen sind. Was uns diese wechselseitige Abneigung noch beschert, was sie uns einbrockt, wird sich in den nächsten Jahren zeigen. Ein Mann wie Michael Kretschmer, CDU-Ministerpräsident in Sachsen, der sich nächstes Jahr zur Wahl stellen wird, geht mittlerweile eindeutiger auf die AfD zu, als die SPD je auf die Linkspartei zugegangen ist. Freilich noch nicht, um mit ihr zu koalieren, aber doch, um ihr Wählerstimmen abzujagen, so zumindest ist mein Eindruck. Also, ich hoffe sehr, unrecht zu haben, aber vielleicht sehen wir bald, dass sich die CDU in den Länderparlamenten eher zu einer Zusammenarbeit mit der AfD durchringt als die SPD mit der Linkspartei.

WE: Vorstellbar.

JH: Und das ist, ehrlich gesagt, eine schockierende Wiederkehr von Geschichte. Dass sich die linken Kräfte in diesem Land nicht bündeln können und die Rechte sich währenddessen viel schneller zusammenrafft.

WE: Fragt sich nur: Was bringt Teile des Bürgertums dazu, gegen die bürgerliche Gesellschaft mobil zu machen? Der sie doch ihr ganzes Sein und Werden verdankt? Das ist doch ein erklärungsbedürftiger Vorgang. Viel einfacher wäre es, wenn sich sagen ließe, das ist eine Rebellion der Abgehängten, der Deklassierten.

JH: Das greift aber hier nicht.

WE: Richtig. Siehe abermals die »Erklärung 2018«. Lauter Akademiker, die Nachfahren der guten, alten Honoratiorenschicht machen mobil. Wogegen genau?

JH: Gegen die Überfremdung.

WE: Gegen die Überfremdung?

JH: Gegen die illegale Masseneinwanderung. Das zumindest sagen sie selbst.

WE: Ja, aber warum? Warum wird diese Bewegung gegen massive Einwanderung entscheidend von Leuten getragen, deren sozialer Status, deren Rolle in der Gesellschaft von den Einwandernden doch nicht unmittelbar bedroht wird?

JH: Natürlich nicht.

WE: Die Sorgen der Unterschicht sind diesbezüglich doch viel plausibler.

JH: Das ist der Unterschied.

WE: Den muss man festhalten.

JH: Wenn ich sage, dass Pegida in Dresden eine eher bürgerliche Bewegung ist, dann ist das eine bürgerliche Bewegung auf einem letztlich prekäreren Niveau als die Honoratiorenversammlung, wie Sie sagen, die hinter der »Erklärung 2018« steht. Die Übergänge ins Prekäre sind bei Pegida wesentlich markanter als bei den Unterzeichnern der »Erklärung 2018«.

WE: Die fragile Mitte der Gesellschaft drängt sich zum wiederholten Male als wichtiger Schlüssel zur Erklärung auf. Hinzu kommt der begründete Eindruck, dass es nicht gerecht zugeht in diesem Land. »Schlimmer als in Amerika« betitelte der »Spiegel« Ende Mai dieses Jahres einen Beitrag zu diesem Thema. Dort liest man: »Nimmt man die alleinigen Nettoeinkommen zum Maßstab, die am Markt und ohne Einrechnung des Zugriffs durch den Fiskus erzielt werden, liegt der Abstand zwischen Arm und Reich jetzt sogar so hoch wie noch nie in der Bundesrepublik. [...] Die Ungleichheit ist heute größer als vor dem Aufschwung.« Entwertet, blamiert das Versprechen, dass Lohnverzicht, ›moderate Lohnabschlüsse‹ langfristig allen zugutekommen. Tatsächlich profitieren wohl umrissene Gruppen von den Wachstums- und Produktivitätsgewinnen, gut Qualifizierte, Grund- und Immobilienbesitzer insbesondere. Nicht zuletzt dank den Segnungen der Agenda 2010, den Steuerreformen seit dem Ende der neunziger Jahre. Wenn sich die soziale Schere trotz Aufschwung weiter öffnet, was steht dann beim nächsten Abschwung zu erwarten, auf den man wetten kann? »Was dann droht, lässt sich in Ländern schon jetzt beobachten, die wie die USA oder Großbritannien gesellschaftlich tief gespalten sind. Und wo Politiker immer dachten, dass sie so einen Ausgleich fürs Auseinanderdriften der Einkommen nicht bräuchten. Wehret den Trump-Fällen.« Nur wie? Einer vom DGB in Auftrag gegebenen Umfrage zufolge bekunden vier von fünf Beschäftigten die Erwartung, dass sie mit ihren Altersbezügen entweder »gerade so« oder »gar nicht« auskommen werden. Gesetzt, sie behalten recht: Wie werden sich diese tief sitzende Kränkung und Verunsicherung politisch auswirken? Allein die Vorstellung erschreckt, finden Sie nicht auch?

JH: Absolut, diese Zahlen sind schockierend. Einerseits. Andererseits aber muss die Frage erlaubt sein, warum die SPD mit ihrem Motto »Zeit für mehr Gerechtigkeit« im vergangenen Bundestagswahlkampf nicht erfolgreicher gewesen ist. Wenn man Ihren Zahlen folgt, müsste Gerechtigkeit eigentlich *das* Thema der Stunde sein. Ist es aber nicht. Ich glaube, weil Wohlstand eben doch eine relative Größe ist, die sich in solchen Szenarien nicht recht abbilden lässt. In jenem Moment, in dem es Tausende aus anderen Teilen der Welt nach Deutschland zieht und das Land zumindest von außen als eine Art Paradies erscheint, lässt sich offenbar nicht hinreichend an die eigene Bevölkerung vermitteln, dass es diese gewaltigen Defizite in ganz grundlegenden Verteilungsfragen gibt. Wir empfinden uns offenbar noch immer zu großen Teilen als Bürger eines wohlhabenden Landes. Der Zeitgeist ruft eher nach Nationalismus und Abriegelung als nach Umverteilung. Nationalismus erscheint hierbei als eine gar nicht intellektuell begriffene Chiffre, sondern als eine emotional für viele sehr evidente Protestform gegen die Globalisierung. Wie ein nahezu natürlicher Reflex, als eine Art der kulturellen Deglobalisierung. Wirkliche Anti-Globalisierungs-Bewegungen kamen ja von links.

WE: An welche denken Sie da?

JH: An die Occupy-Bewegung in Amerika. Sie wollte die Globalisierung dezidiert anders gestalten. Und die AfD will das ja nicht, sie will nur die sichtbaren Phänomene der Globalisierung, also vor allem die Migration, aufhalten, ohne die Systemfrage zu stellen. So wie wir den Nationalsozialismus als eine Anti-Moderne-Bewegung lesen können, so ist der Rechtspopulismus eine Anti-Postmoderne-Bewegung, also im Grunde genommen wieder ein Reflex auf Veränderung, Zeitenwende. Und es ist letztlich dann doch der Versuch, das Leben einzuhegen. Es übersichtlich und überschaubar zu halten und sich der Illusion hingeben zu können, wenn wir die Mauern um uns herum nur hoch genug ziehen, dann erreicht uns das Leben nicht. Dann können wir uns in einem insulären Wohlstand einrichten, egal, was rechts und links um uns herum passiert. Es geht um eine Einhegung des Lebens. Und radikalere Kräfte wie Alexander Gauland oder Björn Höcke nutzen solche nationalen Reflexe für eine eigene Agenda: nämlich Geschichtsrevisionismus.

WE: Ja, obwohl der Nationalsozialismus nur auf der Grundlage der Moderne, von Arbeits- und Funktionsteilung und der damit einhergehenden Entlastung des Gewissens entstehen konnte. Es war ein *moderner* Zivilisationsbruch, wie der Soziologe Zygmunt Bauman in seinem Klassiker »Dialektik der Ordnung. Die Moderne und der Holocaust« nachgewiesen hat. Aber das beiseite.

Ich entsinne mich, dass ich kurz nach der Landtagswahl in Baden-Württemberg in Heilbronn war. Damals rieb man sich die Augen, warum die AfD im prosperierendsten Land der Bundesrepublik ein zweistelliges Ergebnis eingefahren hatte. Einmal dort, suchte ich nach Erklärungen. Wohlhabende Stadt, annähernde Vollbeschäftigung, Hauptsitz von Lidl um die Ecke, die Steuern sprudeln, die Stadt erfreut sich des Unternehmens auch als großzügigen Sponsors auf kulturellem Gebiet. Und dann erfährt man etwas, das sich nicht einfach beiseiteschieben lässt. »Wir haben hier keine großen Konflikte mit Flüchtlingen, mit der Zuwanderung ganz allgemein«, sagten mir einige meiner Gesprächspartner. »Die meisten, die kamen, haben ihren Platz gefunden, das lief in der Vergangenheit ganz gut. Aber inzwischen liegt der Anteil der nicht seit Generationen hier Lebenden bei rund 30 Prozent. Das muss sich erst mal setzen, muss man gemeinsam verkraften. Da tut eine Atempause gut. Eine Verlangsamung dieses Prozesses.«

JH: Die Menschen wollen ihren Wohlstand nicht mehr teilen, das wollten sie übrigens noch nie. Auf alle Migrationswellen ist mit eigentlich derselben »Das Boot ist voll«-Abwehrhaltung reagiert worden. Ich erinnere nur an den sogenannten Asylkompromiss aus dem Jahr 1993.

WE: Natürlich könnte man diese Menschen zurechtweisen und sagen: »Ja, nun, so ist das eben. Solche Prozesse kann man nicht aufhalten. Stellt euch nicht so an!« Aber solcherart fährt man seinem Gegenüber doch ein wenig zu vorschnell über den Mund und übersieht den rationalen Kern in seinem Argument. Nicht im Sinn einer definitiven Grenzziehung, bis hierher und nicht weiter! Wohl aber im Sinn einer kritischen Masse für ernste Bedenken, die um sich greifen. Verständlicher Sorgen, die Integrationsfähigkeit der je und je Hinzukommenden betreffend. Die Besorgnis, dass das gesellschaftliche Gleichgewicht kippt, und der Eindruck, man kanzelt mich ab, wenn ich sie äußere, stellt mich in die rechte Ecke. Mich jedenfalls hat ein paar Tage beschäftigt, was ich in Heilbronn zu hören bekam. Dieser Tage las ich einen Artikel, den Stefan Reinecke in der »taz« geschrieben hat, »Offene Türen, enge Herzen«. Den möchte ich gern im Auszug wiedergeben, das passt sehr gut an dieser Stelle. »Ist ›Grenzen weg‹ also das richtige Ziel? Noch nicht mehrheitsfähig, aber vernünftig, so wie es vor hundert Jahren die Forderung nach dem Frauenwahlrecht war? Eher nicht. Unter den Fürsprechern offener Grenzen sind nicht zufällig viele Neoliberale und Linksradikale, die beide den Staat geringschätzen. Das globale Recht auf Migration würde, jedenfalls absolut gesetzt, die aufnehmenden Staaten ruinieren. Nationalstaaten brauchen einen definierten Souverän. Wenn Migranten sofort alle Rechte bekämen, würde das Kollektiv der Staatsbürger diffus und unverbindlich zu werden drohen. [...] Eine Welt ohne Staaten und Grenzen wäre nicht friedlicher und freier, sondern chaotischer und rechtloser.« Ich unterschreibe jedes Wort und füge, das zu bekräftigen, hinzu: Nur im Rahmen von Nationalstaaten zeigen sich Minderheiten gewillt, die Entscheidungen von Mehrheiten ohne militanten Widerstand zu tolerieren. Mag sein, dass es einmal einen europäischen Staat oder sogar einen Weltstaat geben wird, die dasselbe leisten. Aber das liegt, wenn überhaupt, in ferner Zukunft und setzt eine geeinte Menschheit voraus.

JH: Das ist total richtig. Nur wird das politisch längst abgebildet, ist längst politische Realität. Alle könnten also zufrieden sein. Die Grenzen sind schon lange wieder dicht. Wir kontrollieren und regulieren Zuzug und halten uns dabei an bestehende Gesetze. Die neue Koalition hat sich unlängst auf Zahlen verständigt, mit denen sogar die CSU einverstanden war; ein Einwanderungsgesetz wurde für das Ende der Legislatur versprochen. Dennoch argumentiert die »Erklärung 2018« weiterhin mit illegaler Masseneinwanderung. Es gibt dafür weder Belege noch Fakten noch Zahlen. Das sind Angstszenarien, mit denen man seine ökonomischen und kulturellen Privilegien sichern will, die einem helfen, mental und auch ganz praktisch die Zäune hochzuziehen, sich zu verschanzen, unter sich bleiben zu können. Eigentlich hat man das schon immer gewollt, nun aber lässt es sich offenbar auch problemlos äußern. So verschiebt man sehr bewusst den zivilgesellschaftlichen Konsens, schafft sich Beinfreiheit und erzeugt das Gegenteil von Solidarität.

WE: Ich versuche mir manchmal vorzustellen: Wo wären wir jetzt in Deutschland, oder welche Situation würden wir beschreiben, wenn Ungarn und Österreich nicht Ende 2015, Anfang 2016 dafür gesorgt hätten, dass der Zustrom abebbt? Und Frau Merkels Job gerettet hätten. Die CSU hätte sie demontiert, mit an Sicherheit grenzender Wahrscheinlichkeit. Sie wäre von der Union nicht zur Wiederwahl aufgestellt worden. Davon bin ich überzeugt. Wer würde das Land jetzt politisch führen?

JH: Worauf wollen Sie hinaus?

WE: Danach kam der Türkei-Deal, und dann war die Situation schon wieder überschaubar. Aber für einen Moment konnte man hinsichtlich des weiteren Gangs der Dinge zu Recht beunruhigt sein. Wenn sich das noch viele Monate fortgesetzt hätte, die Einwanderung von täglich vielen Tausenden, ungebremst, von Menschen, zu allem entschlossen, jene vor Augen, die es schon geschafft hatten nach Deutschland … Fast alle wollten hierher. Wenn das Unbehagen darüber im selben Maße angeschwollen wäre wie der Zug der Flüchtlinge entlang der Balkanroute? Wenn selbst der rechte Flügel der CSU die äußerste Rechte nicht mehr in Schach gehalten hätte, was dann? Oder, von heute aus gesehen und gefragt: Können wir angesichts des Tempos, in dem sich der Aufschwung der AfD seinerzeit vollzog, einen wirklichen politischen *Backlash* in Deutschland für die Zukunft guten Glaubens ausschließen? Die Gründe für den Run des globalen Südens auf die Komfortzonen dieser Welt bestehen doch nach wie vor. Und für viele dieser Gründe, nicht für alle, zeichnet auch Europa, zeichnet auch die Bundesrepublik verantwortlich. Die meisten Freihandelsabkommen mit afrikanischen Ländern gleichen Knebelverträgen weit eher als Abschlüssen zwischen gleichberechtigten Nationen. Entweder lasst ihr unsere Waren ins Land, auch auf Kosten einheimischer Produzenten, oder wir überdenken unsere Entwicklungshilfe. Die Ursachen für die manifeste Unzufriedenheit von Millionen von Menschen innerhalb der Wohlstandsinseln sind ebenfalls nicht beseitigt. Die Angst, dass die Verteilungsmasse schrumpfen könnte, wenn »Nichtsnutze« von außen ungefragt ins Land strömen, um daran teilzuhaben, besteht fort. Und es gibt politische Repräsentanten, die die Menschen bei dieser Haltung abholen. Und politische Wettbewerber, die alldem zuschauen oder, schlimmer noch, auf dieselbe Linie einschwenken. Da sind doch gleich mehrere Lunten gelegt, die nur darauf warten, angesteckt zu werden. Geben wir uns keinen Illusionen über die Resilienz der Gesamtgesellschaft hin: Es waren Sachsen, Bayern und Baden-Württemberg, wo die AfD zur Hochform auflief.

JH: Gerade sind ja die ersten Zahlen veröffentlicht worden, wonach bereits jeder vierte Flüchtling einem sozialversicherungspflichtigen Job nachgeht. So viel zu den »Nichtsnutzen«. Und: Ich glaube ja eher das Gegenteil: Ich glaube, selbst wenn wir 2015 keinen einzigen Flüchtling hereingelassen hätten, wenn wir alle Flüchtlinge weit außerhalb der deutschen Grenzen hätten aufhalten können, die Bilder auch dieser Situation hätten genügt, damit die AfD ihre Szenarien auf- und ausbaut. Pegida entstand ja, wie gesagt, bereits im Winter des Jahres 2014. Ängste vor Fremden lassen sich am besten schüren, wenn die Fremden abstrakt bleiben. Insofern halte ich auch den Rückschluss, wonach wir Angela Merkel den Rechtsruck zu verdanken haben, für reine Rhetorik. Und was den Geschichtsrevisionismus betrifft, der ist freilich eine besondere Zutat des deutschen Nachkriegsnationalismus; es hat ihn in Nischen und Zirkeln und kleinen Kreisen in Westdeutschland immer gegeben, manchmal ist er sogar in die große Politik geschwappt. Über Helmut Kohls »Gnade der späten Geburt« haben wir bereits gesprochen, aber auch seinen Besuch der Kriegsgräberstätte in Bitburg 1985, auf der neben Wehrmachtssoldaten auch Angehörige der Waffen-SS beerdigt sind, möchte ich nicht unerwähnt lassen. Darüber ist heftig diskutiert worden. Aber mit dem Revisionismus, den Gauland und Co. veranstalten, ist das freilich nicht zu vergleichen. Das

Ende des Zweiten Weltkrieges ist über siebzig Jahre her, die Befreiung von Auschwitz auch, das markiert ein Menschenleben, das markiert mehrere Generationen. Und nun beobachten wir leider, dass wir uns als Gesellschaft von jenem Schockmoment der Täterschaft befreit zu haben scheinen, uns offenbar in Teilen so weit davon entfernt haben, dass es wieder Menschen bei uns gibt, die erneut andere Gruppen massiv ausgrenzen und stigmatisieren. Manche sind sogar der Meinung, sie haben sich aus unserer eigenen Geschichte so weit emanzipiert, dass sie glauben, die alten Fehler wieder machen zu können.

WE: Vielleicht muss man nicht gar so schwarz malen, aber man kann diese Möglichkeit nicht ganz von der Hand weisen. Und weil das so ist, muss man in der politischen Auseinandersetzung klug zu Werke gehen, reflektiert, alles vermeiden, was den Zulauf der neuen Rechten nur weiter beflügelt. Nicht auf Menschen einprügeln, die soziale Konflikte vor Ort austragen, ausbaden, die die Regierenden zu verantworten haben. Der Streit um die Essener Tafel war so ein Moment in jüngster Vergangenheit, als man dort Migranten zwischenzeitlich ausschloss, weil Einheimische sich von ihnen bedrängt und an den Rand geschoben fühlten. Die Verantwortlichen wussten sich nicht anders zu helfen als durch ein solches Moratorium. Kann man kritisieren, sicher. Aber sie kurzerhand als Rassisten abzustempeln zeugte von bodenloser Arroganz, von purer Dummheit. Da dachte ich nicht zum ersten Mal: »Um Gottes willen! Noch ein paar solche Aktionen mehr, und wir vergraulen selbst *die* Leute, die sich tagtäglich den Arsch aufreißen, das irgendwie hinzukriegen, was der Sozialstaat nicht mehr leistet.« Die schwärzt man an und nicht die Regierenden. Frau Merkel fand »nicht gut«, was dort in Essen geschah. Wie pharisäisch die Frau doch sein kann! Hätte sie doch Bertolt

Brecht gelesen, sein Stück »Der gute Mensch von Sezuan«. Da erscheinen die Götter auf der Szene und geben der armen Shen Te ein wenig Geld, dass sie wegkommt von der Prostitution. Sie eröffnet ein kleines Geschäft, einen Tabakladen, lädt die Nachbarschaft zu Gast, die buckelige Verwandtschaft. Die alle kommen in großer Schar. Dann droht der Laden abzuschmieren. Die Besitzerin weiß sich in ihrer Not nicht anders zu helfen als durch einen Trick. Verwandelt sich in ihren Onkel, Shui Ta. Der wirft die Mitesser aus dem Laden, gründet ein neues Unternehmen, bei dem sie nun schuften dürfen für kleines Geld. Ein Lehrstück, wie geschaffen für unsere Zeit, in der, allem Wohlstand zum Trotz, die alte Wahrheit gilt: »Für alle reicht es nicht!« Ich hätte denen in den Hintern treten mögen, die da von Rassismus faselten. Und zurufen: »Eure verdammte Selbstgerechtigkeit richtet nur noch Schaden an. Was ihr tut, führt zum Gegenteil dessen, was ihr beabsichtigt, *sponsored* by AfD. Dort reibt man sich die Hände über eure Tollheit.« Es ist dieser beklagenswerte Mangel an Empathie, den ich diesen Pseudolinken vorwerfe. Diese Leute sind mir so was von suspekt. In diesem Kontext noch mal zur Rolle der Linken im Herbst 2015.

JH: Womit wir wieder beim Anfang wären.

WE: Man konnte nach meinem Dafürhalten damals unmöglich links sein und Merkels Politik der offenen Tür kritiklos unterstützen. Die Folgen waren absehbar. Das gesellschaftliche Klima würde rauer werden, die sozialen Konflikte im Unterbau an Schärfe gewinnen. Ihnen diese Schärfe zu nehmen, hätte die politische Linke ihre Unterstützung Merkels an die energische Forderung binden müssen, die Hartz-Reformen umgehend zurückzunehmen. Weg mit der ganzen Drangsalierung, der Beschämung arbeitslosen Lebens! Politische Debatte über ein bedingungsloses Grundeinkommnen. So hätte ein glaubwürdiger Anwalt dieser Klientel gesprochen. So sprach die deutsche Linke aber nicht. Begnügte sich mit der Mahnung, die ökonomisch Mittellosen dürften nicht die Hauptlast der Zuwanderung tragen. Hielt ansonsten am Burgfrieden mit den Regierenden fest. So hasenfüßig verhielt sich lange keine Oppositionspartei in einer Lage, in der es auch auf sie ankam, auf ihr Mobilisierungsvermögen, um der neuen Rechten Paroli zu bieten. Glücklich darüber, endlich einmal mitspielen zu dürfen im Konzert der Demokraten, verschlug es der Linken den Mut, weiterzudrängen, Merkel zu jagen, auf *ihre* Weise. Das fand nicht statt. Was stattfand, war zahnlos, vegane Politik.

JH: Ich glaube, das, was Sie beschreiben, ist Teil einer Diskursverzerrung. Also diese »Das Boot ist voll«-Metaphorik hat es, ich sagte es bereits, immer gegeben, bei jeder Einwanderungswelle. Wir schaffen das nicht, das überfordert uns. Ich halte das für eine Rhetorik der Abwehr.

WE: Diese Abwehr gibt es. Aber sie ist in erster Linie denen anzulasten, die sich entschieden haben, nicht zu teilen, obwohl sie teilen könnten. Übrigens gab es 2015 »von oben« unverhohlene Begeisterung für die Flüchtlinge. »Toll, dass die kommen«, hieß es von Unternehmerverbänden. »Mehr davon, bitte!« Derart reihten sich Mitverursacher der Misere schamlos ein in die Willkommenskultur.

JH: Es ist ein Kulturkampf, der jetzt geführt wird. Das ist ja eigentlich auch Ihre Kritik: Warum führen wir einen Kulturkampf, wenn wir doch in Wahrheit die Systemfrage stellen müssten? Im Umkehrschluss könnte man sogar sagen: Jene Hartz-IV-Demonstranten sind damals nicht durchgedrungen, weil sie zwar die Systemfrage stellten, sie aber – glücklicherweise – nicht mit Elementen des Kulturkampfes durchwebten.

WE: Ja, das ist wohl so. Mitunter werden auch auf kultureller

Ebene Fragen aufgeworfen, die unsere Art zu leben ganz essentiell berühren. Da geht es im Pro und Kontra um die offene Gesellschaft. Darf es überhaupt noch Grenzen geben? Menschen sollen nicht nur, weil sie politische Flüchtlinge sind, zu uns kommen, sondern auch, weil sie Armutsflüchtlinge sind, sagen viele Linke.

JH: Das ist wieder so ein Szenario, auf das dann Andrea Nahles reagieren zu müssen glaubt, indem sie sinngemäß sagt, wir können nicht alle aufnehmen. Aber diese Frage stellt sich doch gar nicht. Europa ist eine Festung, die Mauern sind bereits sehr hoch.

WE: Die Regierenden werden ihr Ziel, den Kontinent nach außen dicht zu machen, nicht erreichen. Das neue Buch der Politologin Wendy Brown »Mauern. Die neue Abschottung und der Niedergang der Souveränität« unterstreicht das neuerlich. Vor diesem Hintergrund vollzieht sich der Streit der Linken, der auf dem jüngsten Parteitag im Mai eskalierte. »Offene Grenzen für *alle* Flüchtlinge« oder »Offene Grenzen für Flüchtlinge«, aber eben nicht für »alle« – an diesem scheinbar beiläufigen Wort entzündete sich ein emotional hocherregtes Für und Wider. Schon zuvor gab es Thesenpapiere aus demselben Lager mit dem Tenor, wie problematisch das eigentlich ist, wenn man Menschen, die in ihren Ländern gut ausgebildet wurden, nach Deutschland holt. Dann verlieren diese Herkunftsländer viele befähigte Menschen. Sie zahlen die Ausbildungskosten, und wir eignen uns die Resultate gratis an. *Social appropriation*, darüber sollte man in diesen Kreisen einmal diskutieren, statt sich über *cultural appropriation* künstlich aufzuregen. Deutschland, Europa muss politisch Verfolgten Asyl, Kriegs- und Bürgerkriegsflüchtlingen Obdach, Schutz und Auskommen gewähren, und dasselbe gilt für Menschen, die bittere Not aus ihrer Heimat vertreibt, aus Landstrichen, in denen der Tod keine Eile hat. Aber viel entschiedener als derzeit muss energisch Sorge dafür getragen werden, das Leben *dort* erträglicher zu gestalten. Potentiell humanitäre Ressourcen auf Druck der Vereinigten Staaten steigenden Wehretats zuzuführen wäre nicht nur kontraproduktiv, sondern letztlich selbstzerstörerisch. Wir, die Europäer, müssten die Suppe auslöffeln, die uns Trump und die Seinen einbrocken. So dumm kann man doch eigentlich gar nicht sein. Gleichwohl führt nicht jeder Fluchtgrund, so verständlich er sein mag, zur schließlichen Aufnahme des Flüchtenden in das Land seiner Ankunft oder seiner Wahl. Man mag das moralisch schwer erträglich finden, aber es gibt einen Konflikt zwischen Menschenrechten und Bürgerwillen, das heißt, jenem politischen Konsens über Migration, der einstweilen nur im nationalstaatlichen Rahmen organisierbar ist. In seinem Hauptwerk »Sphären der Gerechtigkeit« verlieh der Kommunitarist Michael Walzer diesem Konflikt bereits in den 1980er Jahren auf wohltuend unaufgeregte Weise Ausdruck, und zwar so: »Gemeinschaften müssen Grenzen haben; und wie immer sie diese Grenzen im Hinblick auf Territorium und Ressourcen formulieren, in bezug auf die Bevölkerung werden sie von einem Gefühl der Verwandtheit und Gegenseitigkeit bestimmt. [...] Häufig ist es moralisch einfach unumgänglich, auch große Zahlen von Flüchtlingen aufzunehmen; dennoch bleibt das Recht, dem Strom Einhalt zu gebieten, ein Konstituens von gemeinschaftlicher Selbstbestimmung.«

Übrigens, ein gedanklicher Schnitt jetzt, gab es einmal einen kuriosen Moment, das war 2003, da traf ich Hans-Olaf Henkel zum Disput, damals Präsident des Bundesverbandes der Deutschen Industrie, das war in der URANIA hier in Berlin, Alfred Eichhorn moderierte. Wir debattierten über mein Buch »Die Ostdeutschen als Avantgarde«, und nach ein bisschen Vorgeplänkel sagte Henkel etwas, das mich vorderhand schachmatt setzte: »Super Titel ›Die Ostdeutschen als Avantgarde‹. Genauso sehen wir das auch.« Und dann entwickelte er das näher, seine Sympathie für den Osten als Vorreiter des wirtschaftlichen und sozialen Umbaus der gesamten Bundesrepublik.

JH: Ach ja?

WE: Sprach von politischen, rechtlichen und bürokratischen Hemmnissen, von Daumenschrauben, die der unternehmerischen Initiative angelegt würden. Von Ostdeutschland als Experimentierfeld einer anderen, härteren Gangart des Kapitalismus. »Mehr Kapitalismus wagen!«, das war die Quintessenz seiner Lektüre meines Buchs. Ich habe mich nie so missverstanden und zugleich richtig verstanden gefühlt wie in diesem Augenblick. So konnte man den Titel *auch* lesen. So lesen ihn die Herrschenden. Daran fühlte ich mich erinnert, als Wirtschaftsführer und Verbandssprecher 2015 ihre Begeisterung für den Flüchtlingsstrom artikulierten: »Immerzu, immer rein, kommt doch!«

JH: Ich stimme mit Ihnen völlig überein in der Analyse, aber sagen Sie nicht immer: »Kommt doch alle!« Oder: »Wir signalisieren, die sollen alle kommen.« Das hat nie jemand gemacht. Das ist ein rechtes Szenario.

WE: Von Unternehmerseite schon. Aber es gab Äußerungen, auch aus dem linken politischen Raum, von Katja Kipping oder Bernd Riexinger, die den Zuzug, den Zulauf von außen, gleichsam zum Menschenrecht erklärten.

JH: Das Recht, Asyl zu beantragen, ist tatsächlich ein Menschenrecht. Es ist in Artikel 14 der Menschenrechte formuliert. Ich bin mir sicher, dass sie es in diesem Sinne benutzten. Diese Anträge auf Asyl werden nach geltendem Recht geprüft. Es kann nicht jeder kommen, der will. Die Festung Europa ist weitgehend Realität.

WE: Ja, mehr als noch vor ein paar Jahren.

JH: Ich glaube, sie schaut sich von außen anders an als von innen.

WE: Na ja, die Italiener sehen das gerade ein bisschen anders.

JH: Ja, natürlich, weil der Weg übers Meer quasi die einzige lecke Stelle geblieben ist. Weil wir keine Mauer ins Meer bauen können. Zynisch gesagt.

WE: Können wir nicht, dürfen wir nicht, selbst wenn es ginge. Es sterben noch immer Menschen auf der Überfahrt, gerade dieser Tage wieder. Mitunter übersteigt deren Zahl in einem einzigen Monat die der Mauertoten von 1961 bis 1989. Aber viele in Deutschland stellen sich hin und sagen: Gerade noch mal Glück gehabt, haben wir nichts mehr mit zu tun. Wie schnell sich die Wahrnehmung doch eintrübt. Hier ist nichts ausgestanden. Wenn die neue italienische Regierung in der Flüchtlingspolitik auch nur ansatzweise wahr macht, was sie angekündigt hat, werden alle diesbezüglichen Illusionen platzen. Die noch Tatkräftigen unter den Ausgepowerten und Verzweifelten werden neue Wege finden, ihrer Lage zu entkommen.

JH: Um noch einmal darauf zurückzukommen, für wie viele Milieus der Pegida-Protest sich als anschlussfähig erwiesen hat: Es gibt erschreckend viele ehemalige DDR-Oppositionelle und -Bürgerrechtler, die inzwischen auf der Seite von Pegida und der AfD stehen. Und im Nachhinein müssen wir erneut feststellen, dass die DDR-Oppositionsbewegung ein gemeinsames Ziel hatte, nämlich das Ende der DDR, so wie sie damals beschaffen war, herbeizuführen. Deshalb haben sich Menschen aller politischen Lager für einen Moment zusammengefunden. Aber schon nach dem Mauerfall spaltete sich dieses Lager auf in jene, die für eine Reform der DDR eintraten, und jene, die die Wiedervereinigung wollten. Später dann sind sie alle in verschiedene politische Lager ausgeschwärmt, haben sich den unterschiedlichsten Parteien angeschlossen. Die einen sind in die CDU gegangen, die anderen haben die Ost-SPD gegründet. Der Schriftsteller Stefan Heym hat später sogar als Parteiloser für die PDS im Bundestag kandidiert. Die Oppositionellen waren zu keinem Zeitpunkt eine einheitliche politische Gruppe.

WE: Menschen, die in der DDR die Systemfrage stellten, sich mit den Herrschenden anlegten? Die gab es. Aber sie lehnten es weit überwiegend ab, sich »Bürgerrechtler« zu nennen oder gar »Dissidenten«. Das betrachteten sie als Fremdzuschreibung. Sie selbst verstanden sich als Oppositionelle.

JH: Also natürlich ist keiner der ehemaligen DDR-Oppositionellen nach dem Mauerfall gleich Mitglied der NPD geworden, oder zumindest ist mir kein solcher Fall bekannt. Aber das Leben ist offenbar weitergegangen, und da haben sich gewisse Leute eben auch radikalisiert. Ich will das nicht kleinreden, ich finde es tatsächlich schockierend und würde auch sagen, dass darin ein nicht unbeträchtlicher Widerspruch liegt: Die DDR-Opposition war eine emanzipatorische Bewegung, war eine urdemokratische Bewegung. Während ich eben Pegida und die AfD für eine undemokratische, unemanzipatorische Bewegung halte. Deshalb stimmt auch das Argument nicht, das man in diesem Zusammenhang öfter hört: Ich bin damals gegen den Mainstream geschwommen, deshalb tue ich es heute wieder. Nein, das ist eine Lüge. Richtigerweise müsste es heißen: Ich habe mich von all meinen Prinzipien verabschiedet und die Seiten gewechselt.

WE: Dieses Argument halte ich auch für Quatsch. Sich nachträglich eine Biografie zurechtzulegen, die mit dem Leben nichts zu tun hatte, das man führte. Eine Außenseiterbiografie, eine Widerstandsbiografie. Offenen Widerstand übten in der DDR immer nur wenige kleine Minderheiten. Manche auf dem Boden der Kirche, aus ihr heraus, manche jenseits davon. Auch innerhalb der Staatspartei, von den konspirativen Zirkeln sprachen wir bereits. Sie alle verdienen unseren ganzen Respekt, unsere ungeteilte Anerkennung. Die Motive, es mit dem Staat aufzunehmen, differierten, die Selbstwahrnehmung ebenso. Einige akzeptierten das Etikett »Bürgerrechtler«, andere, Mitglieder der SED oder aus ihr Ausgestoßene, wiesen das von sich: Wir sind keine Bürgerrechtler, wir sind Oppositionelle, und wir bestehen auf diesen Unterschied. Wir halten am Sozialismus fest, am Volkseigentum, an der sozialen Gleichheit, das alles gilt es zu verwirklichen, nicht wegzuwerfen. Wir denken, dass die Geschichte nicht auserzählt ist von Demokratie und Sozialismus und Gemeinbesitz. In der ČSSR war das anders. Die Aktivisten der Charta 77 verstanden sich dezidiert als »Dissidenten«. Ähnlich die Köpfe in und hinter der Solidarność-Bewegung in Polen.

JH: Ja.

WE: In der DDR rekrutierten sich die entschiedenen Reformer vorwiegend aus überzeugten Sozialisten, aus kritischen Marxisten, und das gab dem eine andere Note. Entfremdete diese Gruppen von genau den Mehrheiten, auf die sie sich beriefen. Man erinnere sich der Pfiffe, die die Rede von Heiner Müller begleiteten, die dieser auf der Großdemo am 4. November 1989 auf dem Alexanderplatz hielt. Vor allem zum Ende hin, als er einen Aufruf der gerade frisch gegründeten Unabhängigen Gewerkschaften verlas und sinngemäß sagte: Euch stehen ungemütliche Zeiten bevor. Man wird eure sozialen Rechte attackieren. Organisiert euch zeitig! Müller war der Einzige, der an diesem Tag weiter vorausschaute, die Feierstimmung trübte, »wrong time, wrong place«.

JH: Ja. Und Oskar Lafontaine ist wahrscheinlich der bekannteste westdeutsche Vertreter dieser damals zu Unrecht missverstandenen Einheitsskepsis.

WE: Im August 1980 fuhr ich mit einem Freund mit dem Auto nach Polen, nach Gdańsk, zur dortigen Lenin-Werft, der Aufstand der Solidarność strebte seinem Höhepunkt entgegen. Schon, als wir Richtung Szczecin die Grenze passierten, fühlten wir uns wie in einer völlig anderen Welt: Hier streikten Arbeiter, und zwar fast alle. Überall waren die Forderungen angeschlagen: »21 Mal TAK«, der Forderungskatalog umfasste 21 Punkte. Wir blieben dann eine knappe Woche dort, zuerst ohne Unterkunft, dann trafen wir Leute, die uns weiterhalfen, Berater aus dem Umkreis von Wałęsa, dem Anführer der Bewegung. Intellektuelle, wie es sie in dieser Art, in dieser Zahl in der DDR zeitgleich nicht gab. Nicht durchweg, aber überwiegend bürgerlich gesonnene Intellektuelle, die sich unmissverständlich für einen klaren politischen Bruch aussprachen, für die Einführung der parlamentarischen Demokratie. Die sich in dieser Ansicht, in dieser Haltung eins mit den streikenden Arbeitern wussten. An einem Sonntag standen wir vor dem Tor der Lenin-Werft und beobachteten, wie von der anderen Seite ein Zug auf uns zukam. An der Spitze Lech Wałęsa, auf den Schultern von Werftarbeitern. Kurz vor dem Tor stoppte die Prozession, denn um eine solche handelte es sich, und Wałęsa warf Marienbilder zu uns herüber, spendete uns seinen Segen. Wir reisten an dem Tag ab, an dem der Führer der neuen Gewerkschaft mit seinem riesigen Kugelschreiber seinen Namen unter das Abkommen mit der Kommunistischen Partei Polens gesetzt hatte, gemeinsam mit dem KP-Chef Kania. Alle 21 Forderungen erfüllt, einstweilen, ein Jahr darauf verhängte dessen Nachfolger das Kriegsrecht. Für die DDR im Jahr 1980 eine völlig undenkbare

Situation. Diese Art von Zusammenhalt, dass die Intellektuellen sich mit den Arbeitern verbündeten gegen die Betonköpfe da oben, sie vor aller Welt in die Knie zwangen, unfassbar! Bei uns völlig ausgeschlossen.

JH: Doch!

WE: Ausgeschlossen, bis kurz vor ultimo. Die Mehrzahl der Intellektuellen, der Geistesarbeiter und Kulturschaffenden, war prosozialistisch, und das deckte sich nur für eine kurze Phase mit den Aspirationen der Mehrheit.

JH: Ja und nein.

WE: Ja und nein?

JH: Ja und nein und gleichzeitig, weil ich mich damit befasst habe: Das Kluge an der Gründung des »Neuen Forums« von Bärbel Bohley war, dass sie erkannt hatte, in einem sehr wichtigen Moment erkannt hatte, dass man eine Oppositionsbewegung außerhalb der Kirche gründen musste. So entstand im September des Jahres 1989 das »Neue Forum«. Ein für die Genese der Wende unglaublich wichtiger Impuls: Dem »Neuen Forum« schlossen sich binnen Wochen Zehntausende Menschen an.

WE: Absolut. Was die »Initiative für Frieden und Menschenrechte« schon 1986 gemacht hat.

JH: Bärbel Bohley hatte erkannt: Wenn man nur in den geschützten Räumen der Kirchen bleibt, ist man nicht anschlussfähig für die Leute draußen. Bohley selbst ist ja im Jahr 1988 sechs Monate in England und Westdeutschland gewesen, sie kam dann vor allem durch die Mithilfe von Petra Kelly wieder in die DDR zurück. In diesen Monaten, in dieser Inkubationszeit, reifte in ihr dieser Entschluss. Man kann das in ihrem »Englischen Tagebuch« nachlesen. Eine unglaublich spannende Lektüre.

WE: Aber mehrheitlich doch prosozialistisch, für eine reformierte DDR …

JH: Aber sie wusste, sie musste sich in diesem wichtigen Moment ans Volk wenden, um erfolgreich zu sein. Dieser Moment war kurz und verflog dann wenige Wochen später schon wieder, als es darum ging: »Wir sind *das* Volk« oder »Wir sind *ein* Volk«.

WE: Das waren zwei, drei Monate, nicht mehr. Nach Helmut Kohls Auftritt im Dezember 1989 in Dresden war die Option für einen eigenen, dritten Weg der DDR passé. Das Bündnis zerbrach in genau dem Augenblick, in dem man sich über seine ökonomische Zukunft hätte verständigen müssen. Wie weiter ausgehend vom Volkseigentum? Je schmallippiger die Wortführer des Aufbruchs in dieser Frage wurden, desto großmäuliger gebärdeten sich die neuen Ratgeber. Mit einem Mal gerieten die weltlichen wie auch die kirchlichen Kreise, von denen der Massenprotest seinen Ausgang genommen hatte, ins Hintertreffen. Vom geschichtlichen Prozess überrollt, gleichsam im Stich gelassen, suchten deren Protagonisten neue Partner, schmiedeten neue Allianzen. Dabei bewiesen vor allem Kirchenfunktionäre erstaunliches Geschick. »Ins erste frei gewählte Parlament der DDR zogen vierundzwanzig Theologen ein, darunter zweiundzwanzig Pfarrer mit gültiger Ordination«, berichtet Karsten Krampitz in seinem Buch »Jedermann sei untertan. Deutscher Protestantismus im 20. Jahrhundert«. Gemessen an der Ungläubigkeit weiter Teile der DDR-Bevölkerung eine wahrlich stattliche Zahl. Sie überlebten die DDR höchst erfolgreich, reüssierten in der Bundesrepublik – wie übrigens auch der ostdeutsche Atheismus. Diese »Erfolgsgeschichte« sparte unser Gespräch bislang zu Unrecht aus. Daher nochmals Krampitz: »Alltag in Ostdeutschland – im Geburtsland der Reformation: Um die Kranken und Alten kümmert sich die Volkssolidarität, um die seelisch Beladenen der Sozialpsychiatrische Dienst. Und die Kirchen? Nach all den Jahren des Bekenntnisdrucks zieht der übergroße Teil der einstigen DDR-Bevölkerung […] ein Leben in der ›transzendentalen Obdachlosigkeit‹ vor. In Ostdeutschland soll es heute Gegenden geben, wo die Leute nicht mal mehr abergläubisch sind. […] Die Errungenschaften des Realsozialismus haben sich nach der Wende im Eiltempo verflüchtigt. Nicht so der Massenatheismus, die gewissermaßen erfolgreichste Hinterlassenschaft der SED.« Hier ebenso wie bei der lockeren Parteienbindung zeigt der Osten dem Westen seine Zukunft auf, erweist er sich als Avantgarde.

JH: Genau, absolut. Aber den Moment der Solidarisierung hat es auch gegeben, zumindest das Wissen einiger darum, dass es ein Zusammenstehen, Zusammengehen, eine Verbrüderung geben muss.

WE: Mit der Zielstellung eines besseren, demokratischen Sozialismus.

JH: Der auch damals noch in der Bevölkerung angenommen wurde.

WE: Klar. Was die polnischen Intellektuellen und die Solidarność eher nicht im Sinn hatten, die wollten diesen Sozialismus weg-, die wollten den Kania weghaben, ebenso den General nach ihm, sein verhasstes Kriegsrecht abschaffen, die waren einfach anders drauf, kompromissloser.

JH: Ja, absolut. Aber lassen Sie uns in die Gegenwart zurückkehren. So, wie sich die Sichtbarkeit der Ostdeutschen seit der Bundestagswahl 2017 verändert hat, ist auch das ostdeutsche Selbstgespräch – vielleicht erstmalig – stärker in die Öffentlichkeit gerückt. Das Gespräch zwischen Uwe Tellkamp und Durs Grünbein in diesem Frühjahr in Dresden ist so ein positiver Effekt. Wann haben zwei Schriftsteller zuletzt so lebhaft über Politik diskutiert? Wann hat ihnen das Land so zugehört? Es hat eine gewisse Politisierung stattgefunden, eine Repolitisierung der öffentlichen Sphäre, auch das halte ich letztlich für etwas Positives.

WE: Ja, ich auch. Es gab ja den einen oder den anderen unter den Kommentatoren, die Klage darüber führten, dass das kein Literaturgespräch wurde, zu keinem Zeitpunkt. Das habe ich nun gerade nicht vermisst. Ein politischer Diskurs, dem man ansah, wie wenig geübt beide darin waren. Der immer wieder abzureißen drohte, hier die Belehrung, dort das Ressentiment. Durs Grünbein machte den Aufschlag, hielt einen kurzen Lehrgang zur demokratischen Frage, zu demokratischen Tugenden. Informierte das Publikum darüber, dass im antiken Athen gegenüber der Akropolis die Pnyx lag, wo sich die freien Bürger zur Volksversammlung trafen, um über ihre gemeinsamen Angelegenheiten öffentlich zu beratschlagen. Als ich dem zuhörte, dachte ich, hoffentlich sitzt da keiner vom Fach im Publikum, der weiß, wie es dort oftmals zuging, wie die Leute dort geredet haben, in Rage gerieten. Wie Personen das Wort ergriffen, die man heute Populisten nennen würde, damals hießen sie Demagogen, und die Bürgerschaft schwindelig redeten, für Strafexpeditionen gegen abtrünnige Bundesgenossen Athens begeisterten. Der große griechische Historiker Thukydides hat diese brodelnde Atmosphäre in seinem Werk »Der Peloponnesische Krieg« in aller Ausführlichkeit beschrieben. Großartig, bewunderungswürdig, diese Erfindung, die Ekklesia, aber nicht frei von Ausbrüchen des Volkszorns. Das war kein Ort bildungsbürgerlichen Austauschs. Kein wirklich gelungener Einstieg ins Gespräch. Ein Bildungsbürger erklärt dem anderen, wo der Hase langläuft, langzulaufen hat, wenn man sich nicht von Affekten leiten lässt, wenn der Humanismus die Richtung vorgibt. Im Fortgang haben mich beide genervt, jeder auf seine Weise, mehr kann ich dazu gar nicht sagen.

JH: Ganz so sehr abtun will ich es nicht. Beide haben sich dorthin gesetzt, vor ein volles Haus, und unter einem gewissen öffentlichen Druck haben sie sich beide auf eine Art *be-*

kannt. Von Tellkamp hat man hier und da Positionen gekannt, in dieser Länge hat er sie nie artikuliert. Er hat sich auch, dass muss man sagen, geoutet: als ein Anhänger von Pegida und der AfD. Das ist immerhin ein Schritt. Ich gebe Ihnen aber recht, beide waren, wenngleich in unterschiedlichen Graden, ungeübt im politischen Sprechen. Ich habe den Abend aber eher als ein Phänomen gelesen, als dass ich ihn sofort beurteilen wollte. Und natürlich war Grünbein präziser als Tellkamp, dem klar wurde, dass er sich seine Informationen offenbar nur aus irgendwelchen verschwörungstheoretischen Internetplattformen beschafft. Also, es gab schon einen graduellen Unterschied zwischen beiden, das ist wichtig. Trotzdem glaube ich, und deswegen möchte ich das Gespräch als solches unbedingt verteidigen, dass beide eine hohe Autorität genießen, beide sozusagen auch nicht eingeladen waren, um als Politiker zu sprechen, sondern als zwei sehr erfolgreiche Autoren, die aus Dresden kommen und sich deshalb mit einer gewissen Authentizität dorthin setzen können. Und die Autorität, über die beide verfügen, die halte ich für ganz wesentlich. Ich glaube, auch das hat in den letzten dreißig Jahren gefehlt: dass jene ostdeutschen Erfahrungen, die gemachten, auch von Autoritäten besprochen worden sind. So dass man merken konnte, der Diskurs ist vielschichtig und vielsprachig. Und Durs Grünbein ist als jemand aufgetreten, der inzwischen in Rom lebt, aber doch regelmäßig nach Hellerau zu seinen Eltern zurückfährt. Er hat erzählt, dass er die Loschwitzer Buchhändlerin Susanne Dagen, die die »Charta 2017« initiiert hat, schon lange kennt und sie heute nicht mehr versteht. Das überraschte mich. Da komplettiert sich für mich ein Bild dieses Autors, wird vielschichtig und verworren und komplex. Da zeigt sich: Eigentlich hat keiner von uns diese Räume und ihre Menschen und ihre Sorgen und Gedanken verlassen oder hinter sich gelassen. Plötzlich erschien mir dieser oft so bildungsbürgerliche, global denkende, manchmal allem Zeitlichem entflohene Poet wieder verortet und geerdet. Er selbst hat das initiiert. Davor habe ich Respekt.

WE: Okay. Witzigerweise dachte ich immer, dass Tellkamp Personen wie Grünbein in seinem »Turm« eigentlich ein literarisches Denkmal gesetzt hat. Und dann war es interessant zu sehen, dass der da ausgezogen ist, wo Tellkamp ihn möglicherweise anzutreffen glaubte. Allerdings fällt es mir bei solchen Diskussionen zunehmend schwer, ganz anders als dem Großteil der Kommentatoren, mich auf eine Seite zu schlagen. Und das wiederholt sich dann in Fällen wie der »Erklärung 2018« und der Initiative »Die Offene Gesellschaft«. Ich könnte Letzterer nicht beitreten. Natürlich liegt mir die offene Gesellschaft näher als die wieder abgeriegelte, in jeder Hinsicht. *Die Feinde der offenen Gesellschaft* sind auch meine, da bin ich ganz auf der Linie von Sir Karl Raimund Popper, der ein einflussreiches Buch verfasst hat. Jeder, der über seinen eigenen Horizont auch nur ein wenig hinausdenkt, muss sich um der Entfaltungsmöglichkeiten jedes Einzelnen wie des Gemeinwesens willen wünschen, dass Meinungen frei vorgetragen werden, auf Gegenmeinungen treffen, dass Ansprüche erhoben, kritisiert, geprüft werden, dass sich im Gefolge dieser Prüfung ein gemeinsamer Boden bildet, von dem aus sich der Streit erneuert. Daran fehlte es im Osten Deutschlands seit dem Machtantritt der Nazis ganz entschieden. Gesellschaften, die diese Offenheit vermissen lassen, sie unterdrücken, berauben sich ihrer Zukunft, lassen die Quellen versiegen, aus denen sich Neues, Nichtgedachtes, Nichtversuchtes speisen.

JH: Und was hindert Sie dann an der Unterzeichnung jener Erklärung für eine offene Gesellschaft?

WE: Deren Selbstgenügsamkeit. Es gibt einen überaus treffenden Satz von Pierre Bourdieu, der lautet: »Viele Intellektuelle kritisieren die Welt, nur wenige kritisieren die intellektuelle Welt.« Und genau das ist das Manko nicht nur dieser gutgemeinten Erklärung. Für Intellektuelle ist die Sprache im Wesentlichen dazu da, einen gepflegten Diskurs zu führen, einen möglichst herrschaftsfreien, verständigungsorientiert und unter Wahrung der Etikette. So weit, so gut. Aber für viele Menschen ist die Sprache vor allem dazu da, zur Sache zu sprechen, Dinge zu benennen, die ihnen unter den Nägeln brennen. Das vergessen Intellektuelle *sehr* gern und schließen Menschen mit einem alltagspraktischen Verhältnis zu Sprache tendenziell aus ihren gehobenen Diskursen aus. Sie huldigen dem Irrglauben, dass Menschen, die Denken und Sprechen zu ihrem Beruf erheben, der Wahrheit näher stehen als die anderen, dass deren Erfahrungen in ihren reflektierten Erfahrungen gleichsam aufgehoben sind, dass der »rationelle Kern« der alltagspraktischen Welterfahrung von ihnen überhaupt erst entdeckt und herausgearbeitet wird. Es ist gut, dass wir unbefangen diskutieren können, gut, dass wir uns auf zivilisierte, emotional distanzierte Weise miteinander streiten – was braucht es mehr, um sich für den Fortbestand der offenen Gesellschaft einzusetzen und deren Verächter zu brandmarken? Für mich braucht es mehr.

JH: Und das wäre?

WE: Die offene Gesellschaft ist etwas ganz Wunderbares, rundum zu Bejahendes – sofern man ihre Möglichkeiten zu nutzen weiß. Freiheit von ernsten wirtschaftlichen Sorgen hilft da ungemein. Ebenso kulturelle Ressourcen, Bildung, Skills. Für Menschen, die darüber verfügen, kann die gesellschaftliche Öffnung gar nicht weit genug gehen. Dass »offene Gesellschaft« mehr bedeutet als freien geistigen

Austausch, vielmehr global freien Fluss von Arbeit, Kapital und Menschen, bedeutet für diesen Personenkreis kein unlösbares Problem. Anders für all jene, die da nicht so ohne weiteres mitfließen können, weil ihnen die dafür unabdingbaren Ressourcen fehlen. Die im Hier und Jetzt festsitzen, dem Auf und Ab weltweiter Konjunkturen mehr oder weniger ausgeliefert. Die zur »lokalen Klasse« zählen, die ihrerseits ein globales Phänomen darstellt. Für die geht die gesellschaftliche Öffnung zu jedem gegebenen Zeitpunkt immer schon weit genug. Für die ist der Nationalstaat kein »toter Hund«, am allerwenigsten in seiner Eigenschaft als Sozialstaat. Die verlangen mit guten Gründen, dass man sie in ihrer Lage wahrnimmt und schützt. Und diese berechtigte Forderung kommt in Erklärungen und Initiativen zugunsten von Freiheit und Offenheit regelmäßig zu kurz. »Die offene Gesellschaft bietet den Menschen die größtmögliche individuelle Freiheit bei größtmöglicher Lebenssicherheit«, heißt es in dem Aufruf. An dem zitierten Satz ist auf den ersten Blick nichts auszusetzen. Aber man muss genau lesen. Und dann stößt man auf die Rede von »den Menschen«. »Vielen Menschen«, damit wäre ich einverstanden, »Menschen wie uns« käme der Wahrheit noch näher. Das sind dann nicht mehr ganz so viele Nutznießer. Es ist eine Frage der Perspektive. Und die Perspektive von Kulturschaffenden neigt zur Überbetonung der eigenen Freiheiten und zum Ausblenden der Nöte anderer. Der in der Schweiz lebende russische Schriftsteller Sergej Sawjalow hat diese Blickverengung kürzlich bei einer Lesung in Zürich treffend charakterisiert: »Wenn russische Intellektuelle beim Rückblick auf die neunziger Jahre sich heute vor allem an die damalige Freiheit erinnern und nicht an die elementare Not der Mehrheit ihrer Landsleute, so spricht daraus schlicht Verantwortungslosigkeit.« Verantwortungslos, weil trunken von den eigenen Möglichkeiten. Das ist der Punkt. Auch die derweil jüngste Sammlungsbewegung »Solidarität statt Heimat« laboriert an dieser Einäugigkeit. Auf diese Alternative muss man erst mal kommen.

JH: Ich verstehe Ihre Argumentation, wir kommen ja immer wieder an diesen Scheidepunkt, teile sie aber nicht. Was mich allerdings interessieren würde: Wie stehen Sie eigentlich heute zu einer Ihrer Aussagen in »Die Ostdeutschen als Avantgarde«? »Sofern es einen geschichtlichen Auftrag gibt, den die Ostdeutschen durch ihr Herkommen und ihre jetzige Stellung in der Welt als ihren ureigenen begreifen können, dann den, Gleichheit und Freiheit miteinander zu versöhnen.«

WE: Ja, ich weiß, das ist recht lange her, und da sind wir wieder beim Auftrag. Sie haben ja den Auftrag – ihrer Herkunft verpflichtet – persönlich genommen. Kann es darüber hinaus einen kollektiven Auftrag geben, so etwas wie ein Vermächtnis der DDR-Bürger an die Ostdeutschen, zu denen sie wurden? Das wäre wohl doch zu viel behauptet, hieße den anmaßenden Versuch unternehmen, für alle zu sprechen. Diesen abermals eine »historische Mission« aufzubürden. Aber zahllose Begegnungen mit Ostdeutschen in den Jahren nach dem Umbruch zeigen mir, dass im Nachhinein die Wertschätzung für Ausschnitte ihrer vormaligen Lebenswelt eher wächst als schwindet. Dafür zum Beispiel, dass diese nach außen abgeschlossene Gesellschaft nach innen erstaunlich offen war, zugänglich. Dass Menschen ganz verschiedener Bildungswege und Professionen einander vergleichsweise mühelos begegneten, weil sie über gemeinsame Grunderfahrungen verfügten, über einen gemeinsamen Zeichenvorrat. So gut wie alle bestritten ihr Leben durch Arbeit, da konnte kaum jemand ausscheren, teilten ähnliche Vorlieben, Freizeitvergnügungen, schickten ihre Kinder auf dieselben Schulen, wo sie sich, wenn überhaupt, erst spät voneinander trennten, trafen im selben Wohnbezirk zusammen, Geldbeutel hin, Geldbeutel her. Man kam sich nahe, weil man sich nur schwer aus dem Weg gehen konnte, fand das mitunter einengend, sicher, aber man gewöhnte sich daran, gewann der Enge, besonders der politischen, im Alltag auch angenehme Züge ab. Die Menschen kamen sich in der DDR näher als je zuvor – und als danach, als die Mauer gefallen war und die offene Gesellschaft Einzug hielt. Noch heute komme ich leichter mit Ostdeutschen, auch jüngeren, selbst solchen ins Gespräch, die die DDR nicht durchlaufen haben, als mit Westdeutschen. Etwas von den alten Üblichkeiten erhält sich bei ihnen auf subkutane Weise. Und zwar eingedenk der Tatsache, dass der Nächste oder die Nächste auch jemand sein mochte, die mich auskundschaften, an den Staat verraten könnten. Die Stasi war ein Krake, aber von dem ließ man sich zuletzt kaum mehr einschüchtern. Sprach ins Telefon, sofern man über diesen Luxus verfügte, wenn es wieder mal verdächtig in der Leitung knackte, die mithörenden Genossen direkt an: »Ja, hört doch mit! Könnt ihr ruhig wissen! Sagt das gerne weiter!« Die Immunisierung gegen den Angstreflex schritt unwiderruflich voran. Ohne diese innere Befreiung wäre der Herbst 1989 nicht denkbar gewesen.

JH: Also es gibt gewisse Schicksals…

WE: … bis zuletzt, das wollen wir nicht vergessen. Die Abhärtung war und blieb ein schmerzhafter Prozess. Aber er fand statt. Dass im gewöhnlichen Umgang Erwägungen von Herkunft, Stand und Klasse zumeist vernachlässigbar waren, die alten sozialen Abstandshalter Nimbus, Prestige, Zeremoniell und Etikette zusehends an Bedeutung verloren, erlebten viele Menschen als befreiend, und so empfand, so erlebte ich das auch.

JH: Ja, ich glaube, genau das war es doch, was ich als meinen Auftrag beschrieben habe: Gleichheit und Freiheit miteinander zu versöhnen. Ich sehe so viele Gleichheiten im Anderssein, sie faszinieren mich. Und ich glaube auch, dass mein weibliches Selbstbewusstsein im Grunde ein in der DDR entworfenes Selbstbewusstsein ist, auf das ich einerseits zurückgreifen kann und das ich andererseits weiter formen, also in die Zukunft richten kann. Ich bin überzeugt, dass ich es nicht, und das ist auch ganz wichtig, nur aus mir selbst gebildet habe, sondern dass es sich aus einem gesellschaftlichen Miteinander abgeleitet hat. Wie meine Mutter mit mir umging, wie mein Vater mit mir umging, wie die Schule auf mich reagiert hat. Mein weibliches Selbstbewusstsein speist sich aus gesellschaftlichen Zusammenhängen, und deshalb verfügen sehr viele Frauen aus Ostdeutschland darüber. Es scheint ein kleiner Moment zu sein, aber es ist ein sehr konkreter. Ich habe nie etwas davon gehalten, wenn Ostdeutsche sagen: Ja, wir haben zwei Systeme kennengelernt, das macht uns klüger. Davon halte ich nichts. Das Gegenteil ist wahr. Es ist im Grunde schwerer, wenn man aus zwei Systemen kommt, sich beide wirklich unabhängig voneinander erklären zu können, nach Kontinuitäten, aber auch Brüchen zu suchen. Darauf gibt es keine einfachen Antworten. Aber ja, dieses weibliche Selbstbewusstsein und natürlich die Marginalisierungserfahrung, die man als Ostdeutsche erlebt hat, haben mich für den von mir beschriebenen persönlichen Auftrag sensibilisiert.

WE: War das denn eine persönliche Erfahrung?

JH: Wie bitte?

WE: Marginalisiert zu werden oder sich marginalisiert zu fühlen?

JH: Aber natürlich.

WE: Hat sich jemand je erdreistet zu sagen: »Du bist …« Ich weiß jetzt gar nicht, was …

JH: Aber ja doch! Davon habe ich doch die ganze Zeit gesprochen. »Zonenkinder« ist aus dieser konkreten Erfahrung entstanden, ich habe als Journalistin Marginalisierungserfahrungen gemacht …

WE: Dass ein ganzer »Stamm« abqualifiziert wurde als autoritär, als staatshörig, als in geistiger Vormundschaft befangen, das ist mir bekannt, aber als persönliche Erfahrung so nicht erinnerlich.

JH: Darin unterscheiden wir uns, denke ich, ganz grundsätzlich. Und vielleicht haben wir auch deshalb, wie sich in unserem Gespräch immer wieder zeigte, eine grundsätzlich andere Sicht auf bestimmte Phänomene der Gegenwart.

WE: Aber wie zeigte sich denn die persönliche Art der Ausgrenzung konkret?

JH: Indem man mir sagte, dass es doch Quatsch ist, was ich reklamiere, und dass ich nicht so tun soll, als hätte ich aus meiner DDR-Herkunft irgendeine Prägung erfahren oder als gäbe es eine ostdeutsche Art zu denken, oder als könnte eine ostdeutsche Erfahrung etwas wert sein. Aber darüber reden wir doch die ganze Zeit!

WE: Ja, sicher. Nur ist meine Erinnerung, wie gesagt, in dieser Hinsicht weitgehend frei von persönlichen Kränkungen. Unversöhnliche, übellaunige Kritik, gallige Verrisse, das schon. Aber damit muss man umgehen, wenn man sich öffentlich äußert, sich einmischt.

JH: Mein Gott, seien Sie froh, Sie sind ein schon, mit Verlaub, bisschen älterer, weißer Mann. Offenbar reagiert man auf Ihre Rede anders als auf meine.

WE: Der letzte Satz wird auf jeden Fall gestrichen.

JH: Ja? Ach, ja? Ich finde, man kann das genau so in den Druck geben!

Nachwort

Überblicke ich den Gesprächsband jetzt, aus dem Abstand von sechs Jahren, dann erscheint mir der Grundgedanke, den wir über die einzelnen Themenfelder hinweg verfolgten, nach wie vor schlüssig. Um die ostdeutschen Verhältnisse des Jahres 2018, die gereizte Stimmungslage, den Aufschwung der autoritären Nationalisten, zu verstehen, legten wir den Fokus nicht primär auf die DDR, sondern auf die 1990er Jahre, speziell auf die erste Hälfte dieses Jahrzehnts.

Wir analysierten eine kollektive Schockerfahrung. Die Arbeitslosigkeit kam wie eine Seuche über den Osten, Millionen wurden sozial entwurzelt, das Leben lag brach, ein anhaltender Exodus dezimierte die Bevölkerung. Abriss der arbeiterlichen Gesellschaft auf allen Ebenen: ökonomisch, kulturell, das geistige Erbe ebenso umfassend wie die edukativen, medizinischen, medialen Infrastrukturen. Der Elitenaustausch hinterließ eine gigantische Repräsentationslücke auf allen Entscheidungsebenen, die noch immer klafft. Die Ostdeutschen lebten jetzt *in* einer Demokratie, aber man entschied *für* sie, über ihre Köpfe hinweg. Dazu sahen sie sich Hohn, Verachtung, fortwährender Stigmatisierung ausgesetzt (»obrigkeitsgläubig«, »diktaturgeschädigt«), einer Totalentwertung ihres gesamten Lebens.

Erfahrungen dieser einschneidenden Art besitzen ihren eigenen Verarbeitungsrhythmus. Während man den Schock erleidet, ist man zunächst einmal gelähmt und in der Folgezeit vollauf damit beschäftigt, sich zu sammeln, zu sortieren, wieder Fuß zu fassen. Oft bedarf es eines Auslösers, um die verkapselte Erinnerung an das Geschehene wachzurufen. Dirk Oschmanns Bestseller »Der Osten: eine westdeutsche Erfindung« erfüllte für viele ostdeutsche Leser genau diese Funktion. »Urplötzlich, aus dem Innersten, stieg die lange eingeschlafene Wut von damals in mir auf, über die ganze gnadenlose Art, wie man mit uns, mit Land und Leuten umsprang. Mit einem Mal war die Sperre weg und alles wieder da«, beschrieb eine Frau diesen therapeutischen Oschmann-Effekt während einer Lesung des Autors. Und damit war sie nicht allein.

Die Wut, von der sie spricht, entband gleich nach dem Umbruch ein Potential an Radikalkritik, das die staatstragenden Parteien und demokratischen Institutionen bis heute nicht wieder einfingen. Teile davon sammelte erst die PDS und dann Die Linke ein, nach der Flüchtlingskrise von 2015 wechselten Hunderttausende zur AfD, die unterdessen zur ostdeutschen Volkspartei heranwuchs. Dieser Erfolg ließ die Illusion, die Demokratie würde den Kahlschlag im Osten schadlos überstehen, endgültig platzen. Nichts ist vergessen, die Schockwellen pflanzen sich fort, die Empörung über immer neue Kränkungen wie jüngst anlässlich des Ukraine-Kriegs (»verlogene Pazifisten«) entlädt sich regelmäßig in der Wahlkabine. Das ist, die bevorstehenden Urnengänge im Osten Deutschlands vor Augen, eine Gefahrenmeldung.

*

Als unser Buch erschien, konnte man die AfD noch als eine hauptsächlich von ostdeutschen Wählern getragene Partei betrachten. Inzwischen ist sie auch im Westen fest etabliert. Verglichen mit anderen westlichen Ländern ist Deutschland in

Bezug auf den Rechtspopulismus eher ein Nachzügler. Ich habe seinerzeit einige der Gründe benannt, die dieser politischen Strömung Vorschub leisteten, den Hauptgrund aber nur gestreift: Ich spreche von der Schwächung nationalstaatlicher Souveränität. Diese vollzog sich seit den 1980er Jahren, beschleunigt seit der Jahrhundertwende. Es handelt sich hier um ein schwer auflösbares Dilemma. Handeln Staaten isoliert voneinander, sinkt ihr Einfluss auf die Kräfte des Weltmarkts rapide. Heutzutage sind nur die Vereinigten Staaten und China stark genug, um es mit Global Players aufzunehmen. Verbinden sich einzelne Staaten miteinander, sehen sie sich dem Einfluss des Kapitals, seiner Lobbyisten und global agierenden Rechtskanzleien ausgesetzt. Im Erfolgsfall, wie zum Beispiel auf der Ebene internationaler Handelsorganisationen, binden sie sich dann selbst und »freiwillig« die Hände, akzeptieren im Streit mit Investoren private Schiedsgerichte und verzichten auf untereinander abgestimmte Rahmenbedingungen wirtschaftlichen Handelns: Steuern, Mindestlöhne, soziale Rechte, ökologische Folgekosten. Sie initiieren damit einen Standortwettbewerb um Investoren, bei dem (scheinbar) gewinnt, wer das größte Entgegenkommen zeigt. Tatsächlich gewinnt aufs Ganze gesehen nur das frei flottierende Kapital, weil es immer einen Akteur gibt, der noch weitergehende Zugeständnisse macht.

Als Späteinsteiger in die neoliberale Wirtschaftspolitik zeigte sich der deutsche Staat besonders empfänglich für die Verwertungsinteressen von Big Business. Ich erinnere an die Arbeitsmarkt- und Rentenreformen der rot-grünen Schröder-Ära. Infolge dieser Angebotspolitik paarten sich hinfort Arbeit und Hilfsbedürftigkeit, Alter und Armut für Millionen deutscher Arbeitnehmer bzw. Rentner.

Schonung der Kapitalseite auch bei der Bestreitung gesamtgesellschaftlicher Aufgaben – das führte zu einer notorischen

Unterfinanzierung des sozialen Wohnungsbaus, des Bildungswesens von den Kitas bis hin zu den Universitäten, des Erhalts und Ausbaus verkehrlicher und kommunikativer Infrastrukturen, schürte den Groll über einen säumigen Staat.

Anhaltend starker Druck auf die Außengrenzen, ungeregelte Zuwanderung im Maßstab von Hunderttausenden offenbaren die Versäumnisse und potenzieren sie. Sie verwickeln Ansässige wie Hinzukommende in Streit um die Verteilung von Wohnraum, Kita-, Schul- und Studienplätzen. An den Tafeln für Bedürftige steht man Schlange; Arme versus Geflüchtete: Wer bekommt noch etwas, wer geht leer aus? Ein Grundgefühl greift in wachsenden Segmenten der Gesellschaft um sich: Für alle reicht es nicht – und untergräbt Gemeinsinn und Solidarität.

*

Schwächung nationalstaatlicher Souveränität mit nachfolgender Verunsicherung des Lebens von Millionen ganz normaler Bürger – das ist der Nährboden für Rechtspopulisten. Sie profilieren sich als Retter, die Ordnung, Sicherheit, Berechenbarkeit des Lebens wiederherstellen, durch einen starken, souveränen Staat, souverän in dem einen und ausschließlichen Sinn, dass er die Kontrolle über die Außengrenzen zurückerlangt, ›Eindringlinge‹ abschreckt, fernhält.

Dieses Heilsversprechen ist das Erfolgsgeheimnis von Parteien wie der AfD. Sie bauschen das Migrationsthema auf, instrumentalisieren es für eine Politik des Ressentiments, verschweigen, marktgläubig, neoliberal, die tieferliegenden Gründe für den staatlichen Souveränitätsverfall. Aber das Problem ist real, ein Faktum, mit dem man rechnen muss, auch in Ländern, die öffentliche Güter (Bildung, Wohnen, Mobilität) pfleglicher behandelten. »Die Migration ist der Haupterklärungsfaktor für den Aufstieg der europäischen

Rechtspopulisten in Skandinavien, Benelux, Österreich, der Schweiz, verspätet auch Deutschland«, konstatiert der Politikwissenschaftler Philip Manow in einem »Zeit«- Gespräch vom 18. Februar 2024. »Nun haben wir vor allem in Deutschland Migrationszahlen, so hoch wie nie seit 2015, dabei sind die mehr als eine Million Ukraine-Flüchtlinge nicht eingerechnet. […] In der neuesten Umfrage des Meinungsforschungsinstituts Allensbach sagen 65 Prozent der Befragten, sie hielten die Flüchtlingspolitik der Regierung für falsch, im Osten sind es fast 80 Prozent. Bundesweit findet die Flüchtlingspolitik bei zwölf Prozent der Befragten Zustimmung – zwölf Prozent! Und das ist keine Momentaufnahme. Das Thema treibt die Bürger seit mindestens zehn Jahren um. Bei vielen überwiegt der Eindruck, das Land überfordere sich systematisch, moralisch und finanziell. Man kann immer sagen, die Rechtspopulisten würden ja nur Parolen und keine Lösungen anbieten. Aber man könnte auch spitz erwidern: Die anderen Parteien bieten halt nur keine Lösungen. Zumindest scheint das eine Wahrnehmung vieler zu sein.«

Was geschieht, wenn man die Migrationsproblematik, deren Auswirkung auf die Stimmungslage der Bevölkerung, über Jahre hinweg ignoriert, zeigt der tiefe Fall der Linken. Letztlich zerbrach sie daran. Die Altparteien ringen, in höchst lebendiger Erinnerung an das Jahr 2015, um Kompromisse zwischen humanitären Verpflichtungen, der Integrationsfähigkeit der Kommunen sowie der Akzeptanz der Bürger und ergreifen Maßnahmen, die das sicherstellen sollen – Bezahlkarten, sichere Drittstaaten, Asylverfahren an den Außengrenzen. Sie wissen: Das bleibt eine Herausforderung auf Dauer. Das Sicherheits- und Wohlstandsgefälle zwischen dem globalen Norden und dem Süden ist unverändert hoch, ›lotst‹ unweigerlich Menschenströme in die Komfortzonen dieser Welt und also auch zu uns. Man müsste Deutschland buchstäblich einmauern, in eine Festung verwandeln, um das zu verhindern. Hirngespinste. Aber damit geht die AfD auf Wählerfang. Fürs Erste richtet sie ihren Blick auf Ostdeutschland, träumt sich, von Umfragen berauscht, an die Macht.

*

Und dann? Womit wäre zu rechnen? Die Rechtsausleger würden alle Möglichkeiten einer Landesregierung ausschöpfen, um Geflüchteten das Leben zu vergällen und ansonsten auf mangelnde Bundeskompetenz verweisen. Aber sie führen noch anderes im Schilde. Die hauptsächliche Gefahr, die von einer AfD-Regierung ausginge, drohte dem kulturellen Pluralismus, denn Kulturpolitik ist in Deutschland weit überwiegend Ländersache. Geleitet von ihren kruden Ideen einer völkischen Nationalkultur, würde eine solche Regierung in Erziehung und Bildung intervenieren, in Kitas, Schulen, Hochschulen, Universitäten, in Theater, Museen, Galerien, Gedenkstätten, in die Kulturförderung, die öffentlich-rechtlichen Medien. Wie die AfD in den vergangenen Jahren, speziell in ostdeutschen Klein- und Mittelstädten, kulturelle Institutionen bedrängte, Kulturschaffende einschüchterte, Stimmung gegen das »linksliberale Establishment« schürte, so dass Veranstaltungen mitunter nur unter Polizeischutz stattfinden konnten, ist gut dokumentiert (Peter Laudenbach, *Volkstheater. Der rechte Angriff auf die Kunstfreiheit*, Berlin 2023).

In dieser Stimmung erschien unser Buch im September 2018, das »Buch der Stunde«, wie eine Journalistin mit Bezug auf jüngste Vorkommnisse schrieb. Kurz zuvor hatten Rechtsradikale in Chemnitz Migranten und Menschen, die ihnen nicht deutsch genug aussahen, durch die Innenstadt getrieben. Landesweite Empörung und die vielfach an uns gerichtete Frage, wie sich das rund dreißig Jahre nach dem

Aufbruch im Osten Deutschlands erklären ließ. Wo blieb der Aufstand der Bürger?

Proteste, Demonstrationen gegen die Ultrarechen gab es seit Jahren. Im Wesentlichen reaktiv, setzten sie keine Kettenreaktion in Gang, keinen übergreifenden Protestzyklus. Die Initiative lag bei den Provokateuren vom rechten Rand. Diese sammelten immer mehr Unzufriedene ein, zunehmend auch im Westen Deutschlands. Bis zum Ende des Jahres 2023 sprach vieles für einen ungebremsten Höhenflug der AfD, auf Landes- wie auf Bundesebene.

Aber dann, unerwartet, beinahe aus dem Nichts, erwachte die Bürgergesellschaft zu Beginn des Jahres 2024. Den Ausgangspunkt bildeten Enthüllungen des Rechercheteams von »Correctiv«. In einer Potsdamer Villa hatten sich Unternehmer, konzeptive Ideologen der radikalen Rechten, AfD-Politiker, CDU-Mitglieder zusammengefunden und unter dem Leitthema »Remigration« Überlegungen angestellt, wer aufgrund seiner Abstammung, Überzeugung, Gesinnung zu Deutschland und wer vor die Tür gesetzt gehört. Das war nicht gänzlich neu. Prominente AfD-Funktionäre hatten sich in diesem Sinn bereits zuvor und wiederholt geäußert. Warum schlug die Erregung gerade jetzt in massenhaftes Handeln um? Weil diesmal der Geruch einer Verschwörung von Feinden der Demokratie in der Luft lag, die Deutschland nach NS-Vorbild »säubern« wollten? Weil der Bannstrahl auch Einheimische treffen konnte, die nicht ins Bild eines ordentlichen Deutschen passten? Das lässt sich so wenig mit Bestimmtheit sagen wie sich im Nachhinein ermitteln lässt, warum die Ostdeutschen ausgerechnet im Herbst 1989 gegen die Machthaber aufbegehrten und nicht schon früher oder erheblich später. Die Zeit war einfach reif. So auch jetzt.

Die öffentlich-rechtlichen Medien berichteten täglich über neue Einzelheiten der »Correctiv«-Recherche, in einer Dringlichkeit und einem Ton, in dem ein Handlungsaufruf lag. Der zündete, zunächst in den Großstädten. Initiativen schlossen sich zusammen und organisierten Demonstrationen, die auf Anhieb großen Zulauf fanden. Und anders als früher blieb es nicht bei vereinzelten Protestaktionen. Es entstand eine regelrechte Bürgerbewegung, die sich von ihrem unmittelbaren Anlass löste, Eigendynamik entfaltete, schnell auf alle Landesteile übergriff, und anhält.

*

Anti-AfD-Alarm auch in ostdeutschen Hochburgen der AfD, Cottbus oder Pirna zum Beispiel. Menschen unterschiedlichster Professionen und politischer Orientierung verbanden sich, veröffentlichten Aufrufe und aktivierten auf Anhieb Hunderte, Tausende. Mancherorts ging man bewusst an einem Montag auf die Straße und rief derart die Erinnerung an den 89er Aufbruch wach. Das öffentliche Zusammensein mit vielen anderen war ein Wert an sich, verlangte aber auch nach Verstetigung, nach Netzwerken, auf die man auch künftig zurückgreifen konnte, um das einmal gewonnene Terrain nicht wieder zu verspielen. Vielfach bildeten kulturelle Institutionen, Theater, Museen, Buchhandlungen, das Rückgrat dieser Netzwerke. Lange Zeit Anfeindungen von Höcke und Co ausgesetzt, drehten sie den Spieß jetzt um und organisierten den Widerstand gegen die Bevormundung durch die selbsternannten Sprecher der »Normalos«: »Wir sind, wenn schon nicht das ›Volk‹, so doch die Mehrheit in diesem Land, und ab sofort sprechen wir für uns selbst.«

Aber die Bürger sprachen nicht mit einer Stimme. Zeitgleich mit dem Aufflammen der Massendemonstrationen nahm die Bauernschaft die Straße in Beschlag, forderte den Rücktritt der Regierenden, und zahlreiche andere »Geprellte«

zeigten sich solidarisch: Mittelständler, kleine Gewerbetreibende, Handwerker, Gastronomen, Fuhrunternehmer, Berufskraftfahrer, Beschäftigte der Logistikbranche. Autofahrer, die im Stau standen, weil Traktoren den Weg versperrten, applaudierten. Hier war Wut im Spiel. Wut über langjährige Ignoranz und krasse Fehlentscheidungen zulasten der gesellschaftlichen Basis. Wut über immer neue Vorschriften, Gesetze, eine ausufernde Bürokratie. Wut, nicht zuletzt, auf einen Staat, der sich von Brüssel und den Wirtschaftsgewaltigen vorführen ließ.

Nun kann man grundsätzlich Teil beider Bewegungen sein, mit seinem Traktor die Zufahrt zum Berliner Reichstag blockieren und die Regierenden verfluchen und sich in einen Demonstrationszug einreihen, der der AfD den Tod wünscht. Das kann im Einzelfall zutreffen. Aber die wirksamste Art, den »abgehobenen Eliten« einen Schrecken einzujagen, ist nun einmal die Drohung mit der AfD. Angesichts der massiven Anti-AfD-Proteste mag mancher seine Sympathien für diese Partei jetzt zurückhaltender äußern, unsicher, ob Bekannte, Nachbarn, Arbeitskollegen das goutieren. Der eine oder die andere könnte noch einmal überlegen, ob sie diese Partei beim nächsten Mal tatsächlich wählen. Aber die Entschlossenheit, das zu tun, kann ebenso zunehmen und man sagt sich »jetzt erst recht«, wozu die Pferde wechseln, wohin mit dem Frust, wenn diese Partei am Ende noch verboten wird?

Der Soziologe Philipp Rhein führte lange Gespräche mit AfD-Wählern und fand heraus, dass diese sich keineswegs als Parias empfinden, als Schmuddelkinder der Nation, sondern, ganz im Gegenteil, als »Avantgarde, die die Zeichen der Zeit erkannt hat und das Ruder an sich reißen muss«. Sie sehen sich »ihrer Normalität beraubt«, wittern »überall Bedrohungen«, die Krise ist für sie »zum Dauerzustand geworden. Daraus erwächst etwas, das ich als nihilistische

Wut bezeichne.« (Siehe sein Interview in der »Berliner Zeitung« vom 10. März 2024.) Die Repolitisierung der Gesellschaft ist ambivalent, Grund zur Hoffnung, Grund zu ernster Sorge. Welche Tendenz die Oberhand gewinnt, ist schwer vorherzusagen.

*

Dies umso mehr, als derweil ein neuer Wettbewerber um die Wählergunst die politische Bühne betrat, das Bündnis Sahra Wagenknecht (BSW). Als wir unseren Band im Frühjahr 2018 konzipierten, war der Riss zwischen dem Wagenknecht-Lager und dem Kurs der Parteiführung bereits unübersehbar. Ich traf Sahra Wagenknecht zu dieser Zeit in kleiner Runde in ihrem Berliner Büro. Die Gespräche kreisten um die Gründung einer parteiübergreifenden Sammlungsbewegung, die dann unter dem Namen »Aufstehen« im September 2018 auf einer Bundespressekonferenz formell ins Leben trat. Sollte das ein Erfolg werden, konnte daraus ein eigenständiger politischer Faktor, vielleicht sogar eine neue Partei erwachsen; sie sagte das nicht explizit, schloss es aber auch nicht aus. Der Auftakt stimmte zuversichtlich, fast euphorisch. Umgehend bekundeten Zehntausende ihre Bereitschaft, bei »Aufstehen« mitzuwirken, bald waren es mehr als 100 000. Das Bedürfnis, gemeinsam mit Gleichgesinnten jenseits des Lagerdenkens eine politische Agenda auszuarbeiten, die sich von den dringlichen Problemen der Mehrheit leiten ließ, undogmatisch, offen, problemorientiert, war greifbar. Der Erfolg überwältigte die Initiatoren und überforderte sie zugleich. Der Übergang in die zweite Phase, die Strukturierung der Bewegung, wollte nicht recht gelingen. Und die Hauptakteurin zog sich, von den innerparteilichen Querelen und der Vorbereitung des neuen Projekts sichtlich erschöpft, für längere Zeit aus der Öffentlichkeit zurück. »Aufstehen« war über Monate hinweg führungslos; schlechte Vorzeichen für eine von oben angestoßene Bewegung. Es gibt sie noch heute; ich erhalte regelmäßig Mails mit Veranstaltungshinweisen. Aber so richtig auf die Beine kam das Vorhaben nie.

Bei meiner nächsten Begegnung mit Sahra Wagenknecht im Frühjahr 2021 stand die Abspaltung bereits im Raum. Ich leitete eine Debattenreihe in der Berliner Volksbühne und lud sie ein, mit mir über Auswege aus der Krise der Linken zu diskutieren. Sie schrieb an einem neuen Buch: »Die Selbstgerechten. Mein Gegenprogramm – für Gemeinsinn und Zusammenhalt« – eine einzige Abrechnung mit der »Lifestyle-Fraktion« der Linken – und sprach mit mir vorab über einige ihrer Kerngedanken. Sie kritisierte die Überlagerung der sozialen Frage durch kulturelle, identitätspolitische Themen, das Fehlen jeglicher Konzepte für eine begrenzte, gesteuerte Zuwanderung, die mangelnde Entschlossenheit, aus den Erfolgen der AfD endlich Lehren ziehen, die neoliberale Politik auf allen Feldern zu attackieren, statt den Kapitalismus nur grün anzustreichen. Dass es für sie kein Zurück gab, begriff nach diesem Abend jeder im Saal.

Nun ist die neue Partei am Start, und wenn deren Name auch vorläufig sein mag, könnte er doch treffender nicht sein. Die Personalisierung trifft ins Schwarze, denn Sahra Wagenknecht ist eine Ausnahmeerscheinung im deutschen Politikbetrieb, was selbst ihre Kritiker konzedieren. Sie ist ökonomisch beschlagen, soziologisch gut informiert, eine ausgewiesene Kennerin der klassischen deutschen Literatur, viele ihrer Bücher wurden Bestseller; sie ist eine vorzügliche Rednerin und im politischen Schlagabtausch versiert. Kein Politiker aus der ersten Reihe war häufiger Gast in Talkshows. Und sie besitzt noch etwas, eine Gabe, die in all dem durchscheint, ohne darin aufzugehen: Charisma, eine, wie Max Weber schrieb, »als außeralltäglich geltende

Qualität einer Persönlichkeit«, die ihren Träger zur Führung disponiert. Nur muss dieser dann auch »liefern«, seine »Mission« erfüllen, ansonsten zerfällt die magische Bindung und diejenigen, die sich eben noch verzaubern ließen, wenden sich ernüchtert ab.

Wie weit trägt der »Wagenknecht-Faktor« diesmal? Gelingt der Übergang von Proklamation zu Organisation im zweiten Anlauf? Wird die Lücke im Angebot der bereits vorhandenen Parteien groß genug sein, um den Mix aus linker (Sozial-, Steuer- und Finanzpolitik), liberaler (Kulturpolitik, Kunst- und Denkfreiheit) und konservativer (Migrationspolitik, Missbrauch von Sozialleistungen) Programmatik dort erfolgreich zu platzieren? Gewinnt das Bündnis das Vertrauen der Wähler vor allen im Osten zurück und macht der AfD die Rolle des »Kümmerers« streitig? Wenn das nicht gelingt, wird es schwer. Es ist in jedem Fall ein Wagnis, ein Experiment mit offenem Ausgang.

*

2018, 2024, dazwischen lag Corona, liegen zwei Kriege. Der erste, den Putin gegen die Ukraine entfesselte, offenbarte das besondere, vielschichtige, wechselvolle Verhältnis der Ostdeutschen zu Russland, zu »den Russen«. Ihre daraus erwachsende Haltung zur Rolle Deutschlands in diesem Krieg unterscheidet sich markant von jener ihrer westlichen Landsleute. Das führte, wie üblich, zu Anklagen, zum Abspulen von Klischees und Vorurteilen: »An der Seite von Diktatoren«, »Putin-Freunde«. Das sind sie nicht. Hinsichtlich der Schuldfrage, der Völkerrechtswidrigkeit, herrscht im Osten von ein paar Wirrköpfen abgesehen ebenso wenig Zweifel wie im Westen. Dessen ungeachtet sehen viele eine bedingungslose Unterstützung der Ukraine bis zu deren Sieg, das heißt bis zur Rückeroberung der von Russland besetzten Gebiete einschließlich der Krim, überwiegend kritisch. Sie teilen, Meinungsumfragen zufolge, in weit höherem Maße als Westdeutsche die Bedenken des Bundeskanzlers gegen die Lieferung von Taurus-Marschflugkörpern, die russisches Gebiet erreichen können, wollen nicht, dass dort jemals wieder eine deutsche Waffe einschlägt. Sie optieren für einen sofortigen Waffenstillstand und Nachfolgeverhandlungen über eine Nachkriegsordnung, wohl wissend, dass Putin nicht zu trauen ist.

Der ostdeutsche Eigensinn erklärt sich im Wesentlichen aus zwei Gründen. Der eine verweist auf die DDR, der andere auf die Zeit unmittelbar nach dem Umbruch.

Hitlers Vernichtungsfeldzug gegen die Sowjetunion samt der daraus zu ziehenden Lehren waren nicht allein Teil des »verordneten Antifaschismus«, Schulstoff, sondern auch in Literatur und Kunst präsent. Die Spuren des nach Deutschland zurückflutenden Krieges blieben in der DDR sichtbar; die letzten Einschussnarben an den Häusern verschwanden erst im Zuge der Renovierung in den 1990er Jahren. Die Rote Armee besetzte den Osten und erinnerte allein durch ihre Präsenz an das Morden von Wehrmacht und SS. Natürlich war das die Armee eines Vielvölkerstaats, aber für die Einheimischen waren es »die Russen«, die kamen und für Jahrzehnte blieben. Eine Verkürzung, ungerecht dem Kampf und den Opfern des ganzen Landes gegenüber, ungerecht auch gegenüber der Ukraine, deren Bevölkerung die Hoffnung, von der deutschen Wehrmacht vom Joch des Stalinterrors befreit zu werden, auf schreckliche Weise büßte. Aber die UdSSR war kein Verbund gleichberechtigter Republiken. Die russische SFSR, der größte Teil des Riesenreichs, stand für das Ganze und an erster Stelle. Die von Stalin vollendete Russifizierung der Sowjetrepubliken förderte eine Russland-zentrierte Lesart von Leidensfähigkeit, Heroismus und Siegeswillen. Diese hegemoniale Deutung (»sowjetisch gleich russisch«) war trotz aller gegenteiligen Beteuerungen »unverbrüchlicher Freundschaft zur Sowjetunion« auch in der DDR präsent und färbte das ostdeutsche Schuldgefühl primär russisch ein.

Dasselbe gilt für die späte Dankbarkeit. Als die Sowjetarmee Ostdeutschland verließ, gingen »die Russen«, Soldaten zudem, die 1989 in den Kasernen geblieben waren, als die Ostdeutschen gegen ihre Herrschaft aufbegehrten. Und schließlich war es Gorbatschow, ein Russe, der die DDR-Bürger gewähren ließ und durch seine Zustimmung zur deutschen Einheit die Vollendung der friedlichen Revolution überhaupt erst ermöglichte. Dass dessen Mutter Ukrainerin war, er selbst im Kaukasus geboren, fand, zur Bestätigung des eben Gesagten, kaum je Erwähnung.

Diese »russische Optik« lässt viele Ostdeutsche über die Schützengräben hinweg für die dritte Sache Partei ergreifen: für ein schnelles Ende des Leidens und Sterbens um den Preis, dass keine Seite ihre Kriegsziele erreicht, auch die Ukraine nicht. Die Position von AfD und BSW in dieser Frage (sofortiger Waffenstillstand, Ende der Sanktionen, Wiederaufnahme russischer Gaslieferungen) findet bei vielen Ostdeutschen Anklang.

Die Lage ist vertrackt, kein Ausweg in Sicht. Den Krieg jetzt zu stoppen, legte die okkupierten Territorien als Faustpfand für Verhandlungen in die Hände des Diktators, ihn bis zum Sieg der überfallenen Ukraine weiterlaufen zu lassen, ist angesichts der effektiven Kräfteverhältnisse realitätsfern, gleichfalls unverantwortlich, führt man sich die Folgen vor Augen.

Verzweiflung, Ratlosigkeit auch angesichts des zweiten Krieges. Das Blutbad, die Verbrechen von Hamas sind verabscheuungswürdig und rechtfertigen einen harten Gegenschlag. Aber die Selbstverteidigung Israels mündete in einen Krieg auch gegen die Zivilbevölkerung, unter Inkaufnahme Zehntausender Opfer. Jetzt, endlich, greift die Weltgemeinschaft ein, um das Verhungern ungezählter Menschen abzuwenden, die ihrem Schicksal schutzlos überlassen, ohne Obdach, ohne Nahrung, ohne sauberes Wasser durch eine zerstörte Landschaft ziehen. Das sät Hass für Generationen, das wird nicht wieder gut.

*

Ich lebe jetzt bald genauso lange im wiedervereinigten Deutschland wie in der DDR. In einem Land, in dem die Kinder zur Schule gehen und nicht in die Fabrik oder auf Müllhalden nach Verwertbarem suchen; einem Land, in dem Kranke, Gebrechliche und Alte Hilfe und Unterstützung finden; das sich (bei hoher Beschäftigungsrate) seit Kurzem als die drittgrößte Volkswirtschaft der Welt rühmen darf; einem Land, in dem die meisten trotz wachsender Ungleichheit ein auskömmliches Dasein führen und zuversichtlich auf ihr eigenes Leben blicken.

So ähnlich war das übrigens auch in der DDR, der »zehntgrößten Volkswirtschaft« der Welt. Das war trotz aller unbestreitbaren Aufbauleistungen ein durchaus schönfärberisches Etikett, konterkariert durch ein Hintergrundrauschen, das seit den 1970er Jahren stärker und stärker wurde, das Gefühl, dass es so nicht weiterging, dass alles irgendwie stockte, dass man von der Substanz lebte, im Vergleich mit westlichen Ländern, vor allem der Bundesrepublik, zurückfiel, den Anschluss verlor. Der Kapitalstock der staatseigenen Betriebe wurde kaum noch erneuert, Häuser und Städte verfielen, das Schienennetz zerbröselte, Autobahnen verharrten auf dem Stand der Hitler-Zeit, die

Versorgung mit den alltäglichen Dingen des Lebens wies immer größere Lücken auf; von »Weltniveau« kaum eine Spur, stattdessen viel Provinz.

Ich erinnere dieses Gefühl, es beschleicht mich heute wieder und das sage ich ohne jeden triumphalen Beigeschmack. Da ist die Klage aus vielen Unternehmen, vielen Branchen über die abnehmende Konkurrenzfähigkeit der deutschen Wirtschaft, die in bürokratischer Regelungswut zu ersticken droht; die wachsende Ratlosigkeit über den Bildungsstand der Schüler. Seit Längerem in internationalen Vergleichen nur mehr Mittelmaß, fällt Deutschland jetzt noch weiter zurück, und das betrifft die Basics der künftigen Arbeitnehmer: Rechnen, Schreiben, Lesen, Aufgaben überhaupt nur zu verstehen; beklagenswert auch der Stand der Digitalisierung, Vernetzung in Betrieben, Verwaltungen und wiederum in Schulen; Corona offenbarte diese Modernisierungslücken schonungslos; Bearbeitungs- und Genehmigungsfristen für private wie öffentliche Bau- und Investitionsvorhaben ziehen sich schier endlos in die Länge und bremsen den ökologischen Umbau der Volkswirtschaft: Sechs Jahre vergehen im Durchschnitt, ehe ein Windrad steht; Straßen, Brücken, Schienen in oft kläglichem Zustand.

Zu allem Überfluss auch noch der Niedergang der Sportnation. Die Fußball-Nationalmannschaften der Männer und Frauen scheiden bei Welt- und Europameisterschaften nun schon in der Vorrunde aus. Bei der jüngsten Weltmeisterschaft der Leichtathleten gewann das deutsche Team erstmals keine einzige Medaille! Dementsprechend riesig war der Jubel, als die Basketballer Champions wurden. Man wäre so gern stolz auf sein Land, und wird so oft enttäuscht. Das einzige Feld, auf dem die DDR den Westen mit allen erlaubten und unerlaubten Mitteln ausstach – zunehmend unbeackert, die Bundesrepublik ein Entwicklungsland. »Mehr guten

Sport«, wünschte sich Bertolt Brecht zu seiner Zeit, und den wünsche ich mir auch. Ich blicke voraus auf die Fußball-Europameisterschaft der Männer, die schon Geschichte sein wird, wenn dieser Band erscheint. Ein Stimmungsaufschwung täte dem Land gut …

Wolfgang Engler, Berlin, Frühjahr 2024

Literaturverzeichnis

Arendt, Hannah: Elemente und Ursprünge totaler Herrschaft. Antisemitismus, Imperialismus, totale Herrschaft, München 1991

Arendt, Hannah: Über die Revolution, München 2011

Arendt, Hannah: Zwischen Vergangenheit und Zukunft. Übungen im politischen Denken I. Hrsg. von Ursula Ludz, München 2012

Bachmann, Ingeborg: Das dreißigste Jahr, München 2005

Bartosch, Hans: Was noch erzählt werden muss: Zeitgeschichte am Krankenbett, Frankfurt am Main 2018

Bauman, Zygmunt: Dialektik der Ordnung. Die Moderne und der Holocaust, Hamburg 2012

Berg, Stefan: »Seid endlich still«. Ein Brief an die Menschen in Freital, die keine Flüchtlinge aufnehmen möchten, in: Der Spiegel 30/2015, http://www.spiegel.de/spiegel/print/d-136751587. html (zuletzt abgerufen am 17. 07. 2018)

Böick, Marcus: Die Treuhand. Idee – Praxis – Erfahrung 1990–1994, Göttingen 2018

Bohley, Bärbel: Englisches Tagebuch 1988. Hrsg. von Irena Kukutz, Berlin 2011

Bourdieu, Pierre: Das Elend der Welt. Zeugnisse und Diagnosen alltäglichen Leidens an der Gesellschaft, Köln 2002

Bourdieu, Pierre: Ein soziologischer Selbstversuch, Frankfurt am Main 2002

Braun, Volker: Der Staub von Brandenburg, Berlin 1999

Brecht, Bertolt: Ausgewählte Werke in sechs Bänden. Zweiter Band. Stücke 2, Frankfurt am Main 2005

Brown, Wendy: Mauer. Die neue Abschottung und der Niedergang der Souveränität, Berlin 2018

Brussig, Thomas: Helden wie wir, Frankfurt am Main 1995

Chomsky, Noam: Das Vermächtnis der Obama-Regierung, in: Chomsky, N., Polychroniou, C. J.: Zuversicht in Zeiten des

Verfalls. Warum wir trotz Terror, Trump und Turbokapitalismus optimistisch bleiben sollten, Münster 2018
Coates, Ta-Nehisi: We were eight years in power. Eine amerikanische Tragödie, Berlin 2018
d'Eramo, Marco: Die Welt im Selfie. Eine Besichtigung des touristischen Zeitalters, Berlin 2018
Dieckmann, Christoph: Mich wundert, daß ich fröhlich bin. Eine Deutschlandreise, Berlin 2009
Engler, Wolfgang: Die Ostdeutschen. Kunde von einem verlorenen Land, Berlin 1999
Engler, Wolfgang: Die Ostdeutschen als Avantgarde, Berlin 2002
Engler, Wolfgang: Bürger, ohne Arbeit. Für eine radikale Neugestaltung der Gesellschaft, Berlin 2005
Eribon, Didier: Rückkehr nach Reims, Berlin 2016
Eribon, Didier: Gesellschaft als Urteil. Klassen, Identitäten, Wege, Berlin 2017
Feldenkirchen, Markus: »Mannomannomann«. Der Höhenflug von Martin Schulz war beispiellos, sein tiefer Absturz ebenfalls. Eine Reportage aus dem Innern seiner Kampagne, in: Der Spiegel 40/2017
Foroutan, Naika: »Ostdeutsche sind auch Migranten«. Ostdeutsche und Migranten erleben Stigmatisierung gleichermaßen, in: taz, 13. Mai 2018, http://www.taz.de/!5501987/ (zuletzt abgerufen am 17. 07. 2018)
Franck, Julia: Lagerfeuer, Köln 2003
Franck, Julia: Rücken an Rücken, Frankfurt am Main 2011
Friedrichs, Julia, Fabienne Hurst, Andreas Spinrath: »Unten ist näher als oben«. Familie Clauß gehört zur Mittelschicht. Aber wie lange noch? In Sachsen fürchten sich viele vor dem sozialen Abstieg, in: Die Zeit Nr. 22, 24. Mai 2018, https://www.zeit.de/2018/22/sachsen-sozialer-aufstieg-familien-mittelschicht (zuletzt abgerufen am 17. 07. 2018)
Graeber, David: Großbritannien oder: Das Ende der Resignation, in: Blätter für deutsche und internationale Politik, Heft 6, 2016, S. 45 bis 58
Hein, Jakob: Mein erstes T-Shirt, München 2001
Hensel, Jana: Achtung Zone. Warum wir Ostdeutschen anders bleiben sollten, München 2009
Hensel, Jana: »Ihr hasst uns doch alle«. Wir sollten aufhören, die Mehrheit der Ostdeutschen wegen Pegida in Geiselhaft zu nehmen. So wird aus Deutschland kein modernes, plurales, progressives Land, Zeit Online, 8. Februar 2016, https://www.zeit.de/

kultur/2016-02/pegida-ostdeutschland-fluechtlingskrise-ausgrenzung-10nach8 (zuletzt abgerufen am 17. 07. 2018)
Hensel, Jana: Keinland. Ein Liebesroman, Göttingen 2017
Hensel, Jana: »Und wenn die AfD recht hat?«, Zeit Online, 26. April 2017, https://www.zeit.de/politik/deutschland/2017-04/rechtpopulismus-afd-pegida-neoliberalismus-d17 (zuletzt abgerufen am 17. 07. 2018)
Hensel, Jana: »Warum haben Sie denen nicht die Meinung gesagt?«. Ein offener Brief, Zeit Online, 7. September 2017, https://www.zeit.de/gesellschaft/zeitgeschehen/2017-09/angela-merkel-finsterwalde-wahlkampf-demonstranten-brief (zuletzt abgerufen am 17. 07. 2018)
Hensel, Jana: »Wir sind anders«. Warum die Wirklichkeit des Ostens es so selten in die Medien und also in den Westen schafft, in: Die Zeit Nr. 39, 23. September 2010, https://www.zeit.de/2010/39/Osten-Medien (zuletzt abgerufen am 17. 07. 2018)
Hensel, Jana: Zonenkinder, Reinbek 2002
Hochschild, Arlie Russell: Fremd in ihrem Land. Eine Reise ins Herz der amerikanischen Rechten, Frankfurt am Main 2017
Hünniger, Andrea Hanna: Das Paradies. Meine Jugend nach der Mauer, Stuttgart 2011
Ide, Robert: Geteilte Träume. Meine Eltern, die Wende und ich, München 2007
Johnson, Uwe: Jahrestage 1–4. Aus dem Leben von Gesine Gresspahl, Berlin 2013
Kertész, Imre: Roman eines Schicksallosen, Berlin 1996
Kertész, Imre: Galeerentagebuch, Reinbek 1999
Kil, Wolfgang: Vortrag zu »Architektur in Ost und West«, Akademieabend in München am 29. Oktober 2009
Kleffner, Heike, Matthias Meisner (Hg.): Unter Sachsen. Zwischen Wut und Willkommen, Berlin 2017
Kollmorgen, Raj: Ostdeutschland: Beobachtungen einer Übergangs- und Teilgesellschaft, Wiesbaden 2005
Kollmorgen, Raj, Frank Thomas Koch, Hans-Liudger Dienel (Hrsg.): Diskurse der deutschen Einheit. Kritik und Alternativen. Wiesbaden 2011
Krampitz, Karsten: »Jedermann sei untertan«. Deutscher Protestantismus im 20. Jahrhundert, Aschaffenburg 2017
Krugman, Paul: The Return of Depression Economics, New York 1999
Kurz, Robert: Der Kollaps der Modernisierung. Vom Zusammenbruch des Kasernensozialismus zur Krise der Weltökonomie, Frankfurt am Main 1991

Lanchester, John: Warum jeder jedem etwas schuldet und keiner jemals etwas zurückzahlt. Die bizarre Geschichte der Finanzen, Stuttgart 2013

Leupold, Dagmar: Wir brauchen Kunst als Störenfried. Political Correctness schadet der Kunst, denn die ist niemals eine Meinungsäußerung, Zeit Online, 17. Mai 2018, https://www.zeit.de/freitext/ 2018/05/17/political-correctness-kunst-leupold/#more-7402 (zuletzt abgerufen am 17. 07. 2018)

Lilla, Mark: The Once and Future Liberal: After Identity Politics, New York 2017

Machowecz, Martin: »Vom Grau zum Wow«. Fünf Wochen lang haben wir Großstädte auf ihren Glücksfaktor hin untersucht. Das Ergebnis hat uns selbst überrascht, in: Die Zeit im Osten Nr. 29, 13. Juli 2017, https://www.zeit.de/2017/29/grossstaedte-ostdeutschland-glueck-zufriedenheit (zuletzt abgerufen am 17. 07. 2018)

Manow, Philip: »Dann wählen wir uns ein anderes Volk …« Populisten vs. Elite, Elite vs. Populisten, in: Merkur 827 (2018), https://www.merkur-zeitschrift.de/author/philip-manow/ (zuletzt abgerufen am 17. 07. 2018)

Meyer, Clemens: Als wir träumten, Frankfurt am Main 2006

Müller, Heiner: Werke 4. Die Stücke 2, Frankfurt am Main 2001

Müller, Uwe: Supergau Deutsche Einheit, Berlin 2005

Obama, Barack: Worte müssen etwas bedeuten. Seine großen Reden. Hrsg. von Birgit Schmitz, Berlin 2017

Osang, Alexander: Aufsteiger-Absteiger. Karrieren in Deutschland, Berlin 1992

Osang, Alexander: Die stumpfe Ecke. Alltag in Deutschland, Berlin 1994

Osang, Alexander: Das Buch der Versuchungen. 20 Porträts und eine Selbstbezichtigung, Berlin 1996

Osang, Alexander: »Herr Preuß schreibt Geschichte«. Was treibt Menschen zu Pegida?, in: Der Spiegel 20/2016, http://www.spiegel.de/spiegel/print/d-144788062.html (zuletzt abgerufen am 17. 07. 2018)

Popper, Karl Raimund: Gesammelte Werke. Bd. 5 und 6. Die offene Gesellschaft und ihre Feind. Bd. I und II, Tübingen 2003

Rávic Strubel, Antje: Tupolew 134. Roman, München 2004

Rennefanz, Sabine: »Uwe Mundlos und ich«. Eine Betrachtung über die Generation der Nachwendekinder und die neue Mauer in der Gesellschaft, in: Berliner Zeitung, 31. Dezember 2011

Richter, Peter: Blühende Landschaften. Eine Heimatkunde, München 2004

Rohnstock, Katrin: Mein letzter Arbeitstag: Abgewickelt nach 89/90. Ostdeutsche Lebensläufe, Berlin 2014

Ruge, Eugen: In Zeiten des abnehmenden Lichts. Roman einer Familie, Reinbek 2011

Schmidt, Kathrin: Du stirbst nicht, Köln 2009

Schoch, Julia: Der Körper des Salamanders, München/Zürich 2001

Schulze, Ingo: Simple Stories. Ein Roman aus der ostdeutschen Provinz, Berlin 1998

Seiler, Lutz: Kruso, Berlin 2014

Siemons, Mark: Gegen die Ideologie der Eindeutigkeit. Ein Essay, in: Frankfurter Allgemeine Zeitung, 2. Juni 2018, http://www.faz.net/aktuell/feuilleton/debatten/ambiguitaetstoleranz-gegen-die-ideologie-der-eindeutigkeit-15609070.html (zuletzt abgerufen am 17. 07. 2018)

Slevogt, Esther: Die vereinigte Fußgängerzone, nachtkritik.de, 7. März 2018, https://www.nachtkritik.de/index.php?option=-com_content&view=article&id=15099:kolumne-aus-dem-buergerlichen-heldenleben-esther-slevogt-fragt-nach-dem-westwall-in-den-deutschen-einheits-koepfen&catid=1506&Itemid=100389 (zuletzt abgerufen am 17. 07. 2018)

Tellkamp, Uwe: Der Turm. Geschichte aus einem versunkenen Land, Frankfurt am Main 2008

Ther, Philipp: Die neue Ordnung auf dem alten Kontinent. Eine Geschichte des neoliberalen Europa, Berlin 2014

Ther, Philipp: Die Außenseiter. Flucht, Flüchtlinge und Integration im modernen Europa, Berlin 2017

Vance, J. D.: Hillbilly-Elegie. Die Geschichte meiner Familie und einer Gesellschaft in der Krise, Berlin 2017

Walzer, Michael: Sphären der Gerechtigkeit. Ein Plädoyer für Pluralität und Gleichheit, Frankfurt am Main 2006

Weischenberg, Siegfried, Maja Malik, Armin Scholl: Die Souffleure der Mediengesellschaft. Report über die Journalisten in Deutschland, Konstanz 2006

Willmann, Frank (Hg.): Stadionpartisanen – Fans und Hooligans in der DDR, Berlin 2007

Wolf, Christa: Kindheitsmuster, Berlin 2007

Wolle, Stefan: Die heile Welt der Diktatur. Alltag und Herrschaft in der DDR 1949–1989, Berlin 2013